珍藏版

曹操集

〔三国〕曹操◎著

东篱子◎解译

全鉴

中国纺织出版社有限公司 | 国家一级出版社
全国百佳图书出版单位

内 容 提 要

曹操，字孟德，小字阿瞒。东汉末年杰出的政治家、军事家、文学家、书法家，曹魏政权的缔造者。曹操精兵法、善诗文，并将自己的政治抱负融入其诗文中。曹操的诗文气魄雄伟，清峻整洁，给后人留下了宝贵的精神财富。鲁迅评价其为"改造文章的祖师"。《曹操集全鉴》分为诗集、文集、孙子注、附录四大部分，搜集曹操各个时期的作品及相关资料等，帮助读者更好地阅读和了解曹操诗文的思想内容和艺术特色。

图书在版编目（CIP）数据

曹操集全鉴：珍藏版 /（三国）曹操著；东篱子解译. ––北京：中国纺织出版社有限公司，2021.1
ISBN 978‐7‐5180‐8110‐3

Ⅰ. ①曹… Ⅱ. ①曹…②东… Ⅲ. ①曹操（155–220）—文集②《曹操集》—注释③《曹操集》—译文 Ⅳ. ①Z423.42

中国版本图书馆CIP数据核字（2020）第208393号

策划编辑：金卓琳　　　责任编辑：段子君
责任校对：王蕙莹　　　责任印制：储志伟

中国纺织出版社有限公司出版发行
地址：北京市朝阳区百子湾东里 A407 号楼　邮政编码：100124
销售电话：010—67004422　传真：010—87155801
http://www.c‐textilep.com
中国纺织出版社天猫旗舰店
官方微博 http://weibo.com/2119887771
北京华联印刷有限公司印刷　各地新华书店经销
2021 年 1 月第 1 版第 1 次印刷
开本：710×1000　1/16　印张：20
字数：273 千字　定价：68.00 元

"帝以雄武之姿,常艰难之运。栋梁之任,同乎曩时;匡正之功,异乎往代。"这是唐太宗李世民评价曹操的一番话。曹操,在我国是一个家喻户晓的人物,在历史上留下了浓重的一笔。

曹操出生于汉桓帝永寿元年(公元155年),正是社会大动荡的年代。曹操的祖父曹腾是东汉时期地位显赫的宦官,其父曹嵩(曹腾的养子)官至太尉。虽然曹操家世不凡,但因为是宦官之后,免不得被人轻视。或许正因为如此,曹操的进取心也比常人来得要强烈些。

曹操年少时,机智警敏,放荡不羁,在当时人看来,并无什么特别之处。不过,慧眼识珠之人虽少,但总归还是有的。梁国政治家桥玄曾对曹操说:"天下将乱,非命世之才不能济也,能安之者,其在君乎?"意思是说,天下即将大乱,不是杰出人才是无法救世的,能安定天下的人,难道就是您吗?桥玄一番话让曹操深受鼓舞,曹操对桥玄也是感激万分。桥玄死后,曹操带兵路过桥玄的家乡睢县,还特意去桥玄的墓地祭拜。

公元174年,曹操被举荐为孝廉,入京都洛阳,时年二十岁。没过多久,曹操又被任命为洛阳北部尉。洛阳是都城,皇亲贵胄众多,也比其他地方的管理难度要大得多。曹操一上任,便大刀阔斧地整肃法纪,制造了十几根五色棒,只要有人违禁,皆棒杀。宦官蹇硕的叔叔蹇图便因为违禁,被曹操棒杀了。一时间,朝中权贵惶惶然,联合起来,将曹操调至顿丘,做了顿丘令。后来，曹操在给儿子曹植的信中提及此事："吾昔为顿丘令，年二十三，思此时所行，无悔于今。今汝年亦二十三矣，可不勉欤！"

公元180年，大将军窦武、太傅陈蕃密谋诛杀宦官，事情败露后，反被宦官陷害。曹操因此多次上书，为窦武、陈蕃喊冤，可惜汉灵帝并未采纳。从这里也可以看出，东汉朝廷内部的腐败已经无可救药了，仅凭曹操一人之力，几乎是不可能扭转半分的。

黄巾起义爆发后，曹操奉命进攻黄巾军，大胜，随后被任命为济南相。任期间，曹操和初入官场时一样，希望能够还地方一个清明世道。济南下属十几个县吏，相互勾结，贪赃枉法，无所顾忌，曹操一怒之下，奏免了十分之八的官吏，剩余的人也是该逃的逃，该跑的跑。不过，那时东汉的黑暗岂是一个人就能够改变的？没多久，曹操便托病归乡，隐居去了。

公元188年，汉灵帝起用曹操，任命其为八校尉中的典军校尉。汉灵帝驾崩后，刘辩登基，何太后垂帘听政。大将军何进密召董卓入京，想要诛杀宦官，董卓还未到达京城，计划就败露了，何进反被宦官所杀。董卓进京后，执掌朝政，改立刘辩的弟弟陈留王为帝，也就是汉献帝。曹操不愿意与董卓合作，便逃出洛阳，号召天下英雄起兵讨伐董卓。

由此，曹操的讨伐之路正式开启了。

在号召征讨董卓的过程中，曹操打着"奉天子以讨不臣"的旗号，深受中小地主的拥护，赢得了不小的名声。

公元197年到公元208年，这十一年对曹操来说至关重要。在这十一年里，曹操"挟天子以令诸侯"，消灭了豪强，打败了袁术，擒杀了吕布，收降了张绣，并且在官渡之战中击败了袁绍，统一了中国北部。后来，又占领了荆州，一时间风光无限。直到赤壁之战，曹操和刘备、孙权决战，曹操的胜利就此告一段落。

从赤壁之战战败一直到曹操去世，这中间又是一个十一年。这个时候，三国鼎立的态势已经形成，曹操的精力都花在了维系内部统治上：消除异己，平定陇西，安抚少数民族，恢复经济，创立魏国，很好地巩固了在北方的统治地位，既为曹丕创建魏朝创造了条件，也为西晋时期统一全国奠定了基础。不可否认，曹操在中国历史舞台上占有重要的政治地位，他实行的种种政策，都有利于当时社会的发展和稳定，这是无可争辩的事实。

除了政治才能出众，获得"谋略出众，雄才过人""博览群书，特好兵法""外定武功，内兴文学"的评价外，曹操的文学造诣也比较高，他和他的儿子曹丕、曹植被称为"三曹"，是建安文学的代表人物。《文心雕龙·时序》中言："魏武以相王之尊，雅爱诗章；文帝以副君之重，妙善辞赋；陈思以公子之豪，下笔琳琅。并体貌英逸，故俊才云蒸。"曹操父子对建安文学的发展起到了极其重要的作用。曹操比较富有创造性，由此开创了文学创作的一代新风。

曹操的诗歌更多是反映当时的现实，抒发自己的理想，对中国诗歌的发展做出了极大的贡献。曹操创作的四言诗被认为是《诗经》以后诗坛难得一见的佳作，其人也被称为"复兴四言诗"的诗人。只是，曹操的诗作保留下来的并不多，故本书除了收录曹操的诗、文外，还收录了曹操的《孙子注》（《孙子兵法》现存最早的注）、附录等，诗集、文集有题解、原文、注释、精要简介四部分，参考众家解读，力求让读者在欣赏诗、文的同时，能够理解诗、文背后的含义；《孙子注》则主要是曹操对《孙子兵法》的一些理解和个人见识。

本书平装本自出版以来，广受读者欢迎和喜爱。为满足大家的收藏、馈赠需要，现特以精装形式推出。鉴于个人学力，本书难免会有解读不足之处，敬请指出，不胜感激。

解译者

2020 年 1 月

一　诗集

二　文集

三 孙子注

四 附录

一　诗集

气出唱三首

【题解】

战国后期，开始出现追求长生不老的神仙说，方士鼓吹长生不老之术，当时的人们也开始四处求"神仙"，希望得到长生不老之身。秦始皇的《仙真人诗》算是最早的游仙诗。曹操的《气出唱》三首便属于这一类，用质朴的语言、丰富的想象，描绘了曹操渴望长生不老、将希望寄予神仙身上的内心想法。

【原文】

其一

驾六龙①，乘风而行。行四海外②，路下之八邦。历登高山，临谿谷，乘云而行。行四海外，东到泰山。仙人玉女，下来翱游。骖驾六龙饮玉浆③。河水尽，不东流。解愁腹，饮玉浆。奉持行，东到蓬莱山，上至天之门。玉阙下④，引见得入，赤松相对，四面顾望，视正煜煌。开玉心正兴⑤，其气百道至。传告无穷闭其口，但当爱气寿万年。东到海，与天连。神仙之道，出窈入冥，常当专之。心恬澹，无所愒欲⑥。闭门坐自守，天与期气。愿得神之人，乘驾云车，骖驾白鹿，上到天之门，来赐神之药。跪受之，敬神齐。当如此，道自来。（《乐府诗集》卷二十六）

其二

华阴山，自以为大。高百丈，浮云为之盖。仙人欲来，出随风，列之雨。吹我洞箫，鼓瑟琴，何闾闾⑦！酒与歌戏⑧，今日相乐诚为乐。玉女起，起舞移数时。鼓吹一何嘈嘈⑨。从西北来时，仙道多驾烟，乘云驾龙，郁何蓩蓩。遨游八极，乃到昆仑之山，西王母侧，神仙金止玉亭。来者为谁？赤松王乔⑩，

乃德旋之门。乐共饮食到黄昏。多驾合坐，万岁长，宜子孙。（《乐府诗集》卷二十六）

其三

游君山⑪，甚为真。礧硊砟硌⑫，尔自为神。乃到王母台，金阶玉为堂，芝草生殿旁。东西厢，客满堂。主人当行觞⑬，坐者长寿遽何央⑭。长乐甫始宜孙子。常愿主人增年，与天相守。（《乐府诗集》卷二十六）

【注释】

①六龙：代指天子的车驾。

②四海：中国四境有海环绕，根据方位可以分为东海、南海、北海、西海，此处代指天下。

③骖（cān）驾：驾驭。

④玉阙：相传是天帝、神仙的居所。阙：《宋书·乐志三》作"关"。

⑤开玉心正兴：玉，《宋书·乐志》中作"王"。正兴：兴致正浓时。

⑥愒（kài）欲：荒废及欲求。

⑦訚（yín）訚：说话和悦而又能够明辨是非。《乐府诗集》中作"訚訚"。

⑧歌戏：歌唱嬉戏。

⑨一何：多么。

⑩赤松王乔：赤松，上古时期的神仙。王乔：传说中的仙人。

⑪游君山：洞庭湖中的一个小岛，又称洞庭山、有缘山。

⑫礧（cuī）硊（wěi）砟（zuò）硌（luò）：礧硊，高峻之貌。砟硌：岩石排列不整齐的样子。

⑬行觞（shāng）：行酒。

⑭何央：什么中央。

【精要简介】

游仙诗是曹操诗歌的重要组成部分。《气出唱》其一写了诗人乘龙而行，游历泰山、蓬莱山等，与仙人一起喝酒，希望仙人能够赐予诗人不老之药，可以得道升仙；《气出唱》其二则描述了众位仙家参加宴会的场景，场面盛大；《气出唱》其三则融入了一些世俗化的情景，如"客满堂"，再如众仙家祝福已有长生不老之躯的西王母"常愿主人增年，与天相守"等。

曹操的《气出唱》三首，众人对它的评价贬多于褒，认为曹操寄希望于求仙问道上，思想过于消极。不过，纵观曹操的一生，此种评价似乎过于绝对。曹操是一代枭雄，机智敏谋，东征西讨，志在建立曹氏天下，有"老骥伏枥，志在千里"的雄心壮志，这和不问俗事、远遁红尘的求仙之路完全不同。所以又有评论家说，当时盛行仙玄之风，社会各界、士大夫阶层中不乏喜近仙道者，曹操之所以创作游仙诗，就是为了把这一部分人团结起来，服务于他的统治。

精列

【题解】

《精列》是曹操创作的游仙诗中的一首，曹操对生命和神仙的思考尽在其中，并借助追求长生不老表达自己对时光流逝的感慨，将曹操晚年的内心世界真诚地展露在读者面前。

【原文】

厥初生，造化之陶物①，莫不有终期。莫不有终期。圣贤不能免，何为怀此忧②？愿螭龙之驾③，思想昆仑居。思想昆仑居。见期于迂怪④，志意在蓬莱。志意在蓬莱。周孔圣徂落，会稽以坟丘。会稽以坟丘。陶陶谁能度⑤？君子以弗忧。年之暮奈何，时过时来微⑥。（《乐府诗集》卷二十六）

【注释】

①陶物：造就万物。

②何为：为什么。

③螭（chī）龙：传说中没有角的龙。

④见期于迂怪：见期，期望见到的意思。迂怪：神怪。

⑤陶陶：漫长。

⑥时过时来微：时过时，《宋书·乐志》中作"过时时"。微：微小。

【精要简介】

这首诗算是曹操游仙诗中的代表作。整首诗的意思是万物皆有终期，圣人也不例外，所以不必为了死亡而忧伤。但曹操又受长生不老之说的影响，对长寿产生了希望和幻想。随后，笔锋一转，曹操回到了现实，说即便像周公、孔子这样的圣人都难免死去，说明追求长生不老并不实际，明智的人不应该为此而感到忧伤。最后，"年之暮奈何"一句表现出曹操对生命短暂的无奈。

步入晚年后，曹操对时间的流逝越发感慨，深知有生之年要想完成统一大业是多么艰难。虽然他也幻想"蜥龙之驾"，想要在"蓬莱""昆仑"等仙地生活，但他也知道幻想终归是幻想，不可能实现，因为没有人能够超越死亡。曹操是一个很理性的人，正因为如此，抛却幻想的他，对时光的流逝显得更加忧愁，担心在短暂的人生里无法完成未竟的大业。

度关山

【题解】

东汉末年，群雄割据，是一个战乱的时代。曹操亲历其中，感受到了战争之苦，看到百姓因为战争而流离失所、无家可归。曹操是一个有伟大理想和政治抱负的人，他希望自己能够开创太平盛世的局面。《度关山》这首诗便是在此基础上创作的。

本诗属于抒情诗，指出执政者应当爱民守法、厉行勤俭，并肯定了民本思想。

【原文】

天地间，人为贵。立君牧民，为之轨则。车辙马迹，经纬四极①。黜陟幽明，黎庶繁息②。於铄贤圣③，总统邦域。封建五爵，井田刑狱④。有燔丹书，无普赦赎⑤。皋陶甫侯⑥，何有失职？嗟哉后世，改制易律。劳民为君，役赋其力。舜漆食器⑦，畔者十国，不及唐尧，采椽不斫⑧。世叹伯夷，欲以厉俗⑨。侈恶之大，俭为共德⑩。许由推让，岂有讼曲⑪？兼爱尚同，疏者为戚⑫。（《乐府诗集》卷二十七）

【注释】

①经纬四极：织品纵线为"经"，横线为"纬"。道路南北是"经"，东西是"纬"。四极：指的是四方极远的地方。

②黜（chù）陟（zhì）幽明，黎庶繁息：幽明，此处指人才的优劣。黎庶：民众。

③於（wū）铄（shuò）贤圣：於铄，赞美之词。铄：美。

④封建五爵，井田刑狱：五爵，指公、侯、伯、子、男五等爵位。井田：井田制度，周代的田制是以方圆九百亩为一井，将其划分成九个区，每个区

一百亩，中心的一区是公田，其余的八区为私田，私田平分给八家，八家共养公田。

⑤有燔（fán）丹书，无普赦赎：燔，焚烧。丹书：记录犯人的罪行，使用朱色笔书写。无普赦赎：赦免和赎罪的方法不能普遍应用于各类罪行中。

⑥皋（gāo）陶（yáo）甫侯：皋陶，虞舜时代的狱官之长。甫侯：吕侯，周穆王时任司寇，掌管刑狱。

⑦食器：吃饭的用具。

⑧采椽（chuán）不斫（zhuó）：采，柞木的意思。用柞木做椽，不加雕琢，意指比较俭朴。

⑨厉：劝勉的意思。

⑩俭为共德：意为节俭是公认的美德。共：《宋书·乐志》中"共"作"恭"。

⑪许由推让，岂有讼曲：据说，尧帝原本想要把帝位让给许由，许由不接受，跑到山下去种地了。讼曲：指争辩曲直。

⑫兼爱尚同，疏者为戚：兼爱、尚同是《墨子》一书中的篇名。戚：亲近。

【精要简介】

本诗主要讲的是执政者要勤俭爱民，提倡"俭为共德"。

开篇的"天地间，人为贵"，便突出了作者"以人为本"的执政理念，随后又写执政者要贤明，要制定法规，全国统一，把奢侈看作是大恶，把俭朴当作美德；官吏要尽职尽责，使百姓生活安定，人口繁衍生息；设立刑狱，执法公正。如此一来，天下太平，百姓亲爱。

为了充分表达"大同"的思想，作者从两个角度出发，一是以古说今，通过古时君主的治理方法，说明"亲贤臣，远小人"才是国家繁荣的根本保证；二是举尧舜的例子，指出要摒弃奢侈、宣扬勤俭等，以此来表达作者渴望国家统一、天下太平的愿望。

薤露行

【题解】

中平六年（公元189年），汉灵帝死后，少帝刘辩即位。大将军何进秘密召董卓带兵进京，想要诛杀宦官。不料，事情败露，何进反被宦官张让杀害。张让挟持少帝刘辩及陈留王刘协出走，后来少帝被董卓迎还。没多久，董卓废少帝，改立陈留王刘协，刘协便是历史上的献帝。

之后，各地纷纷起兵讨伐董卓，董卓烧毁洛阳，让献帝、百官及百姓迁往长安。曹操对此有感而发，写下了《薤露》这首诗，表达了自己的悲愤之情。

【原文】

惟汉廿二世①，所任诚不良②。沐猴而冠带③，知小而谋强④。犹豫不敢断，因狩执君王。白虹为贯日⑤，己亦先受殃。贼臣持国柄⑥，杀主灭宇京。荡覆帝基业，宗庙以燔丧。播越西迁移⑦，号泣而且行。瞻彼洛城郭，微子为哀伤⑧。（《乐府诗集》卷二十七）

【注释】

①惟汉廿二世：廿二：二十二，此句意为从汉高祖刘邦到汉灵帝刘宏，一共有二十二世。

②所任：指的是汉灵帝任用的大将军何进。

③沐猴而冠带：猕猴穿着官服戴着官帽，喻小人得志。

④知小而谋强：指何进没有什么智慧，却又总想干出一番大事业。知，通"智"。

⑤白虹为贯日：在古人看来，白虹贯日为凶兆，会有危害君主、朝廷的大事发生。

⑥贼臣：指董卓。

⑦播越：长途迁徙。

⑧微子为哀伤：商纣的庶兄。武王灭商之后，封微子于宋国。有一次，微子途径朝歌，见殷商宫早已经成为一片废墟，顿时有感而发，写出《麦秀之歌》，表达自己的哀伤。

【精要简介】

清代沈德潜说："借古乐府写时事，始于曹公"。《薤露行》出自《乐府诗集·相和歌辞·相和曲》，原是古时的挽歌。本篇是曹操借乐府古题描述时事，算是一大创举，也对乐府文学的发展起了积极的作用。

有人把曹操的这类作品称为"诗史"，意思是说，它既有诗的形式，又能够反映出真实的历史事件，通过叙事手法来抒发作者的情感。这首诗并没有太多的细节描述，而是从大处着眼，用精炼的文字高度概括了数年的动乱，如曹操写何进，只用"沐猴而冠带，知小而谋强。犹豫不敢断，因狩执君王"四句便写出了何进的无能，语言凝练而又不乏动人力量；再如"荡覆帝基业，宗庙以燔丧。播越西迁移，号泣而且行"四句，便交代出董卓之乱的经过，颇有画面感。

由此可见，曹操对全局的把握和描述都比较精准、细致，这也是汉诗的魅力之处。

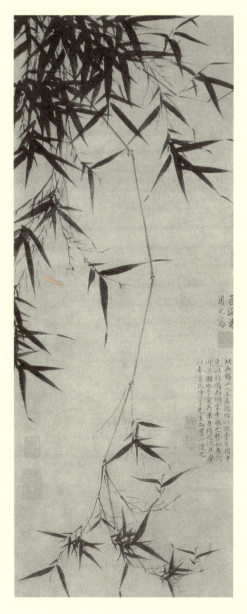

蒿里行

【题解】

《蒿里行》和《薤露行》一样，也是古时的挽歌，指的是人死之后，魂魄会归于蒿里。

初平元年（公元 190 年），以袁绍为盟主的关东各军，征讨董卓。董卓挟持献帝及官员百姓迁移长安后，自己带兵留守洛阳，和关东各路兵马对抗。关东各路兵马各怀心事，大多持观望态度，联军内部争权夺利、相互厮杀，百姓苦不堪言。这首《蒿里行》大概就是在这个时候写成的，记述了这一时期的历史和社会现实。

【原文】

关东有义士①，兴兵讨群凶②。初期会盟津③，乃心在咸阳④。军合力不齐⑤，踌躇而雁行⑥。势利使人争，嗣还自相戕⑦。淮南弟称号，刻玺于北方。铠甲生虮虱，万姓以死亡，白骨露于野，千里无鸡鸣。生民百遗一，念之断人肠⑧！（《乐府诗集》卷二十七）

【注释】

①关东有义士：关东，函谷关以东。义士：指关东讨伐董卓的将领。

②讨群凶：征讨董卓及他的党羽。

③初期会盟津：初期，最初的期望。盟津：孟津，今河南孟县一带，据说是武王伐纣时和各路诸侯会合的地方。

④乃心在咸阳：乃心，他们的心。咸阳：代指长安。

⑤不齐：不一致，不统一，不齐心。

⑥雁行：飞雁成行，代指各路兵马持观望态度，谁也不愿意主动出击。

⑦嗣还自相戕（qiāng）：嗣还，不久。相戕：互相残杀。

⑧断：《宋书·乐志》中"断"又作"绝"。

【精要简介】

本篇的时间跨度比较大，从各州起兵到征讨袁术，前后经历了将近十年。当然，这十年中发生的事情太多，作者只截取了其中几种，如征伐董卓，袁绍、袁术兄弟等比较有代表性的事情进行描述，以小看大，概述了那个时期的局面。

这首诗的前十句主要写了诗人对时局的担忧，后六句则写了战乱给人们带来了深重的苦难，表达了诗人的关切之情。写作角度客观，语言平实，将残忍的现实淋漓尽致地展现在读者面前，令人震撼。

对酒

【题解】

本诗描述的是一种理想的社会状态，没有官吏登门收租，王者贤明、大臣忠良，百姓没有纷争，仓谷满盈，人人都能得以寿终等，这是多么令人神往的生活啊！可惜，理想没有进入现实，现实中战乱依旧，百姓苦不堪言，由此引发了诗人无限的感慨。

【原文】

对酒歌，太平时，吏不呼门。王者贤且明，宰相股肱皆忠良。咸礼让，民无所争讼。三年耕有九年储，仓谷满盈。班白不负戴①。雨泽如此，百谷用成②。却走马，以粪其上田③。爵公侯伯子男，咸爱其民，以黜陟幽明。子养有若父与兄④。犯礼法，轻重随其刑。路无拾遗之私。囹圄空虚⑤，冬节不断。人耄耋⑥，皆得以寿终。恩德广及草木昆虫⑦。（《乐府诗集》卷二十七）

【注释】

①班白：又作"斑白""颁白"，指头发半白的老年人。

②百谷用成：百，《宋书·乐志》中作"五"。用：因而。成：丰收。

③以粪其上田：粪，此处是动词，指在田里施肥。上：《宋书·乐志》中作"土"。

④子养有若父与兄：子养，养之如子。此句的意思是，官员爱护百姓要像父兄爱护自己的子弟一样。

⑤囹（líng）圄（yǔ）空虚：囹圄，牢狱。此句的意思指牢狱里空荡荡的，没有犯人。

⑥耄（mào）耋（dié）：八九十岁的老人。

⑦恩德广及草木昆虫：连草木昆虫也能够蒙受恩德。

【精要简介】

这是曹操早年创作的作品，属于一首杂言诗，句式比较灵活，读起来通俗易懂。"对酒"属于曹操自己创造的乐府新题，所以不受任何约束。

公元184年，曹操任济南相，整肃吏治，有"政教大行，一郡清平"之称。由一个郡而看天下，涉及君臣、礼法、生产、环境等，曹操对盛世太平有了自己的看法。此外，"三年耕有九年储"出自《礼记·王制》的"国无九年之储，谓之不足"；"班白不负戴"出自《孟子·梁惠王》中的"颁白者不负戴于道路"；"却走马，以粪其上田"则出自《老子》中的"天下有道，却走马以粪"。由此也可以看出，曹操并不是专宗一家的。

陌上桑

【题解】

《陌上桑》的古辞本写的是大家所熟知的采桑女秦罗敷的故事，曹操在此基础上加以改造，创作出一首游仙诗，创作年份不详。曹操是一个"性不信天命"的人，所以这首诗应该和前文的《精列》一样，只是一种写实的表现手法，或者是为了投别人之所好，为自己的权力而服务的。

【原文】

驾虹霓①，乘赤云②，登彼九疑历玉门③。济天汉④，至昆仑。见西王母谒东君⑤。交赤松，及羡门，受要秘道爱精神⑥。食芝英⑦，饮醴泉⑧，拄杖枝⑨，佩秋兰。绝人事⑩，游浑元⑪。若疾风游欻飘翩⑫。景未移⑬，行数千。寿如南山不忘愆⑭。（《乐府诗集》卷二十八）

【注释】

①虹霓（ní）：见"虹蜺"，均属于龙类。

②赤云：彩云。

③登彼九疑历玉门：九疑，山名，今湖南省宁远县南，据说虞舜便葬在此处。玉门：天宫之门，《宋书·乐志》中"玉"作"王"。

④天汉：银河。

⑤东君：日神。

⑥受要秘道：接受长生不老的秘诀和要道。

⑦芝英：灵芝。

⑧醴（lǐ）泉：甘美的泉水，相传出自昆仑山。

⑨拄杖枝：《宋书·乐志》中"杖"下还有一个"桂"字。

⑩人事：人间的俗事，如功名利禄等。

⑪浑元：天地元气。

⑫欻（xū）：忽然。

⑬景未移：形容时间很短暂。

⑭不忘愆（qiān）：没有过失。

【精要简介】

这是一首游仙诗。诗人登天入地，遨游四方，和神仙一起谈经论道，饮用珍馐美味，欣赏奇妙景观，落得潇洒自在。可最后以一句"寿如南山不忘愆"点出要点，诉说了自己当时的心态。

在东汉纷乱时代，曹操"挟天子以令诸侯"，自然遭得别家惦记，曹操也屡被行刺。即便如此，曹操也毫无畏惧，依然进取。这首诗虽然写的是仙界之事，表面上向世人表达了自己会常常反省自己的过失，功成身退，不会贪恋权位，做个游仙，乐得逍遥，其本意却是要韬光养晦，用这种方法削减外界的敌意和压力，为自己的心中大业争取更多的时间。

短歌行二首

【题解】

《短歌行》是乐府旧题，是在宴会上演唱的乐曲。乐府有《短歌行》也有《长歌行》，二者的区别就在于歌声的长短。其一主要是感怀乱离，怀念朋友，感叹时光的流逝，并表达出希望可以得到贤能之人的帮助，建立一个太平盛世；其二则赞扬了周文王、齐桓公、晋文公所立下的丰功伟业，以此表达自己对汉室的忠诚。

【原文】

其一

对酒当歌，人生几何！譬如朝露，去日苦多①。慨当以慷，忧思难忘②。

何以解忧③？唯有杜康。青青子衿，悠悠我心。但为君故，沉吟至今④。呦呦鹿鸣⑤，食野之苹。我有嘉宾，鼓瑟吹笙。明明如月，何时可辍⑥。忧从中来，不可断绝。越陌度阡⑦，枉用相存。契阔谈讌，心念旧恩。月明星稀，乌鹊南飞。绕树三匝⑧，何枝可依？山不厌高，海不厌深。周公吐哺，天下归心。（《乐府诗集》卷三十）

其二

周西伯昌⑨，怀此圣德。三分天下，而有其二。修奉贡献，臣节不隆⑩。崇侯谗之，是以拘系。

后见赦原⑪，赐之斧钺⑫，得使征伐。为仲尼所称，达及德行，犹奉事殷，论叙其美。

齐桓之功，为霸之首。九合诸侯，一匡天下。一匡天下，不以兵车⑬。正而不谲，其德传称。

孔子所叹⑭，并称夷吾，民受其恩。赐与庙胙⑮，命无下拜。小白不敢尔，天威在颜咫尺。

晋文亦霸，躬奉天王。受赐珪瓒⑯，秬鬯彤弓⑰，卢弓矢千⑱，虎贲三百人。

威服诸侯，师之者尊。八方闻之，名亚齐桓⑲。河阳之会，诈称周王，是其名纷葩⑳。（《乐府诗集》卷三十）

【注释】

①去日：逝去的岁月。

②忧思难忘：难忘忧愁和思虑。

③何以解忧：晋乐所奏此句中为"以何解忧"。

④沉吟：沉思、低吟。

⑤呦呦：鹿叫的声音。

⑥辍：拾取。

⑦越陌度阡：陌、阡，田间的小路。意指客人远道而来。

⑧绕树三匝：匝，圈，周围。

⑨周西伯昌：周文王姬昌。

⑩臣节不隆：臣节，臣子的礼节和本分。隆：《宋书·乐志》中作"坠"。

⑪后见赦原：见，被。赦原：释放，恢复原职。

⑫钺（yuè）：大斧。代指天子赐予朝臣征伐、杀人的权力。

⑬兵车：代指战争或武力。

⑭叹：赞美。

⑮庙胙（zuò）：宗庙祭祀时使用的肉。

⑯珪（guī）瓒（zàn）：祭祀时使用的玉柄舀酒的器物。

⑰秬（jù）鬯（chàng）彤弓：秬鬯，以黑黍和香草酿制的酒，古代祭祀所用。彤弓：红色的弓。

⑱卢弓：黑色的弓。

⑲亚：次于。

⑳是其名纷葩：《宋书·乐志》中作"是以其名纷葩"。

【精要简介】

这两首诗的创作日期大概在公元 208 年以后，此时的曹操已经平定了北方，掌握了政权。第一首的主题是"求贤"，为了巩固自己的统治地位，打击豪强势力，曹操主张"唯才是举"，先后发布了"求贤令""举士令"等，而这首诗可谓是一首"求贤歌"，和他之前颁布的政令前后应和。

第二首的主题是用咏史诗，借周文王、齐桓公、晋文公等人的事迹，表露自己的理想。周文王姬昌在天下形势利于己的时候，依然侍奉暴虐的君主纣王，所以孔子称赞他为"周之德，其可谓至德也已矣"。曹操借此表达自己和周文王一样，也是在尽心侍奉献帝。随后又写了西伯姬昌、齐桓公、晋文公也都曾经受命"得使征伐"，是在表明现在的形势和西伯等人时的形势比较相似，天子让他征讨不臣，是英明之举。

《短歌行》两首诗向众人展现了曹操的抱负和理想。

苦寒行

【题解】

本篇属于《相和歌·清调曲》歌辞。建安十一年（公元 206 年），曹操在带兵征讨高干的途中所作。高干是袁绍的外甥，投降曹操之后又反叛，为此，曹操带兵亲征，北上作战。本诗便描绘了征战途中的辛苦及艰难。

【原文】

北上太行山①，艰哉何巍巍②！羊肠坂诘屈③，车轮为之摧。树木何萧瑟④，北风声正悲！熊罴对我蹲，虎豹夹路啼。谿谷少人民，雪落何霏霏！延颈长叹息⑤，远行多所怀。我心何怫郁⑥？思欲一东归⑦。水深桥梁绝，中路正徘徊⑧。迷惑失故路⑨，薄暮无宿栖⑩。行行日已远，人马同时饥。担囊行取薪，斧冰持作糜。悲彼《东山》诗⑪，悠悠令我哀⑫。（《乐府诗集》卷三十三）

【注释】

①太行山：河内的太行山，今河南沁阳北。

②巍巍：高大的样子。

③羊肠坂诘（jié）屈：羊肠坂，从沁阳经过天井关到达晋城的道路，因为像羊肠一样曲折，所以称为羊肠坂。诘屈：曲折。

④萧瑟：风吹树木的声音。

⑤延颈：伸长脖子。

⑥怫（fú）郁：心里不安，愁闷。

⑦东归：回去的意思。曹操是沛国谯县人，今安徽亳州。

⑧中路：半道上。路：晋乐所奏"路"作"道"。

⑨故：晋乐所奏"故"作"径"。

⑩薄暮无宿栖：薄暮无，晋乐所奏"薄暮无"作"暝无所"。宿栖：住宿

的地方。

⑪《东山》:《诗经·豳（bīn）风》中的一篇，写的是跟随周公在外征战的战士思念自己的家乡。

⑫悠悠：形容思念绵长。

【精要简介】

这是一首反映东汉末年军旅征战之苦的诗作。

诗作的前四句主要是写景，以此突出太行一行的艰苦；第五句到第十句则借景抒情，描绘出诗人内心的悲凉、沉重和压抑；第十一句到第十四句，则写出了诗人对目前状况的叹息、忧郁及迫切地想要东归的心情；第十五句到第二十四句，则写出了征讨途中的艰苦。整首诗充满了苍凉悲壮的基调。

这是一首写景、抒情、叙事三者结合得非常巧妙的一首诗。写景时，如巍巍的太行山，蜿蜒曲折的小道，摇摆的树木，不时出没的大熊等，都描绘得异常逼真；抒情时，则是以"叹息""怫郁""思东归"等字眼，表达出行军之艰难，思乡之浓烈，悲凉凄苦，惹人动容；叙事时，又把自己的抱负和周公相连，描绘出东汉末年动荡不安的社会生活，表达出对战士的关怀之情，升华了整首诗作，赋予了本诗极强的生命力。

秋胡行二首

【题解】

《秋胡行》，乐府曲调名。建安二十年（公元 215 年），已经 61 岁的曹操亲征张鲁，自陈仓，出散关。《秋胡行》二首就创于这一时期，反映出曹操人到晚年而大业却未成的复杂矛盾的心理。

【原文】

其一

晨上散关山①，此道当何难！晨上散关山，此道当何难！牛顿不起②，车堕谷间。坐盘石之上③，弹五弦之琴。作为清角韵④，意中迷烦。歌以言志，晨上散关山。

有何三老公⑤，卒来在我傍？有何三老公，卒来在我傍？负揜被裘⑥，似非恒人。谓卿云何困苦以自怨，徨徨所欲⑦，来到此间？歌以言志，有何三老公？

我居昆仑山，所谓者真⑧。我居昆仑山，所谓者真人。道深有可得⑨。名山历观，遨游八极，枕石漱流饮泉。沉吟不决⑩，遂上升天。歌以言志，我居昆仑山。

去去不可追⑪，长恨相牵攀。去去不可追，长恨相牵攀。夜夜安得寐⑫，惆怅以自怜。正而不谲⑬，辞赋依因。经传所过⑭，西来所传⑮。歌以言志，去去不可追。（《乐府诗集》卷三十六）

其二

愿登泰华山⑯，神人共远游。愿登泰华山，神人共远游。经历昆仑山，到蓬莱。飘飖八极⑰，与神人俱。思得神药，万岁为期。歌以言志，愿登泰华山。

天地何长久！人道居之短⑱。天地何长久！人道居之短。世言伯阳⑲，殊不知老；赤松王乔，亦云得道。得之未闻，庶以寿考⑳。歌以言志，天地何长久。

明明日月光，何所不光昭！明明日月光，何所不光昭！二仪合圣化㉑，贵者独人不？万国率土，莫非王臣。仁义为名㉒，礼乐为荣。歌以言志，明明日月光。

四时更逝去，昼夜以成岁。四时更逝去，昼夜以成岁。大人先天而天弗违㉓。不戚年往，忧世不治。存亡有命，虑之为蚩㉔。歌以言志，四时更逝去。

戚戚欲何念！欢笑意所之㉕。戚戚欲何念！欢笑意所之。壮盛智惠㉖，殊不再来。爱时进趣㉗，将以惠谁？泛泛放逸㉘，亦同何为！歌以言志，戚戚欲何念！（《乐府诗集》卷三十六）

【注释】

①散关山：今陕西省宝鸡市西南方。宋朝之后习惯称之为大散关，是秦蜀的咽喉之地，在三国时期是重要的战略要地。

②顿：极其疲困而无法站起来。

③盘石：同"磐石"，巨大的石头。

④清角韵：《清角》，据说是黄帝所作。

⑤有何三老公：有何，何故。三老公：古时设三老五更，到了汉朝，这个制度依然存在。郑玄注："三老五更各一人也，皆年老更事致仕者也，天子以父兄养之，示天下之孝悌也。"

⑥㨑（yǎn）：古代服制，加在皮衣的外面，又称为裼。

⑦徨徨：心神不安的样子。

⑧真人：修行得道之人。

⑨道深有可得：虽然道比较深奥，但还是可以求到的。

⑩沉吟：默默思索的意思，引申为犹疑。

⑪去去：去得远。

⑫夜夜安得寐：每天夜里怎么能够睡得着呢？

⑬正而不谲（jué）：谲，欺诈，玩弄权术。此句意思为齐桓公为人比较正直，不会玩弄权术。

⑭经传：经，儒家的经书，包括《诗》《书》《礼》《易》《乐》《春秋》。传：指解读经书的文字。

⑮西来：齐桓公曾经西征大夏。

⑯泰华山：华山，古人称有仙人在此居住。

⑰飘飖（yáo）：在空中飘荡。

⑱人道居之短：人道，人生。居：停留。

⑲伯阳：老子，春秋时期的思想家，道家始祖。

⑳寿考：高寿。

㉑二仪合圣化：二仪，天和地。合圣化：化育万物。

㉒名：名分，本分。

㉓大人先天而天弗违：有德行的人能够预见天道，进而使自己的所作所为符合天道。

㉔蚩（chī）：愚蠢无知。

㉕意所之：跟随自己的心意。

㉖壮盛智惠：壮盛，《宋书·乐志》中作"盛壮"。惠：殿本作"慧"。

㉗进趣：进取。

㉘泛泛：放任。

【精要简介】

第一首共有四解。第一解写了征途艰难的困扰；第二解借仙人之口说出了自己的忧愁；第三解写了面对仙人的邀约，诗人犹豫不决；第四解则是回归现实，诗人下定决心，广泛招揽人才，完成西征大业。

第二首共有五解。第一解写的是诗人希望和仙人同行、长生不老的意愿；第二解则写了诗人自知无法成仙，但希望自己能够延年益寿；第三解则是提出了"人为贵"的观念，这也是儒家思想所主张的，希望推行仁义，以实现自己的人生价值；第四解则感叹时间的短暂；第五解回归正题，诗人否

定放纵苟安的态度。整首诗表达了诗人的人生观和价值观，虽然慨叹时间的飞逝，但也并未因此消极度日，而是抱着昂扬的斗志，积极进取，实现自己的入世价值。

善哉行三首

【题解】

《善哉行》，乐府旧题。《善哉行》三首，第一首诗人借助古事表达了自己的政治态度和理想抱负；第二首则是讲述了自己的身世，表达了诗人壮志难酬的苦闷心情；第三首则描述了宴会宾客的情形，表达自己求贤若渴的心情及喜欢恬淡生活的态度。

【原文】

其一

古公亶甫①，积德垂仁。思弘一道②，哲王于幽③。

太伯仲雍④，王德之仁。行施百世⑤，断发文身⑥。

伯夷叔齐⑦，古之遗贤。让国不用，饿殂首山⑧。

智哉山甫⑨，相彼宣王。何用杜伯，累我圣贤。

齐桓之霸，赖得仲父⑩。后任竖刁，虫流出户。

晏子平仲，积德兼仁。与世沉德，未必思命。

仲尼之世，王国为君⑪。随制饮酒，扬波使官⑫。

（《乐府诗集》卷三十六）

其二

自惜身薄祜⑬，夙贱罹孤苦⑭。既无三徙教⑮，不闻过庭语⑯。

其穷如抽裂⑰，自以思所怙⑱。虽怀一介志⑲，是时其能与！

守穷者贫贱，惋欢泪如雨⑳。泣涕于悲夫，乞活安能睹？

我愿于天穷㉑，琅邪倾侧左㉒。虽欲竭忠诚，欣公归其楚。

快人由为叹㉓，抱情不得叙。显行天教人㉔，谁知莫不绪。

我愿何时随㉕？此叹亦难处。今我将何照于光曜㉖？释衔不如雨。

（《乐府诗集》卷三十六）

其三

朝日乐相乐㉗，酣饮不知醉。悲弦激新声，长笛吹清气㉘。

弦歌感人肠，四坐皆欢悦。寥寥高堂上㉙，凉风入我室。

持满如不盈㉚，有德者能卒㉛。君子多苦心，所愁不但一㉜。

慊慊下白屋㉝，吐握不可失㉞。众宾饱满归，主人苦不悉。

比翼翔云汉，罗者安所羁？冲静得自然，荣华何足为！

（《乐府诗集》卷三十六）

【注释】

①古公亶（dǎn）甫：周文王的祖父。古公是其称号。

②弘：发扬光大。

③哲王于豳（bīn）：哲，名。豳：古邑名，今陕西旬邑西。

④太伯仲雍：太伯、仲雍，亶父的长子和次子。在亶父看来，他的孙子姬昌应该顺从天命，便想着传位给自己的小儿子季历，也就是姬昌的父亲。只是那个时候实行嫡长子继承制，于是太伯、仲雍二人为了让位，便躲避在荆蛮，人们也因此称赞他们二人是"有王者之德的仁人"。

⑤施：给予恩惠。

⑥断发文身：太伯、仲雍避居的地方有剪短头发、身上刺上花纹的习俗，太伯、仲雍也入乡随俗。

⑦伯夷叔齐：伯夷、叔齐，商末孤竹君的两个儿子。两兄弟都不愿意继承王位，商灭亡后，兄弟二人逃到首阳山上，不吃周粟，最后饿死。

⑧殂（cú）：死亡。

⑨山甫：仲山甫，周宣王的大臣。

⑩仲父：管仲。

⑪王国：周朝的王室。

⑫官：一作"臣"。

⑬祜（hù）：福。《宋书·乐志》中作"祐"。

⑭罹（lí）：遇到了困难或不幸。

⑮三徙教：《列女传》中，为了教育孟轲，孟轲的母亲三次搬家。这里指的是母教。

⑯过庭语：《论语·季氏》中，孔子的儿子从庭院中过，孔子叫住他，对他进行了教育。这里指父教。

⑰抽裂：形容十分痛苦。

⑱怙（hù）：依靠，这里指父亲。

⑲一介志：介，通"芥"，指极小的事物。此处意为一个很小的愿望。

⑳悗欢：《宋书·乐志》中作"悗叹"，叹息的意思。

㉑天穷：指苍天。

㉒琅（láng）邪（yá）倾侧左：琅邪，山名。左：东方。此处隐喻曹嵩的死。董卓之乱时，曹嵩在琅邪避难，被陶谦的部下所杀。曹操用琅邪的倾倒来隐喻父亲曹嵩之死。

㉓快人由为叹：快人，喜人。由：《宋书·乐志》中作"曰"。

㉔显行天教人：显行，建功立业。天教：天子的教令。

㉕随：达到。

㉖今我将何照于光曜：照，面对。光曜：日月。

㉗朝日：从早晨到下午。

㉘吹：《宋书·乐志》中作"吐"。

㉙寥寥：空荡，此处指宽敞。

㉚持满如不盈：拿着盛满水的杯子，还像是水不满的样子。

㉛有德者能卒：德，《宋书·乐志》中作"得"。卒：终了。此处指有始有终。

㉜但一：只有一件。

㉝慊（qiè）慊（qiè）下白屋：慊慊，谦逊。白屋：贫贱之人居住的茅屋。

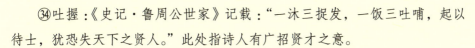

㉞吐握：《史记·鲁周公世家》记载："一沐三捉发，一饭三吐哺，起以待士，犹恐失天下之贤人。"此处指诗人有广招贤才之意。

【精要简介】

《善哉行》三首大概作于建安元年（公元196年），此时曹操还未掌握朝政。九月，曹操迎献帝，东汉政局打开了一个全新的局面。第一首诗七解，第二首诗六解，第三首诗五解。

第一首诗从四解来看。第一解，诗人赞扬了古公亶甫，主张以德服人；第二解，赞扬了太伯、伯夷、叔齐等让国的品质，表明向古人学习的志向；第三解，写了周宣王、齐桓公亲近小人的事情，以此来警醒自己；第四解，赞扬了晏婴、管仲，以表自己尊奉汉室的政治态度。这是一首咏史的诗，以史观己，进而表达出自己的态度。

第二首诗的前三解讲述了自己的身世及不得志的苦闷，情真意切，很是动人；第四解和第五解用已故的父亲做引子，先说了自己已经无法侍奉膝下的悲痛，后说了自己迎君时所遭受的误解；第六解则写出了壮志难酬、报国无门的愁绪。第二首诗主要写了诗人的政治理想和现实之间的矛盾。

第三首诗主要写的是宴饮，不过醉翁之意不在酒，表面上写宴饮，实际上还是表达了自己招揽天下名士的心愿及建功立业的雄心壮志。

却东西门行

乐府有《东门行》《西门行》，还有《东西门行》。有猜测说《东西门行》大约是将《东门行》和《西门行》的调子合并得出。曹操又作《却东西门行》，陆机又有《顺东西门行》，有人将"却"和"顺"看作倒唱和顺唱的区别。总而言之，都是乐调的变化。

本诗作于曹操晚年，也就是建安十三年（公元208年）。赤壁之战失败后，已经53岁的曹操内心苦闷不已，眼看着年事渐高，而统一大业却仍未实现，曹操内心的煎熬可想而知。本篇写了征夫的思乡之情，其实就是曹操自伤离乱的内心吐露。

【原文】

鸿雁出塞北，乃在无人乡。举翅万余里，行止自成行。冬节食南稻，春日复北翔。田中有转蓬①，随风远飘扬。长与故根绝，万岁不相当。奈何此征夫②，安得去四方！戎马不解鞍，铠甲不离傍。冉冉老将至③，何时反故乡？神龙藏深泉，猛兽步高冈④。狐死归首丘⑤，故乡安可忘！（《乐府诗集》卷三十七）

【注释】

①转蓬：蓬，是菊科植物，蓬的花如球一样，风一吹便跟着旋转，所以称之为"转蓬"。

②征夫：行旅之中的人，此处指自己。

③冉冉：渐渐。

④神龙藏深泉，猛兽步高冈：泉，应该是"渊"。兽：应该是"虎"。这是唐代人为了避讳唐高祖和太祖（唐高祖名渊，太祖名虎）的名讳所改。

⑤狐死归首丘：丘，狐狸的窟穴。最后用动物有自己的窟穴来表示人也不能忘记自己的故乡。

【精要简介】

开篇十句写出了鸿雁迁徙的特征，冬日南下，春日北归，而征夫犹如随风旋转的蓬草，四处征战，长时间与故土分离。这十句运用了比兴的手法，鸿雁虽年年迁徙，但岁岁可归；可犹如转蓬的征夫，却不知道归期是几何。"万余里""万岁"突出了空间感和时间感。要说鸿雁和征夫亦有相似之处，那就是都要经过长途跋涉，长时间无法回归故土。

笔锋一转，诗人随后写出了征夫的生存状况：四方征战，马不解鞍，盔甲不离身，年事渐高，归期遥遥。寥寥几句，写出了征夫的艰险困苦的生活。思乡不得归是其中的关键，情感之强烈，效果之真切，动人心魄。

最后四句则用神龙、猛兽、狐狸为比喻，神龙藏于深泉，猛兽步于高岗，狐狸归于窟穴，动物都有自己的定所，这让离家万里的征夫非常羡慕。整首诗写的是征夫的思乡之情，虽然有些凄凉，但结尾中的猛兽神龙的比喻又为全篇增添了一些刚健之气，这不仅是曹操诗作的特点，也是建安文学的特点之一。

步出夏门行五首①

曹操集 全鉴 珍藏版

【题解】

《步出夏门行》是曹操使用乐府旧题，于建安十二年（公元 207 年）北征乌桓凯旋时创作的一组诗。本诗共分为五个部分，第一部分是序曲"艳"；第二部分《观沧海》描绘的是大海包蕴万千的景象，以景托志，抒发诗人胸怀天下的进取精神；第三部分《冬十月》描述的是凯旋途中的所见所闻；第四部分《土不同》写了黄河以北地区的冬天和民风特色；第五部分《龟虽寿》则抒发了诗人"老骥伏枥，志在千里；烈士暮年，壮心不已"的情怀。

【原文】

其一 艳②

云行雨步③，超越九江之皋④。临观异同⑤，心意怀游豫，不知当复何从。经过至我碣石⑥，心惆怅我东海⑦。

其二 观沧海⑧

东临碣石，以观沧海。水何澹澹⑨，山岛竦峙。树木丛生，百草丰茂。秋风萧瑟，洪波踊起⑩。日月之行，若出其中；星汉粲烂⑪，若出其里。幸甚至哉！歌以咏志。

其三 冬十月⑫

孟冬十月⑬，北风徘徊。天气肃清，繁霜霏霏⑭。鹍鸡晨鸣，鸿雁南飞。鸷鸟潜藏，熊罴窟栖。钱镈停置⑮，农收积场。逆旅整设，以通贾商。幸甚至哉！歌以咏志。

其四 土不同

乡土不同，河朔隆寒。流澌浮漂⑯，舟船行难。锥不入地，蘴藾深奥⑰。

水竭不流，冰坚可蹈。土隐者贫⑱，勇侠轻非。心常叹怨⑲，戚戚多悲。幸甚至哉！歌以咏志。

其五　龟虽寿

神龟虽寿，犹有竟时；腾蛇乘雾，终为土灰。老骥伏枥，志在千里；烈士暮年，壮心不已。盈缩之期⑳，不但在天；养怡之福，可得永年。幸甚至哉！歌以咏志。（《乐府诗集》卷三十七）

【注释】

①步出夏门行：乐府曲调名。《晋书·乐志》下，题作《碣石篇》。

②艳：序曲，相当于"引子"。余冠英有注："艳辞不整齐，和正曲四章不同，又有不甚可解的地方，可能本是用散文写的序，后来合乐时用做艳，为了迁就乐调，不免改变原来的句逗。"

③云行雨步：雨点称为雨脚，雨下称为步。意为滚滚黑云，大雨瓢泼而下。

④皋（gāo）：水边的高地。

⑤临观异同：临观，亲自去观察。异同：大军进退时的不同意见。

⑥碣石：山名，今河北昌黎西北十五里。

⑦东海：渤海。

⑧观沧海：正曲的第一章，写的是登碣石望沧海的情形。

⑨澹（dàn）澹：水波动荡的样子。

⑩洪波踊起：洪波，巨浪。波、踊：《宋书·乐志》中，"波"作"涛"，"踊"作"涌"。

⑪星汉：银河。

⑫冬十月：建安十二年九月从柳城班师，第二年正月回到邺城，途中经历了整个冬季。本诗则是描述了归途中的所见所闻。

⑬孟冬：冬季的第一个月，也就是夏历的十月。

⑭霏霏：多而密的样子。

⑮钱镈（bó）：泛指农具。

⑯流澌浮漂：河中漂流的冰块。

⑰蘴（fēng）藾（lài）深奥：蘴藾，蔓菁和蒿草。深奥：深广、茂盛的样子。

⑱土：汲古阁本中，"土"下有注解为"一作士"。

⑲叹怨：因为不满社会现状而发出的叹息和怨恨。

⑳盈缩：生命的长短。

【精要简介】

《步出夏门行》，乐府旧题，又称为《陇西行》。

本诗一共有五章。第一章开头的"云行雨步"写出了大雨滂沱之势，用恶劣的环境映衬出诗人不畅的心境。最后两句写出诗人想要登高望海，以解心中的愁闷；第二章则写出了登碣石望沧海的景象，写出了波澜壮阔的大海，写出了大海吞月的壮美，借此隐喻自己也有如大海般宽阔的胸怀。本章通篇看上去是写景，其实是以景写人，情景交融，展现出诗人迫切希望建功立业的豪迈之情；第三章写了冬天的景象，前八句描绘了北方冬天的自然风光，后六句则写了农民结束了农忙、客店开张的情景，一片和谐的景象；第四章则写出了河朔地区的风土民情，描绘了这一地区寒冷的气候，如"流澌浮漂""锥

不入地""冰坚可蹈"等，第九句和第十句则写出了河朔地区士人贫困、侠士轻法的事情，表达了诗人对此等状况的忧心，更加确定了社会安定的重要性；第五章属于这组诗的升华部分，描述了诗人伟大的志向，展现了诗人的理想抱负。整首诗慷慨激昂、情绪饱满，可谓建安文学的典范之作。

谣俗词

【题解】

本诗采用歌谣的形式，反映了当时人民贫困的生活，又作《谣俗曲》。

【原文】

瓮中无斗储①，发箧无尺缯②，友来从我贷，不知所以应③。

【注释】

①瓮：盛粮食的土瓮。

②发箧（qiè）无尺缯（zēng）：发箧，打开竹箱。缯：比较粗糙的丝织品。

③不知所以应：不知道拿什么应承。

【精要简介】

本诗勾画出了贫民百姓的生活窘境。没有米，没有缯，饥寒交迫，生活困顿。"友来从我贷"，表明朋友也已经走投无路了。东汉末年，战乱纷起，曹操便描述了这一时期百姓的真实生活场景，表达了对底层百姓的关怀。

这首诗从侧面表达出诗人想要通过努力，让百姓过上衣食无忧的生活，能够统一全国，让上下人士不再为了温饱而忧愁。

董卓歌

曹操集
全鉴
珍藏版

【题解】

《董卓歌》，乐府曲调名，原本是东汉的民歌，流行于董卓之乱时，主要是咒骂董卓的言行。曹操只是采用了这个曲调。

【原文】

德行不亏缺①，变故自难常。郑康成行酒②，伏地气绝；郭景图命尽于园桑③。（《魏志》卷六《袁绍传》注）

【注释】

①德行：品德行为。

②郑康成：郑玄的字。郑玄，东汉末年的经学大师。

③郭景图：生平不详，不过结合诗文内容，应该是和郑玄一样的人物。

【精要简介】

本诗大概创作于建安五年（公元200年）前后。

本诗的大概内容为：即便是德行完美的人，也难免会遇到一些出乎意料的意外事故，郑康成是个完人，但他在行酒时却突然倒地而死；郭景图也是个完人，却也是突然死在了园中的桑树下。

官渡之战后，曹操作了这首诗，有人认为这首诗是曹操为骂袁绍而写的。

上书理窦武陈蕃 光和四年

【题解】

曹操上书为窦武、陈蕃伸冤，但其上书未被汉灵帝接纳。

【原文】

武等正直，而见陷害①。奸邪盈朝，善人雍塞②。(《魏志·武帝纪》注引《魏书》)

【注释】

①见：被。

②善人雍（yōng）塞（sāi）：善，好。雍塞：堵塞不通。

【精要简介】

永康元年（公元167年），汉桓帝死，窦皇后临朝听政，立刘宏为帝。建宁元年（公元168年）九月，大将军窦武和陈蕃密谋诛杀宦官的事情败露，反被宦官曹节、王甫等人诛杀。

曹操虽然出身于宦官之家，其父曹嵩是大宦官曹腾的养子，但曹操对宦官擅权一直心怀不满。光和三年（公元180年），26岁的曹操被任为议郎。光和四年（公元181年），曹操上书为窦武、陈蕃喊冤，但其上书并没有被汉灵帝接纳。

拒王芬辞 中平五年

【题解】

王芬是冀州刺史，勾结南阳许攸、沛国周旌等人，密谋在灵帝北巡河间的时候发动叛变，废除灵帝，诛杀宦官，改立合肥侯为帝。他们想拉曹操一起，曹操分析了当前形势后，认为这个计划不会取得成功。后来，计划败露，王芬畏罪自杀。

【原文】

夫废立之事①，天下之至不祥也。古人有权成败、计轻重而行之者，伊尹、霍光是也②。伊尹怀至忠之诚，据宰臣之势，处官司之上③，故进退废置，计从事立④。及至霍光受托国之任，藉宗臣之位，内因太后秉政之重，外有群卿同欲之势⑤；昌邑即位日浅，未有贵宠⑥，朝乏谠臣，议出密近⑦：故计行如转圜⑧，事成如摧朽。今诸君徒见曩者之易⑨，未睹当今之难。诸君自度：结众连党，何若七国⑩？合肥之贵，孰若吴、楚⑪？而造作非常⑫，欲望必克，不亦危乎？（《魏志·武帝纪》注引《魏书》）

【注释】

①废立：古时帝王废置诸侯，或是诸侯废除旧君改立新君。

②伊尹、霍光：伊尹，辅佐商汤灭掉夏桀，建立了商朝。霍光：汉武帝死后，汉昭帝即位，霍光为司马大将军。汉昭帝死后，他迎立刘贺为帝，后又被他废除，改立刘询为帝。

③据宰臣之势，处官司之上：宰臣，宰相。官司：文武百官。

④计从事立：根据计划办成事情。

⑤群卿同欲：众位大臣共同的愿望。

⑥贵宠：尊贵和荣耀。

⑦朝乏谠（dǎng）臣，议出密近：谠臣，敢于直谏的大臣。密近：亲密及亲信的人。

⑧转圜（huán）：比喻迅速。

⑨曩（nǎng）：以往。

⑩七国：汉景帝时期，吴、楚、胶东、胶西、济南、赵、甾（zī）川这七个诸侯国，以吴王刘濞为首，发动叛乱，史称"吴楚七国之乱"。

⑪合肥之贵，孰若吴、楚：合肥，指的是合肥侯。王芬想要废除灵帝，改立合肥侯为帝。合肥侯为皇室近支，身份高贵。吴、楚：指的是吴王刘濞和楚王刘戊。

⑫造作非常：创造不平常的事业。

【精要简介】

在这封信中，曹操使用了一些典故，如伊尹、霍光。伊尹是商朝的开国重臣，帮助商汤灭掉了夏国。后来，伊尹又辅佐了两任君主，是名副其实的三朝元老。第三任君主仲壬死后，商汤的孙子太甲为君主。太甲不理朝政，被伊尹放逐，三年后又迎归复位。自此，伊尹不再参政。霍光是西汉时期的重臣，受汉武帝遗诏，辅佐汉昭帝。汉昭帝死后，霍光迎刘贺为帝，后因刘贺荒淫无度，被霍光废除，改立刘询，是为汉宣帝。霍光因病去世后，汉宣帝收回霍家的兵权，并以谋反罪杀了霍光全族。

曹操引用了这两个人的事例，详细分析了二人成功的条件，意在说明：帝王的废立并不是容易的事，不要只看到成功的一面，也要看到困难的一面。

答袁绍 初平元年

【题解】

东汉末年，董卓之乱时，关东各郡首领联合起来抗董，渤海太守袁绍被推为盟主。袁绍和韩馥密谋，立刘虞为帝，并想要和曹操联盟，被曹操所拒。

后来，袁绍割据河北等地，成了曹操的劲敌。

【原文】

董卓之罪，暴于四海，吾等合大众，兴义兵①，而远近莫不响应，此以义动故也②。今幼主微弱③，制于奸臣，未有昌邑亡国之衅④，而一旦改易⑤，天下其孰安之？诸君北面，我自西向⑥。（《魏志·武帝纪》注引《魏书》）

【注释】

①义兵：正义的军队。

②此以义动故也：这是行动是正义的缘故。

③幼主微弱：幼主，当时汉献帝刘协只有十岁，故称。微弱：年幼弱小。

④昌邑亡国之衅：昌邑，昌邑王刘贺。汉昭帝死后被立为帝，在位仅二十七天，因破坏汉家制度而被废除。

⑤改易：指袁绍要改立刘虞为帝的事情。

⑥诸君北面，我自西向：北面，古时皇帝面朝南而坐，臣子面朝北觐见皇帝，所以北面代称臣。而袁绍所要立的刘虞也在北面，此处算是一语双关。意为你们尽管向北面的刘虞称臣，但是我要向西征讨董卓，迎接汉献帝。

【精要简介】

此文的创作背景就是在董卓之乱时期。

董卓，陇西人，汉灵帝时任职并州牧。汉灵帝死后，少帝刘辩即位，外戚、宦官专权，董卓趁机带兵入京，废除少帝，改立九岁的刘协为帝，也就是汉献帝。董卓则为相国，独揽朝政。关东各军起兵讨伐他时，他挟持汉献帝迁都长安，烧了京都洛阳，逼迫百官和百姓西行，他则带兵守在洛阳，和联军作战，后被王允、吕布所杀。

此时，袁绍也动了心思，想要立幽州牧刘虞为帝。袁绍和曹操商议，想要拉拢曹操。曹操没有接受，并写下了这篇《答袁绍》。

领兖州牧表 兴平二年

曹操集全鉴 珍藏版

【题解】

兴平二年（公元 195 年），曹操击败了吕布、张邈等人，平定兖州。冬十月，朝廷任曹操为兖州牧，曹操上表。

【原文】

入司兵校①，出总符任②，臣以累叶受恩③，膺荷洪施④，不敢顾命。是以将戈帅甲⑤，顺天行诛⑥，虽戮夷覆亡不暇⑦。臣愧以兴隆之秩⑧，功无所执⑨，以伪假实⑩，条不胜华⑪，窃感讥请⑫，益以惟谷⑬。（《艺文类聚》五十）

【注释】

①入司兵校：中平五年（公元 188 年）八月，朝廷设置了西园八校尉，曹操为典军校尉。司：掌管的意思。

②出总符任：符，兵符，皇帝授予兵权的象征。意思是在外统领兵权。

③累叶受恩：数代蒙受皇帝的恩惠。

④膺（yīng）荷洪施：蒙受巨大的赏赐。

⑤将戈帅甲：戈，指兵器。甲：指铠甲。意思是率领军队。

⑥顺天行诛：依照皇帝的旨意征伐。

⑦戮夷覆亡不暇：虽然平定了叛乱，但还没来得及彻底消灭敌人。

⑧兴隆之秩：兴隆，丰厚。秩：俸禄。

⑨执：持。

⑩以伪假实：以假乱真。

⑪条不胜华：名不副实。

⑫窃感讥请：请，疑为"诮"之误。此句意为私底下感觉会被人讥笑。

⑬惟谷：进退两难的意思。

【精要简介】

兖州，古时九州之一。东汉时期，兖州包括陈留、任城、东郡、济北、泰山、济阴、山阳、东平八郡。原置刺史，中平五年改置州牧。

初平三年（公元 192 年），兖州刺史刘岱被农民起义军杀死，地方长官迎曹操为兖州牧。在曹操的带领下，打败了起义军，并收服了起义军的精锐，编为"青州兵"，成为曹操手下的主力军。初平四年（公元 193 年），曹操的父亲曹嵩被徐州刺史陶谦的部下所杀，曹操带兵征讨陶谦。兴平元年（公元 194 年），陈留郡守张邈勾结曹操的部下陈宫发动叛变，联合吕布，攻打曹操。最终，曹操失了兖州。

兴平二年（公元 195 年），曹操打败了吕布、张邈等人，平定了兖州。同年十月，曹操被正式任命为兖州牧。此篇是曹操被任为兖州牧后写给皇帝的奏章。

为兖州牧上书 兴平二年

【题解】

兴平二年（公元195年），汉献帝东迁，宫廷匮乏，曹操任职兖州牧后，经常向皇帝进献食品、器物等。

【原文】

山阳郡有美梨①。谨上缝帐二，丝缕十斤，甘梨二箱②，椑枣二箱③。（《初学记》二十、《太平御览》八百三十、又九百六十九、九百七十一）

【注释】

①山阳郡：兖州的属郡，今山东巨野南。

②甘梨：甜梨。

③椑（bēi）枣：青黑色的枣。

【精要简介】

东汉末年，动荡不安。汉献帝东迁，朝廷几经动荡，宫内的一切用具、食物都比较匮乏。曹操任职兖州牧后，便经常给汉献帝宫内进献一些食物、器具等，此次便是列举了其中一次的进献之物。

陈损益表 建安元年

【题解】

《陈损益表》是曹操上书汉献帝的奏章中的代表作，属于革新政治类奏议。

【原文】

陛下即祚①，复蒙试用，遂受上将之任②，统领二州③，内参机事，实所不堪④。昔韩非闵韩之削弱⑤，不务富国强兵，用贤任能。臣以区区（原作"驱驱"）之质⑥，而当钟鼎之任⑦；以暗钝之才⑧，而奉明明之政⑨，顾恩念责，亦臣竭节投命之秋也⑩。谨条遵奉旧训权时之宜十四事⑪，奏如左，庶以蒸萤，增明太阳⑫，言不足采⑬。（《艺文类聚》五十二）

【注释】

①即祚（zuò）：即位。永汉元年（公元189年），九岁的刘协被董卓立为皇帝，政权先后把持在董卓、杨奉等人的手中。兴平元年（公元194年），十四岁的刘协才算正式即位。第二年，刘协任命曹操为兖州牧。

②上将之任：任命为统兵的上将。半年的时间，汉献帝刘协先后拜曹操为镇东将军、大将军、车骑将军等，都是上将。

③统领二州：管辖兖州和司隶两个区域。

④堪：胜任。此句是曹操的自谦，意思是上述任务，他没有办法胜任。

⑤昔韩非闵韩之削弱：韩非，战国末期的哲学家，先秦法家学说的集大成者。闵：忧伤的意思。

⑥区区：原作"驱驱"，自谦的词语。

⑦钟鼎：古时贵重的铜器的总称。在上面刻以文字，用来记事或者是宣扬功德。蔡邕的《铭论》中有："钟鼎礼乐之器，昭德纪功，以示子孙。"

⑧暗钝：愚笨。

⑨奉：遵照执行。

⑩竭节：尽节。

⑪谨条遵奉旧训权时之宜十四事：条，列举。遵奉旧训：指的是遵照过去的制度执行。权时之宜：权衡当下的实际需要。

⑫庶以蒸萤，增明太阳：希望用众多、微弱的萤光，增加太阳的光辉。古时用天和日来比喻皇帝。

⑬言不足采：指这些话都不值得采纳，是谦辞。

【精要简介】

曹操将汉献帝迎回许都后，他就成了实际的政权掌握者，并给献帝呈上了一些关于政治革新及人事任命的奏章。这一份奏章中提出了十四条建议，如今已经失传，只存有这个序言。

严可均的《全魏文》中将这一文列在初平三年（公元192年），这一年，曹操的兖州牧一职还未得到皇帝的正式任命。此文中称"遂受上将之任，统领二州，内参机事"，可见应该是在建安元年（公元196年）曹操掌握政权之后所写。

表糜竺领赢郡建安元年

【题解】

曹操上奏汉献帝，表荐糜竺为太守，领赢郡。

【原文】

泰山郡界广远①，旧多轻悍②。权时之宜，可分五县为赢郡，拣选清廉以为守将。偏将军糜竺，素履忠贞③，文武昭烈④。请以竺领赢郡太守，抚慰吏民。（《蜀志·糜竺传》注引《曹公集》）

【注释】

①泰山郡：汉代的郡名，今山东省泰安市。

②轻悍：轻率放荡，蛮横凶暴。

③素履：平日的行为。

④昭烈：显著的功绩。

【精要简介】

糜竺原来是徐州牧陶谦的属下，陶谦死后，糜竺尊奉陶谦的遗命迎接刘备。建安元年（公元196年），吕布偷袭刘备，刘备败，糜竺则给了刘备人力、物力上的支持，甚至还将自己的妹妹嫁给了刘备。为了瓦解刘备集团，曹操向汉献帝建议从泰山郡中划出五县，建赢郡，上表推荐糜竺为太守，但糜竺没有接受。后来，刘备取得益州，任命糜竺为安汉将军。

赢郡，郡治在赢县，今山东省莱芜市西北方向，所管辖的五县是赢、武阳、南城、牟、平阳。

又上书让封 建安元年

【题解】

建安元年（公元196年），朝廷封曹操为镇东将军、费亭侯，曹操上书让封。

【原文】

臣诛除暴逆①，克定二州②，四方来贡③，以为臣之功。萧相国以关中之劳④，一门受封；邓禹以河北之勤⑤，连城食邑。考功效实⑥，非臣之勋。臣祖父中常侍侯⑦，时但从辇⑧，扶翼左右，既非首谋，又不奋戟⑨，并受爵封，暨臣三叶⑩。臣闻《易·豫卦》曰："利建侯行师⑪"，有功乃当进立以为诸侯也。又《讼卦·六三》曰："食旧德，或从王事。"谓先祖有大德，若从王事有功者，子孙乃得食其禄也。伏惟陛下垂乾坤之仁⑫，降云雨之润，远录先臣扶掖之节⑬，采臣在戎犬马之用⑭，优策褒崇⑮，光曜显量⑯，非臣尪顽所能克堪⑰。（《艺文类聚》五十一）

【注释】

①暴逆：指的是地方豪强割据势力及起兵反抗汉王朝的农民起义军。

②克定二州：初平三年（公元192年），曹操镇压了青州的农民起义军，从而占领了青州。兴平二年（公元195年），曹操打败张邈、吕布等人，平定了兖州。

③四方来贡：为了表示对朝廷的尊崇，各地豪强纷纷向天子进贡。

④萧相国：萧何，汉高祖刘邦的重要辅臣，楚汉战争时期在关中留守，主要负责粮食补给，支援前线。西汉建立后，萧何任丞相封酂（cuó）侯，食邑两千户，父母兄弟都因此受封。

⑤邓禹：东汉光武帝的大将，先后镇压了河北铜马农民起义军及河东绿

林等起义军，后任大司马之职。

⑥考功效实：根据实际考核功绩。

⑦中常侍侯：曹操的祖父曹腾。

⑧时但从辇：当时只是皇帝的随从。

⑨既非首谋，又不奋戟：既不是主要的谋臣，也没有拿起武器奋战过。

⑩三叶：三代。曹腾被封为费亭侯，曹嵩、曹操袭封。

⑪利建侯行师：《易·豫卦》的卦辞。建侯，指的是封诸侯以爵位。行师：出征。

⑫伏惟：伏着想。故事，下对上陈述自己的想法时的敬词，多指臣子对君主。

⑬先臣扶掖之节：曹操的祖父曹腾尽心侍奉皇帝。

⑭戎犬马：戎，军队。犬马：下对上的谦卑的自称。

⑮优策褒崇：下诏书给予丰厚的奖励。

⑯光曜（yào）显量：得到的人荣誉非常大，到处传扬。

⑰非臣尪（wāng）顽所能克堪：不是我这种愚蠢幼稚的人可以担当的。

【精要简介】

本文主要写的是曹操上书让封。

意思是说，"我"清除暴乱，平定两州，四方诸侯前来朝贡，皇上认为这是"我"的功劳。萧何负责粮食、士兵供给，支援前线，因此全家都得到了汉高祖的封赏；邓禹因为平定了河北，光武帝封给他几座城池。所以，按照实际情况来说，我的祖父侍奉皇帝左右，既不是重要的谋臣，也没有什么战功，却能够被封为费亭侯，到我这里已经第三代了，都享受了封爵。我听说，只有那些有功之臣才应该加官进爵，祖上有大功德的，子孙才能够吃俸禄。陛下给我丰厚的恩泽，往上是记念我先辈扶持皇帝的职责，其实这都是应尽的责任，又因为我在兵事上奔走而下诏奖励，这样的荣耀实在是太大了，不是像我这样愚蠢的人所能够担当的。

上书让费亭侯建安元年

曹操集 全鉴 珍藏版

【题解】

建安元年（公元196年），汉献帝拜曹操为镇东将军、袭费亭侯，曹操先后写了三份让封的奏折，和上篇一样，这也是其中之一。

【原文】

臣伏读前后策命①，既录臣庸才微功，乃复追述先臣，幽赞显扬②，见得思义，屏营怖惧③，未知首领所当所授④。故古人忠臣，或有连城而不辞⑤，或有一邑而违命。所以然者，欲必正其名也⑥。又礼制⑦，诸侯国土以绝，子孙有功者，当更受封，不得增袭。其有所增者，谓国未绝也；或有所袭者，谓先祖功大也；数未极⑧，无故断绝，故追绍之也。臣自三省⑨，先臣虽有扶辇微劳，不应受爵，岂逮臣三叶⑩；若录臣关东微功⑪，皆祖宗之灵佑，陛下之圣德，岂臣愚陋，何能克堪。（《艺文类聚》五十一）

【注释】

①伏读前后策命：伏读，伏地而读，指的是恭敬地读。策命：诏书。汉献帝先后下的拜曹操为镇东将军的诏书。

②幽赞显扬：称赞死去的人，表扬活着的人。幽：冥，指死去的人。显：阳，指活着的人。

③屏营怖惧：惶恐害怕。

④首领：头颈。

⑤连城而不辞：指邓禹封邑四城。意思是，有的人给他几座城池他也不推辞，有的人给他一座城池他也不肯接受。

⑥正其名：使……名实相符。

⑦礼制：国家的制度。

⑧数未极：数，天命。极：尽头。

⑨三省（xǐng）：自我检查。《论语》中说："吾日三省吾身。"

⑩逮（dài）：达到。

⑪关东微功：关东，函谷关以东地区。微功：指曹操征讨董卓、平定青州、平定兖州等事宜。

【精要简介】

建安元年（公元 196 年）六月，汉献帝下诏拜曹操为镇东将军、袭费亭侯，曹操写奏章让封。

这个时候，曹操已经拥有了很大的军事实力和政治影响，相对来说朝廷实力比较弱。曹操上书让封，就是为了表达自己的谦卑、忠顺之意，以此来换得朝廷的信任，为他之后的"奉天子以令不臣"的策略铺平道路。

汉朝时，侯爵是分等级的，根据等级的高低分封大小不一的封地。亭侯，只有一个乡亭的封地，等级比较低。

谢袭费亭侯表 建安元年

【题解】

经过前两次的让封，这一次曹操接受了费亭侯这个爵位，上书谢表。

【原文】

不悟陛下乃寻臣祖父厕预功臣①，克定寇逆，援立孝顺皇帝②。谓操不忘，获封茅土③。圣恩明发④，远念桑梓⑤。日以臣为忠孝之苗，不复量臣才之丰否⑥。既勉袭爵邑，忝厥祖考⑦，复宠上将铁钺之任⑧，兼领大州万里之宪⑨；内比鼎臣⑩，外参二伯⑪，身荷兼绂之荣⑫，本枝赖无穷之祚也⑬。昔大彭辅殷，昆吾翼夏⑭，功成事就，乃备爵锡⑮。臣束脩无称⑯，统御无绩⑰，比荷殊宠⑱，策命褒绩，未盈一时⑲，三命交至⑳。双金重紫㉑，显以方任㉒，虽不识义，庶知无尤㉓。（《艺文类聚》五十一）

【注释】

①不悟陛下乃寻臣祖父厕预功臣：寻，追溯。厕预：参加、参与。

②援立孝顺皇帝：援立，帮助拥立。永宁元年（公元120年），刘保被立为太子，后被废为济阴王。汉安帝死后，宦官江京等人密谋立北乡侯为帝。曹腾等人斩杀江京，扶植刘保即位，也就是汉顺帝。

③茅土：古时帝王分封诸侯时，以五色土为坛，封地在哪边，就取哪边的土，然后用白茅草包上，赐给诸侯，以表示把这个地方分封给诸侯。

④明发：《诗·小雅·小宛》中云："明发不寐，有怀二人。"朱熹注解："明发谓将旦而光明开发也。二人，父母也。"后人便以明发代指孝思。

⑤桑梓：桑和梓都是古时住宅旁边栽种的树木，代表着对父母的思念。后来也代指故乡。

⑥丰否：大小、好坏的意思。

⑦既勉袭爵邑，忝（tiǎn）厥祖考：既然已经勉强承袭了爵位，恐怕会有辱祖先。

⑧复宠上将鈇（fū）钺（yuè）之任：宠，荣耀。鈇钺：古时用来斩杀犯人的斧子，泛指刑戮。皇帝授予鈇钺，代表着授予了某人征伐专杀的权力。

⑨兼领大州万里之宪：大州，指拜曹操为兖州牧。万里：泛指面积比较大。

⑩内比鼎臣：比，并列。鼎臣：重要的大臣。

⑪外参二伯：参，加入。二伯：周朝以东西二伯主持朝政，春秋时期，齐桓公、晋文公也并称为二伯。

⑫兼绂（fú）：担任两种高级官职。

⑬本枝：全族。

⑭昔大彭辅殷，昆吾翼夏：大彭，彭祖，封地在彭城，今江苏徐州。昆吾，夏伯，封地在今河南濮（pú）阳。

⑮爵锡：封爵和赏赐。

⑯束脩（xiū）：对品行的约束和修养。

⑰统御：统领军队。

⑱比荷殊宠：接连蒙受特别的恩宠。

⑲未盈一时：时间非常短。

⑳三命交至：建安元年（公元196年）二月，朝廷封曹操为建德将军，六月封镇东将军、袭费亭侯，三项任命接连来到。

㉑双金重紫：金，金印。紫：紫绶。只有高级官员才会用这两种东西。

㉒显以方任：在某个方面担任要职。

㉓庶知无尤：大概知道自己不足的地方。

【精要简介】

镇东将军是古时比较重要的军事官职，属于四镇将军之一。当然，以曹操的心思，他并不会满足于镇东将军一职，而是想要挟天子以令诸侯，实现自己的政治抱负。

此篇跟前两篇是一体的。前两篇，曹操是上表让封；而此篇，曹操则是接受了汉献帝的封赏。

上书让增封武平侯建安元年

【题解】

建安元年（公元 196 年），汉献帝封曹操为武平侯，曹操上书让封。

【原文】

伏自三省①，姿质顽素②，材志鄙下③，进无匡辅之功④，退有拾遗之美⑤。虽有犬马微劳，非独臣力，皆由部曲将校之助⑥。陛下前追念先臣微功，使臣续袭爵土，祖考蒙光照之荣，臣受不赀之分⑦，未有丝发以自报效。昔齐侯欲更晏婴之宅⑧，婴曰："臣之先容焉，臣不足以继之。"卒违公命，以成私志。臣自顾省，不克负荷，食旧为幸⑨。虽上德在弘⑩，下有因割⑪。臣三叶累宠，皆统极位，义在殒越⑫，岂敢饰辞⑬！（《艺文类聚》五十一）

【注释】

①伏：对皇帝说话表示恭敬的敬词。

②顽素：愚蠢而又没有文采。

③材志：通"才志"。

④匡辅：辅佐皇帝匡扶天下。

⑤拾遗：查缺补漏。

⑥部曲：古时的军队编制。泛指军队。

⑦不赀（zī）之分：没办法计算的恩赏。

⑧齐侯欲更晏婴之宅：晏婴是春秋时期齐国的大夫。齐景公见晏婴的住宅简陋狭小，便要为他另建新居。晏婴则说："臣的祖先就住在这里，臣没有继承祖先的德行，能够住在这所房子里已经很过分了。"最后，建新居的事情也就作罢了。

⑨食旧：指费亭侯的封邑。意思是享受原先封邑征收的租税。

⑩上德：皇帝的恩德。

⑪下有因割：下，臣子。因割：指取舍。

⑫殒越：殒，死亡。越：坠落。

⑬饰辞：托辞粉饰。

【精要简介】

此篇时间也在建安元年（公元196年），是曹操给汉献帝呈上的一篇奏折。

建安元年，曹操带兵到达洛阳，迎汉献帝回许都。汉献帝拜曹操为大将军，封武平侯。为了表示谦让，曹操写了这封奏章。

让还司空印绶表 建安元年

【题解】

汉献帝拜曹操为司空，曹操呈上奏章，表示要把司空一职让出去。

【原文】

臣文非师尹之佐①，武非折冲之任②，遭天之幸，干窃重授③。内踵伯禹司空之职④，外承吕尚鹰扬之事⑤，斗筲处之⑥，民其瞻观。水土不平，奸宄未静⑦，臣常愧辱⑧，忧为国累。臣无智勇，以助万一⑨，夙夜惭惧⑩，若集水火，未知何地，可以陨越。（《艺文类聚》六十七）

【注释】

①师尹：太师。始设于西周，原是军队最高的统帅，此处指任司空之职。

②折冲：折退敌方战车，抵御敌军。这里指任车骑将军之职。

③遭天之幸，干窃重授：得到皇帝的宠信，参与、干预重要的任命。

④内踵（zhǒng）伯禹司空之职：踵，跟随。伯禹：大禹，尧时期任司空，舜时期因为治水有功而继承舜的帝位。

⑤外承吕尚鹰扬之事：吕尚，姜太公，尊称为尚父，辅佐周武王灭掉了商纣。鹰扬：犹如雄鹰一样奋勇威武。

⑥斗筲（shāo）：比喻才识短浅。

⑦奸宄（guǐ）：违法作乱的人。

⑧愧辱：羞愧和耻辱。

⑨万一：微少的意思。

⑩夙夜：日夜。

【精要简介】

建安元年（公元196年）九月，曹操迎汉献帝迁都许都，被汉献帝任为大将军，封武平侯。同年十月，汉献帝任袁绍为太尉，职位在曹操之下，袁绍没有接受。当时，曹操的势力远不如袁绍，便把大将军的位置让给袁绍。汉献帝又任命曹操为大司空，行车骑将军。此文便是曹操谦让大司空一职的奏章。

大将军是执掌军政大权的最高军职。司空、太尉、司徒在东汉时并称"三公"，也是最高官职之一，主要掌管水利事务。不过，那个时候袁绍并不在许昌，军政大权的实际掌管者还是曹操。

置屯田令 建安元年

【题解】

曹操迎汉献帝于许都后，汉献帝采纳了曹操的建议，在许县实行屯田。

【原文】

夫定国之术，在于强兵足食。秦人以急农兼天下①，孝武以屯田定西域②，此先代之良式也。（《魏志·武帝纪》注引《魏书》）

【注释】

①秦人以急农兼天下：秦国人迅速发展农业而一统天下。秦孝公任用商鞅，实行变法，推行农战，加快发展农业生产的步伐，实现强兵足食。

②孝武以屯田定西域：为了巩固西北边防，抵御匈奴的侵扰，汉武帝刘彻便在西北边疆实行屯田。

【精要简介】

屯田，原本是利用驻守边疆的士兵开垦荒地，保证军队的给养。

曹操建议在中原实行屯田，主要有两点考虑：第一，驻守的士兵作为耕田的主力，成为军屯，战争的时候打仗，休战的时候可以耕田；第二，招募流民耕田，可以和政府按比例分成。当处于生产力受到严重破坏、粮食供应不足的大环境下，这个举措对农业发展无疑是有利的，为曹操一统北方也打下了坚实的基础。

《魏武帝集》中将此篇列在"初平兴平间"，但根据《魏志·武帝纪》中建安元年（公元 196 年）"用枣祗、韩浩等议论，始兴屯田"。此篇应写成于建安元年。

上器物表 建安元年

【题解】

曹操迎献帝迁许都。刚迁都时，宫里器物匮乏，曹操进献器物。

【原文】

臣祖腾，有顺帝赐器①。今上四石铜铛四枚②，五石铜铛育一枚，御物有纯银粉铫一枚③，药杵臼一具。铜熨斗二枚。（《太平御览》七百五十七、七百六十二）

【注释】

①顺帝赐器：曹操的祖父曹腾侍奉过顺帝刘保，顺帝赏赐了一些器物。如今，曹操又把这些器物进献给了献帝。

②铛（xuān）：盆形，平底有环的小锅子。

③御物、粉铫（diào）：御物，封建社会时期，和皇帝有关的事物一般都会加个"御"字。御物，顾名思义就是皇帝使用的器物。粉铫：取粉的用具。

【精要简介】

如题解中所说，这篇文是曹操呈上的器物表，里面写了献给皇帝的器物。

奏上九酝酒法

【题解】

曹操呈上的一篇关于酿酒法的奏折。

【原文】

臣县故令南阳郭芝①，有九酝春酒。法用面三十斤②，流水五石，腊月二日清釉（qū），正月冻解，用好稻米，漉（lù）去麹滓，便酿法饮。曰譬诸虫，虽久多完③，三日一酿，满九斛米止。臣得法酿之，常善；其上清滓亦可饮。若以九酝苦难饮，增为十酿，差甘易饮，不病④。今谨上献。（《北堂书钞》一百四十八、《文选南都赋》注引《魏武集》）

【注释】

①臣县故令：指的是曹操故乡谯县（今安徽亳州）以前的县令南阳（今河南南阳）人郭芝。

②面：疑似误用，应作"曲"，酒药的意思。

③曰譬诸虫，虽久多完：据说可以去除害虫，即便放置很久，质量大多完好。

④差甘易饮，不病：清甜易饮，不易生病。

【精要简介】

曹操所献的酿酒法是用三十斤面（汉朝时期，一斤相当于现在的半斤），五石活水（每旦约是一百斤），在腊月二日这天清曲，正月解冻之后漉去渣滓，用上好的稻米酿造。三天一次，每一次下一斛米，九次便能够酿成九酝春酒。如果感觉有苦味，可以再多来一次。

如此酿出来的酒清甜易饮，不易生病。

上杂物疏

…

【题解】

这是一折分条陈述事情的奏章。

【原文】

御物三十种，有纯银参镂带漆画书案一枚①，纯银参带台砚一枚，纯银参带圆砚大小各一枚。（《书钞》一百三十三、《太平御览》六百零五）

御物有漆画韦枕二枚②，贵人公主有黑漆韦枕三十枚③。（《书钞》一百三十四）

御物三十种，有纯金香炉一枚，下盘自副④；贵人公主有纯银香炉四枚，皇太子有纯银香炉四枚，西园贵人铜香炉三十枚⑤。（《书钞》一百三十五、《艺文类聚》七十）

御杂物用，有纯金唾壶一枚⑥，漆园油唾壶四枚⑦，贵人有纯银参带唾壶三十枚。（《太平御览》七百三）

御物三十种，有上车漆画重几大小各一枚⑧。（《书钞》一百三十三）

御物有尺二寸金错铁镜一枚⑨，皇后杂物用纯银错七寸铁镜四枚，皇太子杂纯银错七寸铁镜四枚，贵人至公主九寸铁镜四十枚。（《书钞》一百三十六、《太平御览》七百一十七）

御物中宫贵人公主皇子纯银漆带镜一枚⑩，西园贵人纯银参带五，皇子银匣一，皇子杂用物十六种，纯金参带方严四具⑪。（《太平御览》八百十二）

镜台出魏宫中，有纯银参带镜台一，纯银七⑫，贵人公主镜台四。（《太平御览》七百一十七）

纯银澡豆奁⑬，纯银括镂奁⑭，银镂漆匣四枚。（《书钞》一百三十五）

油漆画严器一，纯金参带画方严器一。（《太平御览》七百十七）

御杂物之所得孝顺皇帝赐物，有容五石铜澡盘一枚⑮。(《书钞》一百三十五)

有银画象牙杯盘五具。(《太平御览》七百五十九)

中宫用物，杂画象列尺一枚⑯，贵人公主有象牙尺三十枚，宫人有象牙尺百五十枚，骨尺五十枚。(《太平御览》八百三十)

中宫杂物，杂画象牙针管一枚。(《太平御览》八百三十)

【注释】

①纯银参镂带漆画书案：把纯银雕刻的三条带子镶嵌在上面并且漆上图案的书案。

②漆画韦枕：漆上图案的皮革材质的枕头。

③贵人公主：贵人，皇帝的嫔妃，地位在皇后和贵妃之下。公主：汉朝的制度，皇上的女儿称为公主，皇上的姊妹称为长公主，皇上的姑姑称为大长公主。此制度后被历代延续下来。

④下盘自副：下面有一套和它配套的盘子。

⑤西园贵人：住在西园的贵人。西园，位于上林苑，养了一些奇珍异兽，专供皇帝游赏。

⑥唾壶：痰盂。皇帝的痰盂是黄金材质的，妃嫔的痰盂则是银制的。

⑦漆园油唾壶：有油漆的圆形痰盂。

⑧上车漆画重几：专用于踏蹬上车的带有漆绘图案的两重几。

⑨金错铁镜：汉代还没有玻璃，都是把金属的平面磨光，用作镜子。

⑩中宫：皇后。

⑪方严：为了避开汉明帝刘庄的名讳，把"庄"改成了"严"。指方形的妆奁匣。

⑫纯银七：和上文应和，指纯银镜台七枚。

⑬澡豆奁 (lián)：澡豆，一种用豆末制成的去污粉，可以光润皮肤。

⑭括镂奁：雕刻而成的盛放梳妆用品的镜匣。

⑮澡盘：澡盆。

⑯杂画象列尺：绘有各种花纹的象牙尺。

【精要简介】

东汉末年，兵乱频发，又经历了迁都事宜，皇宫里的器物大批量的流失。迁至许都之后，宫里的器物极度匮乏。曹操把自己家藏的祖上所得的赐品全部献给皇帝，还指使自己的下属四处搜寻宫中流失的器物，陆陆续续地找到了一些。

这篇列举的各条，出自不同的文献，时间上很难确定，大概是从建安元年（公元196年）开始的。从本文可以看出，曹操当时的地位及作用，也能够体现东汉末年皇宫生活的一角。

遗荀攸书建安元年

【题解】

曹操迎献帝后，征聘荀攸为军师，后又被任为尚书令。

【原文】

方今天下大乱，智士劳心之时也。而顾观变蜀汉，不已久乎①！（《魏志·荀攸传》）

【注释】

①方今天下大乱，智士劳心之时也。而顾观变蜀汉，不已久乎：因为道路原因，荀攸未能赴任，一直在家闲居。曹操劝说他，如今天下大乱，正是需要有才智之人劳心费力的时候，你却一直在观望蜀郡那边的情况，不觉得已经花费太多时间了吗？

【精要简介】

荀攸，荀彧的侄子，原是黄门侍郎，因为谋诛董卓而入狱。被释放后，荀攸弃官回家，后又被征召为任城相。

荀攸曾请求调任蜀郡太守，但因为道路曲折而未能赴任。曹操迎献帝后，征聘荀攸为军师，为重要的谋士，后来荀攸又被任命为尚书令。

为徐宣议陈矫下令_{当在建安二年后四年前}

【题解】

陈矫和徐宣都是曹操的属下，两个人不和睦。陈矫娶了本族女为妻，徐宣经常在大庭广众之下议论此事。为此，曹操下了这道命令。

【原文】

丧乱已来①，风教凋薄②，谤议之言③，难用褒贬④。自建安五年以前，一切勿论。其以断前诽议者⑤，以其罪罪之⑥。（《魏志·陈矫传》注引《魏氏春秋》）

【注释】

①丧乱：灾祸和动乱。指的是董卓之乱后的连年战乱。

②风教凋薄：风俗教化衰败。

③谤议：诽谤评论。

④难用褒贬：评论好坏褒贬不一。这句话的意思是，诽谤和批评的言论，不能用来评价人的好坏。

⑤断前：规定的时间界限之前。

⑥罪罪：前一个罪是非议者加给别人的罪名；后一个罪是治罪的意思。

【精要简介】

徐宣和陈矫是广陵人，被广陵太守陈登看中，一起效忠曹操。

有一次，孙权带兵包围广陵，陈登派陈矫向曹操求救。曹操欣赏陈矫的才能，想要把他留下来。随后，曹操召徐宣、陈矫为司空掾属。不过，陈矫和徐宣不和睦，陈矫本姓刘，因为过继给了他舅舅，后改姓陈，长大后又娶了刘氏本族的女儿为妻子。根据当时的规矩，这是不被允许的。徐宣抓住这个把柄，经常在众人面前诋毁、排挤陈矫。曹操爱惜陈矫的才能，想要保全他，于是便下了这道命令。

手书与吕布 建安二年

【题解】

为了争取吕布，曹操给吕布写了一封亲笔信。文中称皇家没有好金子，我用自己家的金子重新为你铸了印；皇家没有紫绶，我把自己的紫绶带给你，以此表示自己的诚意。

【原文】

山阳屯送将军所失大封①。国家无好金，孤自取家好金更相为作印②，国家无紫绶③，自取所带紫绶以籍心④。将军所使不良。袁术称天子⑤，将军止之，而使不通章。朝廷信将军，使复重上⑥，以相明忠诚。（《魏志·张邈传》注引《英雄记》）

【注释】

①山阳屯送将军所失大封：山阳屯，今河南省修武县境内。大封：皇帝的封诏和印绶（shòu）。建安元年（公元196年），献帝封吕布为平东将军、平淘侯，但传达诏令的使者走到山阳屯时弄丢了诏书和印绶。

②孤：王侯对自己的谦称。曹操此时被封为武平侯。

③国家：古时对皇家的别称。

④籍：通"藉"，慰藉。

⑤袁术：袁绍的堂弟，割据扬州。他派遣使者去拉拢吕布，吕布则认为他不能成事，便报告给了朝廷。

⑥使复重上：让你再上奏章。

【精要简介】

建安二年（公元197年）春天，袁术在淮南称帝，当时吕布割据徐州，袁术派遣使者向吕布示好，企图拉拢吕布。吕布把使者扣下，上缴书信。

59

为了东征袁术，曹操利用吕布和袁术之间的矛盾，争取吕布的中立，以汉献帝的名义重新封吕布为平东将军，并派奉车都尉拿着诏书、印绶和曹操的这一封亲笔信前去见吕布。同年九月，曹操东征袁术，袁术败走。第二年，曹操东征吕布，吕布被俘，后被处死。

掩获宋金生表 建安四年

【题解】

曹操所作的一篇奏章，出自《太平御览》。

【原文】

臣前遣讨河内、获嘉诸屯①，获生口②，辞云③："河内有一神人宋金生，令诸屯皆云鹿角不须守④，吾使狗为汝守。不从其言者，即夜闻有军兵声⑤，明日视屯下，但见虎迹。"臣辄部武猛都尉吕纳⑥，将兵掩捉得生，辄行军法。（《太平御览》三百三十七）

【注释】

①遣讨河内、获嘉诸屯：遣讨，派兵征讨。河内：郡名，秦时所设置，今河南武陟（zhì）西南。获嘉：今河南省获嘉县。屯：营垒的意思。

②获生口：抓获俘虏。

③辞：供词。

④鹿角：指军事中的防御设备。形状和鹿角相似，把带枝杈的树木削尖，埋在地下，阻止敌人进军。

⑤军兵声：军队行动和兵器相碰的声音。

⑥辄（zhé）部：立即部署的意思。

【精要简介】

建安四年（公元199年）四月，曹操派遣士兵攻打眭固。在这次攻打过程中，抓住了一个叫宋金生的人，他装神弄鬼、扰乱军心。宋金生原本是黑山农民军的领袖，当时已经投靠袁绍，在河内郡射犬（今河南省沁阳市东北方）驻守。

这篇便是在处决宋金生后所写的奏章。

上言破袁绍 建安五年十月

【题解】

曹操写给汉献帝的一封奏捷报告。文中说，袁绍想要拥立刘虞为帝，擅自铸造了金印、银印。曹操认为，袁家深受皇家大恩，却行如此大逆不道之事，所以亲率兵马，在官渡和袁绍决战，斩杀袁绍八位大将，击溃袁军。袁绍和他的儿子袁谭逃走。

【原文】

大将军邺侯袁绍①，前与冀州牧韩馥②，立故大司马刘虞③，刻作金玺④，遣故任长毕瑜诣虞⑤，为说命禄之数⑥。又绍与臣书云："可都鄄城⑦，当有所立。"擅铸金银印⑧，孝廉计吏⑨，皆往诣绍。从弟济阴太守叙与绍书云⑩："今海内丧败，天意实在我家，神应有征，当在尊兄。南兄⑪，臣下欲使即位，南兄言，以年则北兄长，以位则北兄重。便欲送玺，会曹操断道⑫。"绍宗族累世受国重恩，而凶逆无道，乃至于此。辄勒兵马⑬，与战官渡。乘圣朝之威，得斩绍大将淳于琼等八人首，遂大破溃。绍与子谭轻身逃走⑭，凡斩首七万余级⑮，辎重财物巨亿⑯。（《魏志·武帝纪》注引《献帝起居注》）

【注释】

①大将军邺侯袁绍：袁绍为当时实力最强的军阀，割据河北，代表着士族豪强的利益。建安元年（公元196年），汉献帝任命曹操为大将军，任袁绍为太尉，在曹操之下。袁绍不愿领受，当时曹操的势力又远不如袁绍，所以主动把大将军的职位让给了袁绍。不过，袁绍一直驻守河北，所以即便当

了大将军，对他来说也只是个空衔。

②冀州牧韩馥（fù）：董卓专权时，任命韩馥为冀州牧。冀州，今河北中南部、山东西部及河南北部。

③大司马刘虞：刘虞是东汉的皇族，原本任职幽州牧。董卓专权时任职大司马，但只是个续衔，并没有赴任。初平二年（公元191年），袁绍和韩馥合谋，要立刘虞为帝，刘虞没有接受。后来，刘虞死于军阀混战中。

④金玺：金印。指皇帝用的印。

⑤任长毕瑜诣虞：任长，人口万户以上的县，行政首长称为令；人口万户以下的县，行政首长称为长，此处指任县的长官。毕瑜：前任任长。诣虞：到刘虞那里去。

⑥命禄之数：命禄，天命禄位。数：规律。

⑦鄄（juàn）城：今属山东。袁绍原本计划着在鄄城建都，立刘虞为帝。

⑧擅铸金银印：擅自铸造金印、银印。金印、银印为百官用的印，根据官位等级不同，有金质、银质、铜质，大小也不一样，都是皇帝授予的。

⑨孝廉计吏：孝廉，东汉选举官吏时的一个科目，郡国满二十万户，每年可以推举孝廉一人，由皇帝任命。计吏：州郡里的属官。

⑩叙：袁叙，袁绍的堂弟。

⑪南兄：指袁术。袁术当时割据扬州，想要在寿春称帝。因为袁术在南方，所以袁叙称其为南兄。袁绍在北方，所以袁叙称其为北兄。袁叙的意思是袁术原本想要拥立袁绍为帝。

⑫会曹操断道：遭遇曹操的军队阻断了道路。

⑬辄勒：立即统率。

⑭轻身进走：仓皇逃走。

⑮凡斩首七万余级：凡，共。首：古时以斩杀多少敌人首级论军功。

⑯辎重财物巨亿：辎重，军用器械、营帐、粮草等的统称。巨亿：十亿以上，形容非常多。

【精要简介】

建安五年（公元200年），曹操和袁绍在官渡会战，经过几个月的战斗，曹操在十月打败袁绍的十万大军，袁绍带着八百骑兵逃回河北。

经此一役，袁绍的主力部队几乎被消灭殆尽，冀、青、幽、并四个大州的士族地主军阀势力都遭受了致命的打击，为曹操统一北方奠定了基础。

与钟繇书 建安五年

【题解】

曹操写给钟繇的一封信。钟繇是著名的书法家、政治家，被曹操委以重任。魏国建立后，钟繇为相国。太和四年（公元230年）去世。

【原文】

得所送马，甚应其急。关右平定①，朝廷无西顾之忧，足下之勋也②。昔萧何镇守关中，足食成军，亦适当尔③。（《魏志·钟繇传》）

【注释】

①关右：汉唐时期函谷关或潼关以西的地方，包括今陕西、甘肃。马腾、韩遂一直在西京割据，对曹操造成了威胁。当时在关中镇守的钟繇（yáo），争取到马腾、韩遂归顺朝廷，免除了曹操的西顾之忧，让曹操可以全力对付袁绍。

②足下：对同辈人或者是同等地位的人的敬称。

③尔：同"耳"，语气助词。

【精要简介】

建安二年（公元197年），钟繇为司隶校尉，督率关中诸军，稳定关中局势。建安五年（公元200年），官渡之战爆发，曹操和袁绍在官渡决战，曹操军队兵少粮缺，钟繇立刻送来了两千多匹战马，支援曹操。

为此，曹操写了这封信。魏国建立后，钟繇任相国之职。

加枣祗子处中封爵并祀祗令 建安六年

【题解】

曹操下令给枣祗的儿子处中封爵的文章。

【原文】

故陈留太守枣祗①，天性忠能②。始共举义兵③，周旋征讨④。后袁绍在冀州，亦贪祗⑤，欲得之。祗深附托于孤，使领东阿令⑥。吕布之乱⑦，兖州皆叛，惟范、东阿完在，由祗以兵据城之力也。后大军粮乏，得东阿以继，祗之功也。及破黄巾定许⑧，得贼资业⑨，当兴立屯田，时议者皆言当计牛输谷⑩，佃科以定⑪。施行后，祗白以为僦牛输谷⑫，大收不增谷，有水旱灾除，大不便。反覆来说，孤犹以为当如故，大收不可复改易。祗犹执之⑬，孤不知所从，使与荀令君议之⑭。时故军祭酒侯声云："科取官牛，为官田计。如祗议，于官便，于客不便⑮。"声怀此云云⑯，以疑令君⑰。祗犹自信，据计画还白，执分田之术⑱。孤乃然之⑲，使为屯田都尉，施设田业⑳。其时岁则大收㉑，后遂因此大田㉒，丰足军用，摧灭群逆，克定天下，以隆王室，祗兴其功。不幸早没，追赠以郡㉓，犹未副之㉔。今重思之㉕，祗宜受封，稽留至今㉖，孤之过也。祗子处中，宜加封爵㉗，以祀祗为不朽之事。（《魏志·任峻传》注引《魏武故事》）

【注释】

①陈留：郡名，今河南开封东南方。

②忠能：忠诚且有才能。

③义兵：指初平元年（公元190年），东部各州郡联合起来征讨董卓。

④周旋：回旋，和敌人较量。

⑤贪：片面地追求。

⑥东阿令：东阿，县名，今山东省阳谷县阿城镇。汉朝时期，万户以上的县，长官称为令，不足万户的则称为长。

⑦吕布之乱：兴平元年（公元194年），曹操带兵东征陶谦时，陈留太守张邈和曹操的旧部陈宫秘密迎吕布为兖州牧，除了鄄城、范、东阿三县，兖州各郡都投降了吕布。

⑧破黄巾定许：黄巾，东汉末年的农民起义军，因头戴黄巾，所以称为"黄巾军"。建安元年（公元196年），曹操镇压了汝南、颍川等地的黄巾军，迎汉献帝于许。

⑨得贼资业：指从黄巾军手里夺下了耕牛、农具等，为曹操的屯田政策奠定了基础。

⑩计牛输谷：按照租用的官牛的数目缴纳租粮。

⑪佃（diàn）科以定：佃科，向农民征收租粮的章程。以：通"已"，已经的意思。

⑫白以为傲（jiù）牛输谷：枣祗陈述自己的意见，认为实行"傲牛输谷"政策，丰收的时候不能增租，灾害的时候不能减租，这种租赋形式并不利于国家的发展。

⑬执：坚持。

⑭荀令君：尚书令荀彧。

⑮时故军祭酒侯声云：科取官牛，为官田计。如祗议，于官便，于客不便：这几句的意思是，军师祭酒侯声说，依据官牛的数量来征收租粮，是为了公家屯田着想的。如果依据枣祗的意见，只会对公家有利，而对屯田的百姓无利。客：应招来屯田的流亡农民，也就是屯户。

⑯云云：如此，这样。

⑰以疑令君：使得尚书令荀彧犹豫不决。

⑱分田之术：虽然遇到了阻碍，但是枣祗依然坚定，并拿出了计划再次陈述，坚持要按照产量来收租的方法。

⑲然之：赞同他的观点。

⑳施设田业：兴办屯田事宜。

㉑时岁则大收：当年大丰收。

㉒大田：扩大屯田。

㉓追赠以郡：指枣祗死后又追封他为陈留郡太守。

㉔犹未副之：指即便如此，封号也没有和枣祗的功勋相当。

㉕重思：再三思考。

㉖稽留：拖延耽误。

㉗封爵：分封爵位，根据爵位等级给予相应的封邑，在其封邑内可以收租。

【精要简介】

枣祗是东汉末年跟着曹操带兵讨伐的董卓的将领，对兖州的巩固起到了积极的作用。迁许都后，枣祗提议兴办屯田，并被任命为屯田都尉，解决了军需。

枣祗死后，被追封为陈留太守。依照他的功绩，曹操下令给他的儿子处中封爵。另外，曹操的此篇文章还反映出曹操兴办屯田时的一些情况，有着重要的史料价值。

军谯令 建安七年

【题解】

官渡之战后，曹操发布的这道命令。

【原文】

吾起义兵，为天下除暴乱。旧土人民①，死丧略尽，国中终日行②，不见所识，使吾凄怆伤怀。其举义兵已来，将士绝无后者，求其亲戚以后之③，授土田④，官给耕牛，置学师以教之。为存者立庙，使视其先人。魂而有灵，吾百年之后何恨哉⑤！（《魏志·武帝纪》）

【注释】

①旧土：故乡。

②国中：域中。

③将士绝无后者，求其亲戚以后之：将士死后没有留下后代，便找亲戚的孩子做后代。

④土：百衲本《三国志》作"上"。

⑤百年之后：指死后。

【精要简介】

官渡之战后，曹操带兵到达汝南地区，打败了刘备。

建安七年（公元202年）正月在军谯县驻扎。为了慰问将士亲族，曹操下了这道命令，要为阵亡的将士建立寺庙，抚恤家属，分给田地，配给耕牛，设立学校等，利于提升军队的士气。

举泰山太守吕虔茂才令 建安七年

【题解】

曹操举荐吕虔为茂才的文章。

【原文】

夫有其志，必成其事，盖烈士之所徇也①。卿在郡以来，禽奸讨暴，百姓获安，躬蹈矢石，所征辄克。昔寇恂立名于汝、颍②，耿弇建策于青、兖③，古今一也。举茂才，加骑都尉典郡如故④。(《魏志·吕虔传》)

【注释】

①徇：通"殉"，以身从物品。

②寇恂立名于汝、颍：刘秀占领了河内，寇恂为太守。寇恂负责运输粮饷，镇压绿林农民起义军有功。后来又历任汝南、颍川两个郡的太守，因为功勋而被封为雍奴侯。

③耿弇(yǎn)建策于青、兖：耿弇跟着刘秀在青州、兖州的时候，多次建议攻占邯郸，后来被封为建德大将军。

④加骑都尉典郡如故：骑都尉，郡守一级的京城禁卫军军职，属于一种荣誉军衔。曹操加给吕虔骑都尉军衔，让他治理泰山郡。

【精要简介】

吕虔，任城（今山东济宁）人，自己带领着家兵，随曹操平定了兖州，后任泰山太守。

后来，吕虔又和夏侯渊一起镇压了济南、安乐地区的黄巾农民军，后来又督导青州诸郡军马征讨东莱。任职泰山太守十余年后，于文帝时被封为益寿亭侯，迁徐州刺史，加封威虏将军。

曹操领兖州牧之后，举吕虔为茂才。茂才就是秀才，东汉时期为了避讳光武帝刘秀的名讳而改。

祀故太尉桥玄文 建安七年

【题解】

曹操为桥玄写的祭文。曹操年轻的时候，放荡不羁，为一般士大夫所不齿。不过，当时的名士桥玄却是一个慧眼识珠之人，认为曹操日后必能安天下。桥玄感叹自己年事已高，无法看到曹操安定天下的那一天，便将自己的妻儿托付给曹操。曹操也因此声名鹊起，所以曹操对桥玄一直是心怀感恩的。当他带兵经过谯县时，还去了桥玄的墓地祭祀，并写下了这篇祭文。

【原文】

故太尉桥公，诞敷明德①，泛爱博容②。国念明训③，士思令谟④。灵幽体翳⑤，邈哉晞矣⑥！吾以幼年逮升堂室⑦，特以顽鄙之姿，为大君子所纳⑧。增荣益观⑨，皆由奖助，犹仲尼称不如颜渊⑩，李生之厚叹贾复⑪。士死知己⑫，怀此无忘⑬。又承从容约誓之言："殂逝之后⑭，路有经由，不以斗酒只鸡过相沃酹⑮，车过三步，腹痛勿怪。"虽临时戏笑之言，非至亲之笃好，胡肯为此辞乎？匪谓灵忿⑯，能诒己疾⑰，旧怀惟顾⑱，念之凄怆。奉命东征⑲，屯次乡里⑳，北望贵土，乃心陵墓。裁致薄奠㉑，公其尚飨㉒！（《魏志·武帝纪》中《褒赏令》）

【注释】

①诞敷明德：明德被广泛传播。

②泛爱博容：禀性博爱，胸怀宽大。

③国念明训：皇家也怀念他的教导。

④士思令谟：士人想念他的谋略。

⑤灵幽体翳（yì）：灵魂归附阴间，身躯被埋葬。

⑥邈哉晞矣：很早就逝去了。

⑦逮升堂室：指的是关系亲密。

⑧大君子：敬称。

⑨增荣益观：增添了光荣，增长了见闻。

⑩仲尼称不如颜渊：《论语·公冶长》："子谓子贡曰：'女与回也孰愈？'对曰：'赐也何敢望回？回也闻一以知十，赐也闻一以知二。'子曰：'弗如也，吾与女弗如也。'"

⑪李生之厚叹贾复：《后汉书·贾复传》记载，贾复小时候就学于舞阴李生，李生惊讶他的才华，称其有将相之才。曹操写这些是为了说明自己年轻时也受到了桥玄的赏识。

⑫士死知己：士为知己者死。

⑬怀此无忘：一直记着这句话，没有忘记。

⑭殂逝：死去。

⑮沃酹（lèi）：以酒洒地表示祭奠。

⑯匪：通"非"。

⑰诒（yí）：给予。

⑱旧怀：怀念从前的情谊。

⑲奉命东征：建安六年（公元201年），曹操东征刘备。

⑳屯次：驻扎军队。

㉑裁致薄奠：送上微薄的奠礼。

㉒尚飨（xiǎng）：希望逝者能够享用。

【精要简介】

汉时的祭吊文并不多，大概有两种：一种是追悼古代不幸之人，称为"吊"；一种为哀悼夭殇子女，称为"哀辞"。关于祭奠友人的文章，曹操这篇可以说是现存的第一篇。

曹操这篇文章写得干净利落，说的是英雄语而非儿女情，也体现出了曹操文章的古直风格。曹操东征，路过睢阳，睢阳是友人桥玄的故乡。曹操去祭拜了桥玄，并写下了这一百七十多个字的祭文。

文中讲述了曹操和桥玄的往事，表达了曹操对桥玄的怀念之情。

败军令 建安八年

【题解】

曹操编写的一道治军要令。

【原文】

《司马法》："将军死绥①。"故赵括之母，乞不坐括②。是古之将者，军破于外，而家受罪于内也。自命将征行③，但赏功而不罚罪，非国典也④。其令诸将出征，败军者抵罪⑤，失利者免官爵。（《魏志·武帝纪》）

【注释】

①《司马法》：古代兵书。

②赵括之母，乞不坐括：赵括的母亲请求不要因为赵括而被连坐。据《史记·廉颇蔺相如列传》记载：赵括是赵国名将赵奢的儿子，虽然熟读兵书，但也仅限于纸上，并没有实际的作战经验。赵王任赵括为帅，带兵出征，赵括的母亲上奏阻拦，赵王不听。于是，赵括的母亲便请求赵王不要因为赵括最终打了败仗而连坐他的家人，赵王答应了。最后，赵括失败，赵母未受牵连。

③命将征行：命令将领带兵出征。

④国典：国家的法度典制。

⑤抵罪：依据法律治罪。

【精要简介】

《司马法》中说，将军畏缩退却就要被处以死刑，所以赵括的母亲上书乞求不受赵括失败的连坐。在古代，将军在外打了败仗，家属也会受到牵连。将领受命带兵出征，如果只奖赏功劳而不惩罚罪过，这不是国家法律规定的。诸将出征，打败仗者需要依据法律治罪，失利者要免去他的官爵。

建安八年（公元 203 年）春天，曹操打败袁谭、袁尚的军队后，五月份还许，这道命令便是此时发布的。目的就是要整顿军法，提高士气，增强部队的战斗力。

论吏士行能令 建安八年

【题解】

随着军事上的不断胜利，曹操选拔了一批有功之士担任地方行政长官，控制地方政权。当时有人便对此评论说："军吏虽有功能，德行不足堪任郡国之选。"曹操得知后，便写了这篇文章，驳斥上面的观点。

【原文】

议者或以军吏虽有功能，德行不足堪任郡国之选①，所谓"可与适道，未可与权者也②。"管仲曰："使贤者食于能则上尊，斗士食于功则卒轻于死，二者设于国则天下治③。"未闻无能之人，不斗之士，并受禄赏，而可以立功兴国者也。故明君不官无功之臣，不赏不战之士；治平尚德行，有事赏功能④。论者之言，一似管窥虎欤⑤！（《魏志·武帝纪》注引《魏书》）

【注释】

①堪任郡国之选：堪任，胜任，担任。郡国之选：指担任地方行政长官。

②可与适道，未可与权：语出《论语·子罕》："可与适道，未可与立；可与立，未可与权"。意思是，和他一起取得成就的人，未必能够同他一起事事都依礼而行；能够同他一起依礼而行的，未必能够同他一样通权达变。

③使贤者食于能则上尊，斗士食于功则卒轻于死，二者设于国则天下治：让贤能的人凭着自己的才能得到俸禄，在上位的人就能够得到尊重；让战士凭借功劳得到奖赏，战士就不会贪生怕死。国家施行这两条，就可以治理天下了。

④治平尚德行，有事赏功能：太平的时候要崇尚德行，战乱的时候就要

按功封赏。

⑤管窥虎：从竹管里看老虎，看不到全貌。

【精要简介】

有人议论，虽然军中有人有战功，但按照他的德行来说是不能胜任郡国长官，意思是说，只能让他们走寻常之路，而不能通权达变。可管仲也说："让贤能的人凭着自己的才能得到俸禄，在上位的人就能够得到尊重；让战士凭借功劳得到奖赏，战士就不会贪生怕死。国家施行这两条，就可以治理天下了。"没有听说那些不作战、没有功劳的战士也得到封赏，才可以兴国的。贤明的君主不会任用没有功劳的臣子；不会奖励没有作战的士兵。太平的时候，国家崇尚德行；战乱的时候，就应该崇尚战功，奖赏有功劳的人。所以这些议论其实犹如管中窥虎，看不到全貌呀。

曹操写这篇令文时，已经打败了袁绍集团，正在为统一北方作准备。为了完成自己的统一大业，曹操广纳人才，招揽了许多治国用兵之才。

修学令 建安八年

【题解】

建安八年（公元 203 年）曹操颁布了这道命令，主要是为了在战乱频繁的年代避免文化事业遭到破坏。

【原文】

丧乱以来，十有五年，后生者不见仁义礼让之风①，吾甚伤之。其令郡国各修文学②，县满五百户置校官，选其乡之俊造而教学之③，庶几先王之道不废④，而有以益于天下。（《魏志·武帝纪》）

【注释】

①后生者：指的是青少年。

②郡国，文学：郡国，郡是州以下、县以上的行政区划，国是诸侯的封

国；文学：汉代及以前对文化学术的统称。

③俊造：才智出众，造诣深厚。

④先王之道：从前圣明君王的治国之道。

【精要简介】

东汉末年，因为战乱，所以没有安定的环境让人接受教育。教育事业衰败，致使很多民众失去了受教育的机会。何夔给曹操建言："自军兴以来，制度草创，用人未详其本，是以各引其类，时忘道德。夔闻以贤制爵，则民慎德；以庸制禄，则民兴功。以为自今所用，必先核之乡闾，使长幼顺叙，无相逾越。显忠直之赏，明公实之报，则贤不肖之分，居然别矣。又可修保举故不以实之令，使有司别受其负。在朝之臣，时受教与曹并选者，各任其责。上以观朝臣之节，下以塞争竞之源，以督群下，以率万民，如是则天下幸甚"。

曹操于建安八年（公元 203 年）七月颁布了"外定武功，内兴文学"的命令，说明曹操也意识到了恢复、发展文化事业的重要性。

请爵荀彧表建安八年

【题解】

曹操上书列举荀彧的功劳，请封荀彧为万岁亭侯。

【原文】

臣闻虑为功首①，谋为赏本②，野绩不越庙堂③，战多不逾国勋④。是故曲阜之锡，不后营丘⑤；萧何之土，先于平阳⑥。珍策重计⑦，故今所尚。侍中守尚书令彧⑧，积德累行，少长无悔⑨，遭世纷扰，怀忠念治⑩。臣自始举义兵，周游征伐，与彧戮力同心⑪，左右王略⑫，发言授策，无施不效。彧之功业，臣由以济⑬，用披浮云⑭，显光日月。陛下幸许⑮，彧左右机近⑯，忠恪祗顺⑰，如履薄冰⑱，研精极锐⑲，以抚庶事⑳，天下之定，彧之功也。宜享高爵，以彰元勋㉑。（《魏志·荀彧传》注引《彧别传》）

守尚书令荀彧，自在臣营，参同计画，周旋征伐，每皆克捷，奇策密谋，悉皆共决。及彧在台㉒，常私书往来，大小同策㉓；诗美腹心㉔，传贵庙胜㉕，勋业之定，彧之功也。而臣前后独荷异宠㉖，心所不安。彧与臣事通功并，宜进封赏，以劝后进者㉗。（袁宏《后汉纪》二十九，建安八年七月曹操上言）

【注释】

①虑为功首：制定策略、谋划的功劳居于首位。

②谋为赏本：出谋献计是奖赏的本源。

③野绩，庙堂：野绩，野战的功绩。庙堂：指的是朝廷和宗庙。

④战多不逾国勋：多次的战功也无法超越立国的功劳。

⑤曲阜之锡，不后营丘：周公旦在朝内辅政，被封于曲阜，为鲁公；姜尚被封于营丘，为齐公。意思是说，对在朝内辅政的周公旦的赏赐也不亚于

对大将姜尚的赏赐。

⑥萧何之土，先于平阳：汉朝建立后，汉高祖刘邦论功行赏。萧何功居第一，平阳侯曹参功居第二。萧何的功劳在于建国，曹参的功劳在于作战。汉高祖分封给萧何的土地是超过平阳侯曹参的。

⑦珍策重计：珍贵的计策和重大的筹谋。

⑧侍中守尚书令彧：侍中，皇帝侍从的顾问官。守：主管。尚书令：汉朝时期掌管奏章文书的官员，唐代之后的名位有所提高。

⑨无悔：没有什么过错。

⑩怀忠念治：怀抱忠诚，思虑着治世大业。

⑪戮力：合力。

⑫左右王略：帮助制定朝廷的决策。

⑬济：成功。

⑭披：拨开，驱除。

⑮幸：封建时期，皇帝去往某地称为"幸"。

⑯左右机近：在皇帝身边掌管机要事务。

⑰忠恪祗（zhī）顺：忠诚敬顺。

⑱如履薄冰：指小心恐惧的样子。《诗经·小雅·小旻（mín）》："战战兢兢，如临深渊，如履薄冰。"

⑲研精极锐：研究精当，极为深刻。

⑳以抚庶事：抚，安抚。庶：众多的百姓。

㉑彰元勋：彰，表扬。元勋：有大功的人。

㉒在台：指的是任职尚书令。尚书台又称为中台，东汉时期设立的官署，群臣的奏章都必须经由这里。

㉓大小同策：大小事务统一谋划。

㉔诗美腹心：《诗经·周南·兔置》："赳赳武夫，公侯腹心。"赞美公侯有才干出众的心腹之人。

㉕传贵庙胜：《孙子·计篇》："夫未战而庙算胜者，得算多也。"意思是作战之前，先在谋略上胜过敌人是最重要的。

㉖独荷异宠：单独蒙受特殊的恩宠。

㉗劝：勉励。

【精要简介】

这篇文章在为荀彧请爵的同时，也含蓄地表达出荀彧似竹的品德，表达荀彧的君子之风与高于他人的谋略和敏锐。

这篇和《短歌行》有所不同，《短歌行》更多的是表现出曹操的个人愿望，风格豪迈，大气磅礴。而本篇则比较内敛，如茶一般平淡，但这平淡并非索然无味，而是一种沉淀多年的君子之风，很是独特。

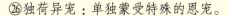

报荀彧书建安十二年

【题解】

曹操上表增封荀彧，荀彧推辞，曹操便又给荀彧写了这封信。

【原文】

君之策谋，非但所表二事。前后谦冲①，欲慕鲁连先生乎②？此圣人达节者所不贵也③。昔介子推有言："窃人之财，犹谓之盗。"况君密谋安众④，光显于孤者以百数乎！以二事相还而复辞之，何取谦亮之多邪⑤！（《魏志·荀彧传》注引《彧别传》）

【注释】

①谦冲：谦逊退让。

②鲁连：鲁仲连，战国齐国人。《史记·鲁仲连传》中记载，秦国攻打赵国，魏国派人去劝说赵王尊秦国为上，被鲁仲连反驳，后来秦军败退，魏王要赏赐鲁仲连，鲁仲连再三推辞，没有接受。后来，他又帮着齐军的统帅田单劝说聊城的燕将放弃守城，齐王想要封赏他，他却逃到了海上。

③圣人达节：此处是曹操劝说荀彧要像圣人那样通达，不能拘泥于一个死板的道理。

④密谋安众,光显于孤者以百数乎:你周密的谋划,安顿好人和事,让我得到了一百多次的荣耀。

⑤谦亮:谦逊退让。

【精要简介】

曹操之所以能够在东汉末期成为势力最大的一方,不仅和他的能力有关,还和他麾下的文臣武将有关系。其中,荀彧位居首位,为曹操立下了汗马功劳。所以曹操多次上表请封荀彧。荀彧推辞后,曹操写了这封信给他。

文中说到,荀彧为人谦虚,并举了鲁仲连的事迹,希望他不要像鲁仲连那么古板,而且荀彧有安置众人的功劳,让曹操也得到了上百次的荣耀,曹操希望荀彧能够接受他的请封。

破袁尚上事 建安九年

【题解】

曹操上奏打败袁尚的事。

【原文】

臣前上言逆贼袁尚还①,即厉精锐讨之②。今尚人徒震荡③,部曲丧守④,引兵遁亡。臣陈军被坚执锐,朱旗震耀,虎士雷噪,望旗眩精⑤,闻声丧气,投戈解甲,翕然沮坏⑥。尚单骑迸走⑦,捐弃伪节钺铁⑧,大将军邟乡侯印各一枚⑨,兜鍪万九千六百二十枚⑩,其矛楯弓戟,不可胜数。(《太平御览》三百五十六)

【注释】

①袁尚还:建安九年(公元204年)二月,袁尚带兵攻打袁谭,把部将审配留下驻守邺城,曹操带兵包围邺城,袁尚又带着兵众回来救邺城。

②厉:通"励",劝勉的意思。

③震荡：动荡。

④部曲丧守：部队丢失了阵地。

⑤眩精：失魂落魄，精神迷乱。

⑥翕（xī）然沮坏：全然崩溃。

⑦单骑迸走：单枪匹马地急迫逃走。

⑧捐弃伪节钺铁：捐弃，丢弃。伪节：伪造、非法的符节。钺铁：古时用以斩杀罪犯的斧子。

⑨邟（kàng）乡：今河南省汝州市东。

⑩兜鍪（móu）：古时作战时所戴的头盔。

【精要简介】

袁尚，袁绍的幼子。袁尚带着袁绍的残余部队占领了以邺城为中心的河北部分地区。建安九年（公元204年）二月，袁尚带兵攻打驻守在太原的兄长袁谭，曹操便利用这个机会，包围了邺城，攻克邯郸，并挖开了漳河水灌入邺城。

建安九年七月，曹操打败了赶来救邺的袁军。八月，攻克邺城，基本上消灭了袁绍的残余势力。曹操打败袁尚后，便写了这篇文章。

蠲河北租赋令 建安九年

【题解】

曹操所下的一道免除河北一年租赋的命令。

【原文】

河北罹袁氏之难①，其令无出今年租赋！（《魏志·武帝纪》）

【注释】

①罹：遭受。

【精要简介】

这篇令文虽然简短，但是其针对性和现实性都是非常强的。

建安九年（公元204年）八月，曹操攻下邺城之后，汉献帝令曹操领冀州牧。曹操发现，在袁尚集团的统治下，河北的农业生产受到了严重的破坏。为了尽快恢复生产，赢得民心，曹操便下了这道命令，免除河北地区一年的租赋，符合当地百姓的需要。

收田租令 建安九年

【题解】

为了抑制土地兼并，曹操下了这道命令。

【原文】

"有国有家者，不患寡而患不均，不患贫而患不安。"袁氏之治也，使豪强擅恣①，亲戚兼并；下民贫弱，代出租赋，衒鬻家财②，不足应命③。审配宗族④，至于藏匿罪人，为逋逃主⑤；欲望百姓亲附，甲兵强盛，岂可得邪！其收田租亩四升，户出绢二匹、绵二斤而已⑥，他不得擅兴发⑦。郡国守相明检察之⑧，无令强民有所隐藏，而弱民兼赋也⑨。（《魏志·武帝纪》注引《魏书》）

【注释】

①擅恣（zì）：任意放纵。

②衒（xuàn）鬻（yù）家财：衒鬻，变卖。和下一句"不足应命"连起来的意思是：变卖家产还不够交租的。

③应命：《文馆词林》中作"毕负"。

④审配：河北的豪强，也是袁绍的重要谋士。曹操攻克邺城后，杀掉了审配，没收了他的家产。

⑤逋（bū）逃主：逃亡罪犯的窝主。

⑥其收田租亩四升，户出绢二匹、绵二斤而已：曹操规定，每亩地要交四升粟，每户要出二匹绢、二斤棉（丝绵，当时棉花的种植还未传入我国）。汉朝时，一升约合现在的188.6毫升；一匹约等于现在的10尺；一斤约等于现在的224.14克。

⑦兴发：立名目征收。

⑧郡国守相：郡守和国相。郡守是郡的行政长官，国相是诸侯封国的行政长官。

⑨无令强民有所隐藏，而弱民兼赋也：强民，豪强。弱民：百姓。意思是说不要让豪强隐匿土地不报，而让百姓交纳租赋。

【精要简介】

东汉后期，土地兼并现象频发，大批农民因此破产，阶级矛盾激化。其中，袁绍集团是豪强士族地主阶级的代表，当时在袁绍集团割据下的河北地区，豪强大族大肆侵占百姓的土地，土地兼并情况尤其严重。

曹操领冀州牧后，为了打击这种现象，抑制土地兼并，便下了这道命令，体现了曹操抑制豪强兼并的主张。

报荀彧书建安九年

【题解】

曹操给荀彧的复信。

【原文】

微足下之相难①，所失多矣。(《水经·淄水注》)

【注释】

①微足下之相难：微，没有。足下：对朋友和同等地位之人的敬称。难：反驳和诘责。

【精要简介】

曹操领冀州牧之后，有人给他提建议，要求恢复古制，设置九州，以此扩大冀州的辖区，进而可称霸天下。

荀彧则认为，如果扩大冀州的管辖区域，会使自己处于孤立地位，建议曹操先平定河北，修复旧京，南征刘表，天下平定了之后再商议恢复古制的事情。这便是曹操给荀彧的复信。

诛袁谭令建安十年

【题解】

曹操所下的诛杀袁谭的命令。

【原文】

敢哭之者，戮及妻子①。(《魏志·王修传》注引《傅子》)

【注释】

①戮：杀戮。

【精要简介】

袁谭，袁绍的长子。袁绍死后，袁谭和弟弟袁尚相互攻打，争夺冀州，自号车骑将军。曹操利用他们二人的矛盾，先是攻破了袁尚，又于建安十年（公元205年）正月，攻打袁谭。

王沈在《魏书》中载："公攻谭，旦及日中不决；公乃自执枹鼓，士卒咸奋，应时破陷。"曹操斩杀了袁谭，并且悬首示众，随后下了这道命令。《魏志·王修传》中记载："闻谭死，下马号哭曰：'无君焉乎？'遂诣太祖，乞收葬谭尸。太祖欲观修意，默然不应。修复曰：'受袁氏厚恩，若得收敛谭尸，然后就戮，无所恨。'太祖嘉其义，听之。以修为督军粮。"

请封荀攸表 建安十年

【题解】

曹操请封荀攸的奏章。

【原文】

军师荀攸，自初佐臣①，无征不从，前后克敌，皆攸之谋也。（《魏志·荀攸传》）

【注释】

①佐：辅佐。

【精要简介】

荀攸，曹操的重要谋士。自建安元年（公元196年）起，荀攸就跟随曹操南征北战，先后征讨张绣、吕布、袁绍、袁谭、袁尚，为曹操出谋划策，立下了不小的功劳。此篇便是曹操上书请封荀攸为陵树亭侯。

赦袁氏同恶及禁复仇厚葬令 建安十年

【题解】

为瓦解和争取袁氏集团余党，曹操下了这道赦令。

【原文】

其与袁氏同恶者①，与之更始②。（《魏志·武帝纪》）

【注释】

①与袁氏同恶者：跟随袁氏做坏事的人。

②更（gēng）始：重新做人。

【精要简介】

平定冀州后，为了瓦解袁氏集团，赢得民心，曹操下了这道赦令。《魏志·武帝纪》中说："令民不得复私仇，禁厚葬，皆一之于法。"不过这道命令中并没有本文所记述的内容。

《汉魏六朝百三名家集》据此题作《赦袁氏同恶及禁复仇厚葬令》。

整齐风俗令 建安十年

【题解】

曹操领冀州牧后，建安十年（公元205年），下令整顿社会风气，革除社会弊病，由此下了这道命令。

【原文】

阿党比周①，先圣所疾也②。闻冀州俗，父子异部③，更相毁誉④。昔直不疑无兄⑤，世人谓之盗嫂；第五伯鱼三娶孤女⑥，谓之挝妇翁⑦；王凤擅权⑧，谷永比之申伯⑨；王商忠议⑩，张匡谓之左道⑪：此皆以白为黑，欺天罔君者也⑫。吾欲整齐风俗，四者不除，吾以为羞。（《魏志·武帝纪》）

【注释】

①阿党比周：结成私党，拉拢勾结。

②疾：痛恶。

③异部：不属于一派。

④毁誉：诋毁。

⑤直不疑：西汉文帝时期的中大夫。有人诋毁他私通自己的嫂子，他回复说自己没有哥哥。

⑥第五伯鱼：第五，复姓。随淮南王入朝，光武帝刘秀问他：听说你打自己的岳父，是真的吗？第五伯鱼回复说，我三次娶得妻子，都是没有父亲的孤女。

⑦挝（zhuā）妇翁：挝，打。妇翁：岳父。

⑧王凤：西汉时期汉成帝的舅舅，任大司马、大将军，独断专权。

⑨谷永：长安人，想要投靠王凤，便上奏吹捧王凤是犹如申伯一样的人，因此被王凤提拔。

⑩王商：西汉成帝时期任丞相。因为不满王凤的专权，被陷害而死。

⑪张匡谓之左道：张匡，大中大夫，为了迎合王凤，上书汉成帝，诬陷王商。左道：歪门邪道。

⑫欺天罔君：欺瞒上天，蒙蔽君主。

【精要简介】

根据《魏志·武帝纪》的记载，曹操进驻河北后，看到在袁氏集团的治理下，河北一片乌烟瘴气，风俗全无，于是便颁布了这道命令。文中还列举了一些例子，比如直不疑没有哥哥，有人却说他和自己的嫂子私通；第五伯鱼的三任妻子都是没有父亲的孤女，有人却说他殴打岳父；王凤专权，谷永为了巴结他，便将他和忠心耿耿的周朝申伯相提并论；王商忠诚，却被张匡陷害，诸如此类。黑白颠倒，欺瞒上天，蒙蔽君主。最后，曹操还表示，如果不能消除这四种类似现象，便是他的耻辱。

有人说，曹操的这篇法令针对的是河北地区的一些"名士"，同时也表示了曹操要整肃风气的决心。

手书答朱灵建安十年

【题解】

曹操给朱灵的回信。

【原文】

兵中所以为危险者，外对敌国，内有奸谋不测之变。昔邓禹中分光武军西行①，而有宗歆、冯愔之难，后将二十四骑还洛阳。禹岂以是减损哉！来书恳恻，多引咎过，未必如所云也②。（《魏志·徐晃传》注引《魏书》）

【注释】

①邓禹中分光武军西行：东汉光武帝刘秀派给邓禹两万兵力，让他去镇压赤眉农民起义军。邓禹的部将宗歆（xīn）和冯愔（yīn）二人在枸（xún）

邑驻守。谁知二人为了争权互相残杀。冯愔杀了宗歆，又派兵攻打邓禹。后来，邓禹被赤眉农民起义军打败，只带着二十四骑回到了宜阳。

②来书恳恻（cè），多引咎过，未必如所云也：你的来信很诚恳，把过多的错误都归咎于自己，实际上未必如你说得那样呀。意思是劝慰朱灵不要过于自责，中途行军，路遇不测之变是常有的事情，不要在自己身上揽太多的责任。

【精要简介】

朱灵，清河人，原本是袁绍的部下，后来投降曹操，因为功绩被拜为后将军，封高唐亭侯。

曹操派遣朱灵带领新兵前去驻守许南。中途遇到了中郎将程昂反叛，朱灵将程昂斩杀后，把这件事情汇报给了曹操，并表示了自己的自责和痛心之情。于是，曹操给朱灵回了这封信。

明罚令 建安十一年

【题解】

为了移风易俗，曹操发布了这道禁令。

【原文】

闻太原、上党、西河、雁门，冬至后百五日皆绝火寒食，云为介子推①。子胥沉江②，吴人未有绝水之事，至于子推独为寒食③，岂不偏乎？且北方沍寒之地④，老少羸弱⑤，将有不堪之患⑥。令到，人不得寒食。若犯者，家长半岁刑，主吏百日刑，令长夺一月俸。（《艺文类聚》四、《太平御览》二十八、又三十、又八百六十九）

【注释】

①介子推：春秋晋国人，曾跟随晋文公流亡国外。晋文公回国之后，封赏从属，他没有得到封赏。因此，他带着自己的母亲隐居于绵山上，到死都

没有出山。

②子胥沉江：伍子胥，初秋时期的吴国大夫。伍子胥曾经辅佐吴王阖闾攻破楚国。阖闾死后，夫差继承王位，后来因为劝说吴王拒绝越国的求和、停止征讨齐国，被夫差赐死，并将他的尸体沉入江中。

③子推独为寒食：单单为介子推吃冷食。

④冱（hù）寒：严寒冻闭之象。

⑤羸（léi）弱：瘦弱。

⑥不堪之患：无法承受的忧虑。

【精要简介】

建安十一年（公元206年）正月，曹操西征高干，三月占领了并州。

当时，并州的太原、西河、上党、雁门四郡流行着一种旧俗：冬至后一百零五天的寒食节前后三天，都不允许生火，要吃冷食。曹操为了改变这一旧俗，便颁布了这道命令。令中言，此地区多为严寒之地，老少瘦弱，如若吃冷食，将会带来无法承受的忧患，所以下令众人不得吃冷食，有犯规的，家长和地方长官都要受罚。

求言令 建安十一年

【题解】

建安十一年（公元206年）十月，曹操发布了这道命令，希望可以广开言路，部下可以大胆地给他提建议，并且将此制度化。

【原文】

夫治世御众①，建立辅弼②，戒在面从③，《诗》称"听用我谋，庶无大悔"④，斯实君臣恳恳之求也⑤。吾充重任，每惧失中⑥，频年以来，不闻嘉谋，岂吾开延不勤之咎邪⑦？自今以后，诸掾属治中、别驾⑧，常以月旦各言其失，吾将览焉。（《魏志·武帝纪》注引《魏书》）

自今诸掾属侍中、别驾⑨，常以月朔各进得失⑩，纸书函封⑪，主者朝常给纸函各一⑫。（《初学记》二十一）

【注释】

①治世御众：治理天下，管理百姓。

②辅弼：《尚书大传》中曰："古者天子必有四邻：前曰疑，后曰丞，左曰辅，右曰弼。"后来人们将宰相称为辅弼。此处指的是在左右辅佐的大臣。

③面从：《尚书·益稷》中曰："汝无面从，退有后言。"意思是不能当面显得顺从而背后又有不满的话。

④听用我谋，庶无大悔：听取和实行我的主张，便不会有大的灾祸。

⑤斯，恳恳：斯，这。恳恳：诚恳。

⑥失中：出现偏差。

⑦开延：开门请进。意思是虚心接受意见。

⑧掾（yuàn）属治中、别驾：掾属，东汉时期，三公府分曹（部、处）治事，各曹的主管官员，正职称为"掾"，副职称"属"。治中：官名，主管文书。别驾：官名，州刺史的佐吏。此句主要指的是曹操丞相府里的官员。

⑨侍中：汉朝时期丞相属官，侍从皇帝左右出入宫廷，地位非常重要。

⑩月朔：夏历每月初一。

⑪纸书函封：写在纸上装入封套后加封。

⑫主者：主管人员。

【精要简介】

此文主要是曹操想要广开言路，希望部下能够积极进言。文中表示，治理国家、管理百姓所设置的一些官吏，不能表面上顺从而在背地里不满。《诗经》上说，听从我的命令，可以免去大的祸端，这也是君臣之间坦诚相见的要求！自从曹操担当重任后，经常害怕自己会出差错，也没有听到过好的建议，这是因为他征求不够的过错。所以，从今往后，各部官吏要时时相互评论，提出所见的过失，他将亲自检查。

曹操的这篇文章写得情真意切，通过"岂吾开延不勤之咎邪"此类的自责之言，督促部下要敢于进言。不得不说，曹操的这种行事洒脱的风格确实能够让部下心悦诚服地执行他的命令。

表称乐进于禁张辽 建安十一年

【题解】

建安十一年（公元 206 年），曹操上表请封乐进为折冲将军，于禁为虎威将军，张辽为荡寇将军。

【原文】

武力既弘①，计略周备，质忠性一②，守执节义。每临战攻，常为督率，奋强突固③，无坚不陷，自援枹鼓④，手不知倦。又遣别征⑤，统御师旅；抚众则和⑥，奉令无犯，当敌制决⑦，靡有遗失。论功纪用⑧，各宜显宠。（《魏志·乐进传》）

【注释】

①武力既弘：武力，指武艺和力量。弘：弘大。

②质忠性一：品质忠诚，性情专一。

③奋强突固：奋勇攻击坚强固守的敌军。

④自援枹（fú）鼓：援，拿着。枹：鼓槌。意思是说自己击鼓以激励将士。

⑤别征：分别带兵出征。

⑥抚众则和：抚众，安抚将士。和：和睦。

⑦当敌制决：当敌，面对敌人。制决：裁断决定。

⑧论功纪用：根据功劳加以任用和奖赏。

【精要简介】

曹操用人从来不看门第，只看才能，也愿意从下层中选拔真正有才能的人担当要职，给予他们信任，赋予他们重任。

建安十一年（公元 206 年），曹操上表请封乐进为折冲将军，于禁为虎威将军，张辽为荡寇将军。乐进和于禁是曹操从行伍中提拔上来的，张辽则是收降的俘虏。乐进，阳平卫国人，原本是一个下级军官，后来因为战功被曹操提拔；于禁，泰山巨平人，原本是鲍信的属下，归附曹操后因为战功被屡次提拔；张辽，雁门马邑人，原本是吕布的部下，被俘之后归降，为曹操立下了不少的功劳。这些都是曹操比较倚重的部将。

请增封荀彧表建安十二年

【题解】

曹操请封荀彧的文章。《后汉书》和《魏志》中所录的这篇文章，文字有所不同，现在全部抄录在下。

【原文】

昔袁绍作逆，连兵官渡①。时众寡粮单，图欲还许。尚书令荀彧，深建宜住之便，远恢进讨之略②，起发臣心③，革易愚虑，坚营固守，徽其军实④；遂摧扑大寇⑤，济危以安。绍既破败，臣粮亦尽，将舍河北之规，改就荆南之策⑥。彧复备陈得失，用移臣议，故得反斾冀土，克平四州⑦。向使臣退军官渡⑧，绍必鼓行而前⑨，敌人怀利以自百⑩，臣众怯沮以丧气⑪，有必败之形，无一捷之势。复若南征刘表⑫，委弃兖、豫⑬，饥军深入，逾越江、沔⑭，利既难要，将失本据⑮。而彧建二策，以亡为存，以祸为福，谋殊功异⑯，臣所不及。是故先帝贵指踪之功⑰，薄搏获之赏；古人尚帷幄之规⑱，下攻拔之力。原其绩效⑲，足享高爵，而海内未喻其状⑳，所受不侔其功㉑，臣诚惜之。乞重平议㉒，增畴户邑。（《后汉书·荀彧传》）

昔袁绍侵入郊甸㉓，战于官渡。时兵少粮尽，图欲还许，书与彧议，彧不听臣。建宜住之便，恢进讨之规，更起臣心，易其愚虑，遂摧大逆，覆取其众。此彧睹胜败之机㉔，略不世出也㉕。及绍破败，臣粮亦尽，以为河北未易图也，欲南讨刘表。彧复止臣，陈其得失，臣用反斾，遂吞凶族，克平四州。向使臣退于官渡，绍必鼓行而前，有倾覆之形，无克捷之势。后若南征，委弃兖、豫，利既难要，将失本据。或之二策，以亡为存，以祸致福，谋殊功异，臣所不及也。是以先帝贵指踪之功，薄搏获之赏；古人尚帷幄之规，下攻拔之捷。前所赏录，未副或巍巍之勋。乞重平议，畴其户邑。（《魏志·荀或传》注引《或别传》）

【注释】

①连兵官渡：连兵，部队集合会战。官渡：古地名，今河南中牟东北。

②深建宜住之便，远恢进讨之略：《魏志·荀或传》中曰："太祖保官渡，绍围之。太祖军粮方尽，书与或，议欲还许以引绍。或曰：'今军食虽少，未若楚、汉在荥阳、成皋间也。是时刘、项莫肯先退，先退者势屈也。公以十分居一之众，画地而守之，扼其喉而不得进，已半年矣。情见势竭，必将有变，此用奇之时，不可失也。'太祖乃往。遂以奇兵袭绍别屯，斩其将淳于琼等，绍退走"。深，深刻。建：建议。宜住：应该留下来而不是撤退。便：有利。远：远见。恢：恢弘。略：方略。

③起发：启发。

④徼其军实：官渡之战时，两军相持不下，曹操亲自率领轻骑奇袭乌巢，烧了袁绍的军粮，进而改变了战场形势。

⑤摧扑：摧毁打倒。

⑥舍河北之规，改就荆南之策：《魏志·荀或传》中曰："太祖……粮少，不足与河北相支，欲因绍新破，以其间击讨刘表。或曰：'今绍败，其众离心，宜乘其困，遂定之；而背兖、豫，远师江、汉，若绍收其余烬，承虚以出人后，则公事矣。'"荆南：荆州，刘表为荆州牧，治所在襄阳（今湖北襄阳旧城）。

⑦反旆（pèi）冀土，克平四州：回师河北，平定冀、青、并、幽四州。旆，一种杂色镶边的旗帜。

⑧向使：倘使。

⑨鼓行：鸣鼓前行。

⑩怀利以自百：得了利之后就会增加百倍的勇气。

⑪怯沮：畏怯，沮丧。

⑫刘表：汉室的宗亲，割据荆州。

⑬委弃兖、豫：委弃，抛弃。兖、豫：兖州和豫州。兖州在今山东西南部，豫州在今河南东部及安徽北部。

⑭江、沔（miǎn）：江，长江。沔：汉水的上游。

⑮利既难要，将失本据：既无法取得胜利，还会失去自己的根据地。

⑯谋殊功异：谋略很不一般，功劳与众不同。

⑰先帝贵指踪之功：先帝，指汉高祖刘邦。指踪之功：刘邦建立国家之后，论功行赏，萧何居首功，有武将不服，刘邦便举了一个打猎的例子，说打猎时，猎犬负责追捕猎物，而猎人指示追捕的目标和方向。各位的功劳和猎犬一样，而萧何的功劳则如猎人。

⑱帷幄之规：帷幄，军用的帐幕。规：计划。

⑲原其绩效：原，根据。其：代指荀彧。绩效：功绩和作用。

⑳海内：古时认为中国的四周都是海，海内指的就是中国国内。

㉑侔（móu）：相等。此处和前一句的意思为，国内不知道他的情况，他所得到的赏赐和功劳是不相等的。

㉒乞重平议：乞，请求。平议：平叛。

㉓郊甸：上古时期，国都城外百里之内称为郊，郊外称为甸。官渡之战之前，袁绍带着十万兵士直奔许都，会战地点在今河南中牟东北部，距离许都不远。

㉔胜败之机：胜败的关键。

㉕不世出：不是每一代都有的。指世间少有。

【精要简介】

建安八年（公元203年），曹操上表请封荀彧为万岁亭侯，封邑千户。建安十二年（公元207年），曹操大论功行赏，又增封荀彧邑千户，合二千户。同一年，曹操写了这份《请增封荀彧表》。

表论田畴功建安十二年

【题解】

曹操上表嘉奖田畴的文章。

【原文】

文雅优备，忠武又著，和于抚下，慎于事上①。量时度理，进退合义②。幽州始扰③，胡、汉交萃④，荡析离居⑤，靡所依怀⑥。畴率宗人避难于无终山⑦，北拒卢龙⑧，南守要害⑨，清静隐约⑩，耕而后食，人民化从⑪，咸共资奉⑫。及袁绍父子威力加于朔野⑬，远结乌丸，与为首尾⑭，前后召畴，终不陷挠⑮。后臣奉命，军次易县⑯，畴长驱自到⑰，陈讨胡之势⑱，犹广武之建燕策⑲，薛公之度淮南⑳。又使部曲持臣露布㉑，出诱胡众㉒，汉民或因亡来㉓，乌丸闻之震荡。王旅出塞，涂由山中九百余里㉔，畴帅兵五百，启导山谷㉕，遂灭乌丸，荡平塞表㉖。畴文武有效㉗，节义可嘉，诚应宠赏，以旌其美。（《魏志·田畴传》注引《先贤行状》）

【注释】

①和于抚下，慎于事上：用宽和的态度安抚部下，用谨慎的态度侍奉上级。

②量时度理，进退合义：分析时事揣度事理，进退得当、合宜。

③幽州始扰：幽州，管辖今北京市、河北北部、山西小部、辽宁大部、天津市海河以北及朝鲜大同江流域等。始：开始。

④胡、汉交萃（cuì）：结合前句的意思是，幽州初乱时，胡人、汉人都遭受了很多苦难。

⑤荡析离居：流离失所。

⑥靡所依怀：无依无靠。

⑦宗人，无终山：宗人，族人。无终山：今河北玉田西北部。

⑧北拒卢龙：拒，控制。卢龙：古时候的塞名，今河北省迁西县喜风口附近。

⑨要害：险要的据点。

⑩隐约：穷困俭朴的意思。

⑪人民化从：经过教化使人民服从。

⑫咸共资奉：咸，都。资奉：供给财物。

⑬袁绍父子威力加于朔野：袁绍父子，袁绍死后，其子袁尚、袁谭、袁熙为了争夺统治权而相互攻击。朔野：北方大地。

⑭与为首尾：代指相互勾结。

⑮陷挠：指的是袁绍父子曾经多次招揽田畴，但田畴都没有应召。

⑯军次：军队驻扎。

⑰长驱自到：自己远道而来。

⑱陈：陈述。

⑲广武之建燕策：广武，指的是西汉初年赵国的李左军。韩信灭掉赵国后，想要攻打燕国和齐国，并询问李左军的建议。李左军提议可以先实行"先声后实"的策略，而不是马上进兵。可以先派人前往燕国，威胁燕国投降，然后再派人前

去齐国，威胁齐国投降。韩信采纳了这个建议，最后取得了成功。

⑳薛公之度淮南：西汉初年，淮南王英布反叛，刘邦询问原楚国的令尹薛公。薛公认为英布这个人没有什么眼界，他首先要攻打的应该是吴和下蔡，然后退守越和长沙，最后肯定是要失败的。事情的发展果然如薛公说的那样。

㉑部曲，露布：部曲，部队。露布：公开宣布没有检封的檄文。

㉒诱：劝导的意思。

㉓汉民或因亡来：当时那里的汉人大多都是被掳去的，所以他们也都趁着这个机会逃亡。

㉔涂由山中九百余里：军队从卢龙塞出发，经过白檀（今河北滦平一带）、平岗（今辽宁喀喇沁左旗），东向柳城（今辽宁朝阳南），都是一些平日很少有人行走的小路。

㉕启导：启，开路。导：引导。

㉖塞：塞外。

㉗文武有效：出谋划策、带兵作战，指功绩、功劳比较多。

【精要简介】

曹操北征乌桓的时候正值夏季。夏季多雨，沿海道路不通。田畴建议曹操，可以出卢龙塞，从一条山间小路进军。随后，田畴还率先带着一些人充当向导，给了乌桓出其不意地致命一击，对曹操平定乌桓做出了巨大的贡献。

战役结束后，曹操主张论功行赏，便上表请封田畴为亭侯，食邑五百户。

请追增郭嘉封邑表建安十二年

【题解】

郭嘉去世后，曹操非常痛惜，又上书请封郭嘉。

【原文】

臣闻褒忠示宠①，未必当身②，念功惟绩③，恩隆后嗣④。是以楚宗孙叔敖⑤，显封厥子⑥，岑彭既没⑦，爵及枝庶⑧。诚贤君殷勤于清良⑨，圣祖敦笃于明勋也⑩。故军祭酒洧阳亭侯颍川郭嘉⑪，立身著行⑫，称茂乡邦⑬，与臣参事，尽节为国。忠良渊淑⑭，体通性达⑮。每有大议⑯，发言盈廷，执中处理⑱，动无遗策⑲。自在军旅，十有余年，行同骑乘，坐共幄席⑳。东禽吕布㉑，西取眭固㉒；斩袁谭之首㉓，平朔土之众㉔。逾越险塞，荡定乌丸㉕；震威辽东㉖，以枭袁尚㉗。虽假天威㉘，易为指麾㉙；至于临敌㉚，发扬誓命㉛，凶逆克殄㉜，勋实由嘉㉝。臣今日所以免戾㉝，嘉与其功㉞。方将表显㉟，使赏足以报效㊱，薄命夭殒㊲，不终美志。上为陛下悼惜良臣，下自毒恨丧失奇佐㊳。昔霍去病蚤死㊴，孝武为之咨嗟㊵；祭遵不究功业㊶，世祖望柩悲恸㊷。仁恩降下，念发五内㊸。今嘉陨命，诚足怜伤。宜追赠加封，并前千户㊹；褒亡为存㊺，厚往劝来也㊻。（《魏志·郭嘉传》注引《魏书》，又《艺文类聚》卷五十一）

【注释】

①示宠：又作"宠贤"。宠，荣耀。

②当身：本人。这两句的意思是，我听说褒奖忠臣、荣耀贤者，并不一定要把恩赐给予本人。

③惟绩：惟，思念。

④恩隆后嗣：隆，丰厚。这两句的意思是，念其功绩，请求把丰厚的恩

赏赐给他的后代。

⑤以楚宗孙叔敖：宗，尊崇。孙叔敖，春秋时期楚国期思人，一生致力于兴修水利，发展生产，让楚国繁荣富强起来。他死后，楚庄王以寝丘（今河南沈丘东南）四百户封赏给孙叔敖的儿子。

⑥显封厥子：显，显扬。厥：代词，其。

⑦岑彭：东汉初南阳人，光武帝时期的大将，有赫赫战功。岑彭死后，光武帝封他的长子岑遵和次子岑淮为侯。

⑧枝庶：本支（正妻所生的孩子）和庶子（妾生的孩子）。

⑨诚贤君殷勤于清良：贤君，贤明的君主，此处指楚庄王。殷勤：比喻关心。清良：代指贤臣。

⑩圣祖敦笃于明勋也：圣祖，光武帝刘秀。敦笃：比喻厚待。明勋：显著的功勋，指功臣。

⑪军祭酒洧（wěi）阳亭侯颍川郭嘉：军祭酒，军师祭酒。洧阳亭侯：郭嘉生前的封爵，在侯爵中，亭侯的级别要比县侯、乡侯低。

⑫著行：德行显著。

⑬称茂：声誉美好。

⑭忠良渊淑：忠诚善良，知识渊博，品质良好。

⑮体通性达：通晓事理，能够根据客观情况的变化而随机应变、因时制宜。

⑯大议：重要的会议。

⑰发言盈廷：满庭议论纷纷。

⑱执中：恰当。

⑲动无遗策：付诸实际的行动，没有失策。

⑳幄席：军帐坐席。

㉑东禽吕布：建安三年（公元198年），曹操率兵东征，将吕布围于下邳。期间，曹操有过撤掉包围圈的打算，后来在郭嘉的提议下加强了围攻，最后擒杀吕布。

㉒西取眭固：建安四年（公元199年），曹操派遣曹仁等人攻打河南沁

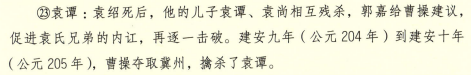

阳，灭掉了归附袁绍的原农民军将领眭固。

㉓袁谭：袁绍死后，他的儿子袁谭、袁尚相互残杀，郭嘉给曹操建议，促进袁氏兄弟的内讧，再逐一击破。建安九年（公元204年）到建安十年（公元205年），曹操夺取冀州，擒杀了袁谭。

㉔朔土：北方。此处指冀州。

㉕乌丸：乌桓。当时指居住在河北北部及辽宁西部的少数民族。建安十年，袁绍的儿子袁尚、袁熙带着袁氏残余势力投靠乌丸。建安十二年（公元207年），曹操北征三郡乌丸，采纳了郭嘉的建议，轻兵奇袭，取得大胜。

㉖震威辽东：辽东为幽州的一个郡名，治所在今辽宁省辽阳市北部。曹操打败乌丸后，袁尚和袁熙两兄弟出奔辽东。辽东太守公孙康害怕曹操的势力，斩杀了袁尚和袁熙，把他们的首级献给了曹操。

㉗枭：枭首。把人杀掉后，悬头示众。

㉘假天威：借助天子的威望。

㉙指麾：即指挥。古时军队用来指挥的旗子。

㉚临敌：临阵作战。

㉛发扬誓命：宣扬告诫将士的命令。

㉜凶逆克殄（tiǎn）：凶逆，凶恶的叛逆。殄：消灭。

㉝戾：罪过。

㉞嘉与其功：当中有郭嘉的功劳。

㉟方将表显：正要上表表扬他。

㊱报效：报答他的功绩。

㊲夭殒：早死。

㊳毒恨丧失奇佐：毒恨，指痛心。奇佐：出众的助手。

㊴霍去病蚤死：蚤，早。霍去病是汉武帝时期的大将军，河东平阳人，在抗击匈奴的战争中立下了卓著功勋，任骠（piào）骑将军，封冠军侯。霍去病去世的时间比较早，年仅23岁。

㊵孝武为之咨嗟：孝武，汉武帝刘彻的谥号。咨嗟：叹息。

㊶祭遵：东汉时期光武帝的大将，任征虏将军，封颍阳侯。西征时死于

军中，事业未成。

㊷世祖：汉光武帝刘秀。

㊸五内：五脏。指的是内心。

㊹并前千户：加上以前的封邑共一千户。郭嘉生前封邑二百户，死后又追赠八百户。

㊺褒亡为存：褒奖死者是为了鼓励活着的人。

㊻厚往劝来：厚赏前人是为了激励后人。

【精要简介】

郭嘉，字奉孝，今河南禹州人。郭嘉原是袁绍的部下，后来见袁绍不是一个能成大事的人，由荀彧推荐，投靠到曹操的麾下，成为了一名谋士。

郭嘉27岁任职司空军师祭酒，帮助曹操谋划，辅佐曹操打败了吕布、袁绍，平定了三郡乌丸，为曹操统一北方立下了不少的功劳，被封为洧阳亭侯，封邑二百户。建安十二年（公元207年），曹操平定乌丸后班师，郭嘉在途中病逝，享年38岁。郭嘉的死让曹操悲痛万分，故上表请求追封郭嘉。

封功臣令 建安十二年

【题解】

曹操取得西征并州、东征管承的胜利后，又对接下来的北征乌桓做了准备工作。建安十二年（公元207年）二月，曹操回到邺城，颁布了这道命令。

【原文】

吾起义兵，诛暴乱，于今十九年①，所征必克，岂吾功哉？乃贤士大夫之力也。天下虽未悉定，吾当要与贤士大夫共定之；而专飨其劳②，吾何以安焉！其促定功行封③。（《魏志·武帝纪》）

【注释】

①于今十九年：自中平六年（公元189年）曹操在陈留郡起兵讨伐董卓

到建安十二年（公元 207 年），算下来总共十九年。

②飨：通"享"，享受。

③促：赶快。

【精要简介】

建安十二年（公元 207 年）二月，曹操返回邺城后颁布了这道命令，封赏二十多个人为列侯，其他人也都受了封赏。对于战死者，则免除了他们后代的赋役。这也算是曹操的高明之处，能够及时论功行赏，给诸位将领莫大的鼓励。

这也从侧面说明，东征一战对曹操来说是比较重要的，甚至比征讨乌桓更加重要，彻底解除了他的心头大患，稳定了北方四州。

下令大论功行封建安十二年

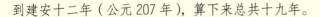

【题解】

曹操嘉奖荀彧和荀攸的文章。

【原文】

忠正密谋①，抚宁内外，文若是也②。公达其次也③。（《魏志·荀攸传》）

【注释】

①忠正密谋：周密地谋划。

②文若：荀彧的字。

③公达：荀攸的字。

【精要简介】

建安十二年（公元 207 年），曹操施行大论功行赏，他特别嘉奖了荀彧和荀攸。文中说，论周密谋划，安抚内外，荀彧功不可没，其次是荀攸。

其实这还是曹操凝聚人心的一杀中策略。

分租与诸将掾属令 建安十二年

【题解】

除了封赏功臣外，曹操还将自己封地里的租赋分给了将领、属官、入伍比较早的士兵及死难将士的遗孤。

【原文】

昔赵奢、窦婴之为将也①，受赐千金，一朝散之，故能济成大功，永世流声；吾读其文，未尝不慕其为人也。与诸将士大夫共从戎事，幸赖贤人不爱其谋，群士不遗其力，是以夷险平乱②，而吾得窃大赏③，户邑三万④。追思窦婴散金之义⑤，今分所受租与诸将掾属及故戍于陈、蔡者⑥，庶以畴答众劳⑦，不擅大惠也⑧。宜差死事之孤⑨，以租谷及之。若年殷用足⑩，租奉毕入⑪，将大与众人悉共飨之⑫。（《魏志·武帝纪》注引《魏书》）

【注释】

①赵奢、窦婴：赵奢，战国时期赵国的名将。因为大破秦军，赵国给了他诸多封赏，他则把封赏分给了自己的部下。窦婴：汉景帝时期的大将军，平叛有功。他把自己得到的千斤赏金全部放在了廊檐下面，供自己部下取用。

②夷：铲平，消除。

③窃：私下，私自。谦词。

④户邑三万：曹操的食邑有三万户，包括武平、阳夏、柘（zhè）、苦四县。这三万户要给曹操交纳租赋。

⑤窦婴散金之义：指上文所说窦婴将千斤赏金散给了部下之事。

⑥故戍于陈、蔡者：陈、蔡是曹操早年起兵的地方。此处代指早些年跟随曹操起兵的战士。

⑦畴：通"酬"，酬劳，报酬。

⑧擅：独揽。

⑨差：分别等级。

⑩年殷用足：年殷，年成丰收。用足：财政充足。

⑪租奉毕入：租奉，租赋俸禄。毕入：全部收齐。

⑫大：事物超过一半为大。

【精要简介】

及时奖罚是激励将士、提高军队战斗力的有效方式，不得不说曹操是一个优秀的将领，他不仅注重战前、战中的激励，而且还特别重视战后的工作。

在曹操看来，战后是一定要论功行赏的，也就是将帅应该把自己所得的赏赐和自己的部下分享。曹操曾说："军无财，士不来，军无赏，士不往。"这是曹操激励将士的方法，用奖励金钱财物的方式免去将士们的后顾之忧，如此将士们才能够尽心打仗。另外，有了明确的奖赏制度，惩罚制度也会很容易施行。

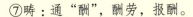

告涿郡太守令建安十二年

【题解】

曹操北征乌桓，班师途中经过涿郡，派人前去祭奠卢植，并写下了这篇表彰卢植的令。

【原文】

故北中郎将卢植①，名著海内，学为儒宗②，士之楷模，乃国之桢干也③。昔武王入殷，封商容之闾④；郑丧子产⑤，而仲尼陨涕⑥。孤到此州，嘉其余风⑦。《春秋》之义⑧，贤者之后，有异于人⑨。敬遣丞掾修其坟墓⑩，并致薄酹⑪，以彰厥德⑫。（《魏志·卢毓传》注引《续汉书》）

【注释】

①卢植：字子幹，涿郡涿县人，在任北中郎将期间曾带兵镇压黄巾军，但被张角打败。后来任职上书，因为反对董卓废除少帝，所以被罢免了官职，逃回故里。

②儒宗：儒学大师。

③桢（zhēn）干：古时用实土建筑城墙，两端立木称为"桢"，中间的夹板称为"干"。这里比喻重要的人才。

④武王入殷，封商容之闾：公元前11世纪，武王姬发带兵攻入殷都朝歌，灭掉殷朝建立周王朝。商容，原是殷朝的大夫，因为劝谏纣王而遭到了贬斥。

⑤子产：春秋时期，郑国的大夫，以贤明著称。

⑥仲尼陨涕：仲尼，孔子。意思是子产的死让孔子落泪。

⑦余风：遗留的影响。

⑧《春秋》之义：《春秋》里面讲的道理。《春秋》，鲁国编年史，据说是孔子根据鲁国史官所编撰的《春秋》加以整理修订而成的，是儒家五经之一。

⑨贤者之后，有异于人：对于贤者的后代，不能像对待一般人那样对待他们。

⑩丞掾（yuàn）：丞，令丞，三公府的属官。三公府分曹治事，各曹的主管官员叫"掾"。

⑪酹（zhuì）：祭祀时用酒醇地，表示祭奠之意。

⑫厥：其，指示代词。

【精要简介】

卢植性格刚毅，是郑玄、管宁的同门师兄，先后担任九江、庐江太守。后来，卢植和蔡邕等人一起校勘儒学经典书籍，还参与了《汉记》的续写。黄巾起义时，卢植任职北中郎将，带军和张角作战，后来被人诬陷下狱。

皇甫嵩平定黄巾军之后，力保卢植，让卢植复任尚书。后来因为激怒了董卓而被罢官，隐居于山上，后又被袁尚请出山，任为军师。初平三年（公元192年），卢植去世。

卢植的知名度很高，曹操也对他很是尊敬。此篇便是曹操路过涿郡，派人去祭奠卢植后写下的文章。

下田畴令 建安十二年

【题解】

曹操推举田畴为茂才的命令。

【原文】

田子泰非吾所宜吏者①。（《魏志·田畴传》）

【注释】

①田子泰非吾所宜吏者：田子泰不是我应该任用做属官的。

【精要简介】

田畴，字子泰，是右北平无终人。田畴刚开始是幽州牧刘虞的从事，后来公孙瓒杀掉刘虞，其和袁绍相继通知幽州。田畴带着自己的族人跑到山里避难，多次拒绝了袁绍父子的招揽。

曹操北征乌桓时，派遣使者请田畴出山，田畴对曹操有些欣赏，便表示会积极协助曹操平定乌桓。曹操对田畴非常尊重，第二天便下了这道命令，推举其为茂才。这道命令流传至今，但只剩下目前这一句了。

与荀彧书追伤郭嘉 建安十二年

【题解】

郭嘉死后，曹操上书追增郭嘉的同时，也给荀彧写了这两封信。

【原文】

郭奉孝年不满四十，相与周旋十一年，险阻艰难，皆共罹之①。又以其通达，见世事无所疑滞②，欲以后事属之③。何意卒尔失之④，悲痛伤心！今表增其子满千户，然何益亡者！追念之感深。且奉孝乃知孤者也，天下人相知者少，又以此痛惜，奈何奈何！（《魏志·郭嘉传》注引《傅子》）

追惜奉孝，不能去心。其人见时事兵事⑤，过绝于人⑥；又人多畏病，南方有疫，常言吾往南方，则不生还。然与共论计，云当先定荆⑦。此为不但见计之忠厚⑧，必欲立功分⑨，弃命定⑩。事人心乃尔⑪，何得使人忘之！（《魏志·郭嘉传》注引《傅子》）

【注释】

①罹：遭遇苦难。

②疑滞：凝固不动，阻塞不通。是说郭嘉是一个通权达变之人，能够知晓客观事物的变化，并因时制宜，观察形势，提出策略，不拘泥于现有的规定，提出的建议也都符合实际。

③后事属之：后事，身后事。属：通"嘱"，托付。

④何意卒尔：何意，哪里想到。卒尔：突然。

⑤时事兵事：时事，政治形势。兵事：军事。

⑥过绝：远远超过。

⑦与共论计，云当先定荆：和他商讨军国大事时，他建议先平定荆州。

⑧见计之忠厚：出于本心和忠诚提出的见解、计策，认识比较深刻。

⑨立功分：立功尽职尽责。

⑩弃命定：不珍惜自己的生命。

⑪事人心乃尔：事奉上级的心意竟然是这样。

【精要简介】

荀彧和郭嘉都是曹操的重要谋士，郭嘉更是荀彧推荐到曹操跟前的。郭嘉去世后，曹操给荀彧写了这两封信，表达了自己对郭嘉之死的悲痛之情。

文中说，郭嘉跟随曹操11年，东征西讨，生死与共，死时却还不到40岁。郭嘉为人通达，处事果断，曹操本来要把后事托付给郭嘉，没曾想郭嘉却早亡了。对此，曹操非常痛心。如今曹操虽然上表追增郭嘉千户侯，可这还有什么用呢？郭嘉是懂曹操的，天下间知己本就不多，想到此处，曹操心里就更加悲痛了。

在第二封信中，曹操又感慨道，追思郭嘉，内心久久不能释怀。郭嘉能够因时制宜，计谋远超过一般人。但郭嘉本身多病，南方气候潮湿，更容易生病，郭嘉经常说：'如若他去了南方，必定无法活着回来。'和郭嘉议论起天下事来，郭嘉建议曹操先平定荆州。郭嘉待曹操如此，曹操怎能忘记。

从这两封信中也可以看出郭嘉在曹操心中的分量。

授崔琰东曹教建安十三年

【题解】

曹操任命崔琰时发的训令。

【原文】

君有伯夷之风，史鱼之直①，贪夫慕名而清②，壮士尚称而厉③，斯可以率时者已④。故授东曹，往践厥职⑤。（《魏志·崔琰传》）

【注释】

①史鱼：春秋时期魏国的大夫。

②贪夫慕名而清：贪心者因敬慕你而变得清廉。

③壮士尚称而厉：壮士因尊崇你而变得自勉。

④斯，率时：斯，这。率时：当时的表率。

⑤往践厥职：前去担任这个职务。

【精要简介】

崔琰是当时的名士，先是被袁绍征召，后又被曹操征召。建安十三年（公元208年），曹操任丞相后，任命崔琰为东曹掾。建安二十一年（公元216年），崔琰被曹操赐死。此篇为曹操任命崔琰时发的训令。文中赞崔琰有"伯夷之风，史鱼之直"，可为人表率。可见，曹操当时对崔琰的评价是比较高的。

听田畴谢封令 建安十三年

【题解】

《全三国文》中作"让封令"。田畴坚决不受封爵，曹操便下了这道命令。

【原文】

昔伯成弃国①，夏后不夺②，将欲使高尚之士，优贤之主，不止于一世也。其听畴所执。（《魏志·田畴传》注引《魏书》）

【注释】

①伯成弃国：据说，伯成是帝尧时代的诸侯。尧帝把帝位禅让给舜帝，舜帝传给禹帝时，伯成辞了官职去种地了。

②夏后不夺：夏后，指的是夏禹。不夺：没有强迫他改变自己的意愿。

【精要简介】

田畴坚决不接受封爵，曹操便下了这道命令，举"伯成弃国，夏后不夺"的例子，表示贤明的君主和高尚的人不只出现于一个时代，最终成全了田畴的请求，让田畴回乡了。

表刘琮令 建安十三年九月

【题解】

曹操上表对刘琮的褒扬。

【原文】

楚有江、汉山川之险，后服先强①，与秦争衡，荆州则其故地。刘镇南久用其民矣②。身没之后，诸子鼎峙③，虽终难全，犹可引日④。青州刺史琮，心高志洁，智深虑广，轻荣重义，薄利厚德，蔑万里之业⑤，忽三军之众⑥，笃中正之体，敦令名之誉⑦，上耀先君之遗尘⑧，下图不朽之余祚⑨；鲍永之弃并州⑩，窦融之离五郡⑪，未足以喻也。虽封列侯一州之位，犹恨此宠未副其人⑫；而比有笺求还州⑬。监史虽尊⑭，秩禄未优⑮。今听所执⑯，表琮为谏议大夫⑰，参同军事⑱。（《魏志·刘表传》注引《魏武故事》）

【注释】

①后服先强：安定时后归顺，动乱时先叛乱。

②刘镇南：刘表，封镇南将军。

③诸子鼎峙：鼎峙，三足峙立。形容相互对立。刘表宠爱幼子刘琮，将刘琮立为继承人，长子刘琦为江夏太守。刘表死后，刘琦、刘琮对立。

④犹可引日：还可以持续一段时间。

⑤蔑：蔑视。

⑥忽：轻视。

⑦笃，敦：都是看重的意思。

⑧遗尘：遗留的功绩。

⑨余祚：给后世子孙留下的福荫。

⑩鲍永：东汉初年，鲍永原割据于并州，光武帝即位后，他遣散了兵马，

109

归顺光武帝刘秀。

⑪窦融：原本是酒泉、张掖、武威、金城、敦煌五郡的割据首领，后来也归顺光武帝。

⑫宠，副：宠，荣耀。副：相称。

⑬比有笺（jiān）求还州：比，近时。笺：书信。还州：指刘琮要求返回荆州。

⑭监史：刺史。刺史设立于汉武帝时期，是皇帝派遣监察地方的官员，后改为地方长官。

⑮秩禄：官位品级俸禄。

⑯今听所执：如今接受他的要求。

⑰谏议大夫：在朝中任职的谏官，没有实权。

⑱参同军事：参与军事谋划。

【精要简介】

建安十三年（公元208年）九月，曹操进攻荆州，荆州割据势力首领刘表病死，幼子刘琮投降。曹操占领荆州后，收编了荆州的兵马，任刘琮为青州刺史。

刘琮请求回荆州，曹操便借着这个机会，对刘琮明升暗贬，同意刘琮的要求，封他为谏议大夫，参与军事谋划。令中对刘琮多有褒扬，也属于官样文章，并不出自真心。

下荆州书 建安十三年

【题解】

曹操占领荆州后给荀彧写的信里的话。

【原文】

不喜得荆州，喜得蒯异度耳①。（《魏志·刘表传》注引《傅子》）

【注释】

①蒯（kuǎi）异度：蒯越，字异度。他原本是大将军何进的部下，提议何进抓住时机诛杀宦官，何进犹豫不决。他见何进如此，知道何进一定会失败，便投奔了刘表，成了刘表的谋士。刘表死后，他又说服刘琮归降曹操，他也归到曹操的麾下。

【精要简介】

文中说，我现在不仅高兴得到了荆州，而且更高兴得到了蒯越这样的人才。短短两句也可以表示，曹操是一个爱才的人。

为张范下令 建安十三年

【题解】

东汉末年，战乱频发，很多名士自诩清高，不肯接受召聘。曹操想要将他们纳入自己的麾下。当时，北方有一个名士叫邴原，曹操召聘他，他称病不出。而此令则是给张范的，张范也是当时的名士，效仿邴原，曹操下了这

道命令，委婉地批评了他。

【原文】

邴原名高德大①，清规邈世②，魁然而峙③，不为孤用。闻张子颇欲学之④，吾恐造之者富⑤，随之者贫也⑥。（《魏志·邴原传》注引《原别传》）

【注释】

①邴（bǐng）原：今山东临朐（qú）县人。经过曹操的一再争取，邴原最后还是到职了的。邴原先是任东阁祭酒，后来又成了曹丕的长史，曹丕对他待以师傅之礼。建安十九年（公元214年），邴原在跟随曹操南征的途中病死。

②清规邈世：清规，清高的规范。邈世：超脱世俗的样子。

③魁然而峙：魁然，高大杰出的样子。峙：耸立。

④张子：张范。张范最初效仿邴原，不管曹操怎么争取，都不愿意应召。

⑤造，富：造，开创。富：收获大。

⑥随之者贫也：随之者，意思是跟着学的人。贫：引申为没有收获，和上述的"富"对应。

【精要简介】

在本篇令文中，曹操对效仿邴原的张范提出了委婉地批评，文中称"我听说先生想要效仿邴原，我担心开创的人能得到美名，而效仿他的人恐怕会一无所获"。

曹操这篇令表面上是写给张范的，实际上是给当时的"名士阶层"的，毕竟曹操纳才心切，想要将天下名士都收归己用。

与孙权书建安十三年

【题解】

赤壁之战的前后，曹操给孙权写了这两封信。第一封信写于战前，威胁孙权，想让孙权不战而降；第二封信写于战后，为自己的失败找借口。

【原文】

近者奉辞伐罪①，旌麾南指②，刘琮束手③。今治水军八十万众，方与将军会猎于吴。（《吴志·孙权传》注引《江表传》）

赤壁之役④，值有疾病，孤烧船自退，横使周瑜虚获此名⑤。（《吴志·周瑜传》注引《江表传》）

赤壁之困，过云梦泽中⑥，有大雾，遂使失道。（据《太平寰宇记》卷一百四十六引刘澄之《永初山川记》云《魏武帝与吴主书》补）

【注释】

①奉辞伐罪：遵奉皇上的旨意，讨伐有罪的人。

②旌麾：军旗。

③刘琮束手：指的是刘琮未做抵抗就归降了。

④赤壁之役：曹操占领荆州后，孙权、刘备联合抗曹，在赤壁这个地方展开战斗。

⑤周瑜：孙权的都督，赤壁之战的统帅。

⑥云梦泽：在南郡华容县，今湖北潜江市西南方。

【精要简介】

曹操带着北方士兵十五六万、刘表降兵七八万，共计三十万的兵力进攻赤壁，而他给孙权的信中却号称八十万兵力，有恐吓之意，希望孙权知难而退，不战而降。

战败后，曹操又给孙权写了一封信，为自己的失败开脱，称赤壁之战之所以会失败，是因为碰到了疫病，他是烧船自退的，并非周瑜的功劳等。

从这里也可以看出，晚年的曹操是有些刚愎自用的。

宣示孔融罪状令 建安十三年

【题解】

曹操宣示孔融罪状的文章。

【原文】

太中大夫孔融既伏其罪矣①，然世人多采其虚名，少于核实②，见融浮艳③，好作变异，眩其诳诈，不复察其乱俗也。此州人说平原祢衡受传融论④，以为父母与人无亲，譬若瓶器⑤，寄盛其中，又言若遭饥馑，而父不肖⑥，宁赡活余人⑦。融违天反道，败伦乱理，虽肆市朝⑧，犹恨其晚。更以此事列上，宣示诸军将校掾属，皆使闻见。（《魏志·崔琰传》注引《魏氏春秋》）

【注释】

①太中大夫孔融既伏其罪矣：太中大夫，皇上的顾问官。伏其罪：正法。

②少：《全三国文》中作"失"。

③浮艳：指文采浮华艳丽。

④此州人说平原祢（mí）衡受传融论：此州，指豫州。平原：郡名。祢衡：字正平，平原般人，当时的名流，和孔融交好。他曾当面辱骂曹操，曹操把他送到了刘表那里，刘表又把他送到黄祖那里，最后被黄祖所杀。受传融论：接受、宣扬孔融的言论。

⑤瓶器：一种小口大肚子的陶器。

⑥不肖：不成材。

⑦赡：供养。

⑧肆市朝：肆，陈列。市朝：市集。

【精要简介】

孔融是当时的拥汉派，对曹操"挟天子以令诸侯"的做法十分不满，屡次上表反对曹操的各项政策，希望能够恢复天子实权，希望京都周围千里都由朝廷直接管辖，想要以此牵制曹操。

曹操攻下邺城后，曹丕霸占了袁绍的儿媳甄氏，孔融便给曹操写信，说"武王伐纣，以妲己赐周公"，以此讽刺曹操。刚开始时，曹操顾忌孔融的名气，只能一再容忍。后来，曹操忍无可忍时，便于建安十三年（公元208年）处死了孔融。随后，颁布了这篇令文，列举了孔融的各项罪名等。

爵封田畴令 建安十四年

【题解】

建安十二年（公元207年），曹操上表请封田畴为亭侯，食邑五百，被田畴拒绝，曹操也没有勉强田畴。

后来，曹操认为论功行赏政策一定要贯彻执行，于是又下了这道《爵封田畴令》。

【原文】

蓨令田畴①，至节高尚②，遭值州里戎、夏交乱③，引身深山，研精味道④，百姓从之，以成都邑。袁贼之盛，命召不屈⑤。慷慨守志，以徼真主⑥。

及孤奉诏征定河北，遂服幽都⑦，将定胡寇，时加礼命⑧。畴即受署⑨，陈建攻胡蹊路所由⑩，率齐山民，一时向化⑪，开塞导送，供承使役，路近而便，令虏不意⑫。斩蹋顿于白狼⑬，遂长驱于柳城⑭，畴有力焉。

及军入塞⑮，将图其功，表封亭侯，食邑五百，而畴恳恻，前后辞赏⑯。出入三载，历年未赐，此为成一人之高，甚违王典⑰，失之多矣。宜从表封⑱，无久留吾过⑲。（《魏志·田畴传》注引《先贤行状》）

【注释】

①蓨（tiáo）：古县名，今河北省景县南部。田畴刚归顺曹操时，被曹操推举为茂才，任蓨令。实际上田畴一直随军工作，根本没有到任。

②至节：又作"志节"。

③戎夏交乱：戎，指乌桓。夏：指公孙瓒等。在田畴的家乡，乌桓和公孙瓒等人相互作乱，田畴则带着族人躲到山里避难。

④研精味道：研究、体味精神的哲理。

⑤命召不屈：袁绍父子前后五次召聘田畴，田畴都拒绝了。

⑥徼真主：徼，寻求。真主：真命天子。

⑦幽都：幽州。当时，幽州被袁绍次子袁熙统治，最后被曹操征服。

⑧时加礼命：又作"特加礼命"。指特地以礼相召。

⑨受署：接受了任命。

⑩蹊（xī）路：山间的小路。

⑪向化：归顺。

⑫虏：对敌人的蔑称，此处代指乌桓。

⑬蹋顿于白狼：蹋顿，乌桓的首领。白狼：古山名，今辽宁省喀喇沁左翼蒙古自治县东。

⑭柳城：当时乌桓的中心城池。

⑮及军入塞：等到大军成功进入卢龙塞。

⑯前后辞赏：从一开始的表封，田畴就一直推辞。

⑰王典：国家的法制。

⑱宜从表封：应该接受从前的封赏。

⑲无久留吾过：在曹操看来，上一次答应了田畴的谢封，并不是明智的举动，违背了国家的法制。所以，这是自己的过失，一定要加以纠正，不能让过失再继续下去。

【精要简介】

在此篇令文中，曹操表扬了田畴的个人品格和功勋，总结有三点：一是田畴生于乱世，却能够独善其身，没有答应袁绍的多次召聘而等来了明主；

二是田畴的是非观念非常强，曹操征讨乌桓时，田畴带着山民在前方为大军开道，攻其不备，取得了最后的胜利；三是班师后，田畴没有倚仗自己的功劳，而是推辞了封赏。

这些做法，曹操都给予了肯定，但最后话锋一转，又说到论功行赏是国家法制，不能因为个人的名声而损害了国家法制，希望田畴能够接受之前的封赏。

存恤从军吏士家室令建安十四年

【题解】

建安十三年（公元208年）十一月，曹操和孙权、刘备在赤壁决战。大败，又碰上了疫病，兵士死亡较多。建安十四年（公元209年），曹操下令抚恤死亡兵士的家属，提升士气。

【原文】

自顷以来①，军数征行，或遇疫气，吏士死亡不归，家室怨旷②，百姓流离，而仁者岂乐之哉？不得已也。其令死者家无基业不能自存者，县官勿绝廪③，长吏存恤抚循④，以称吾意。（《魏志·武帝纪》）

【注释】

①顷：不久。

②怨旷：指夫妻无法团聚。

③廪（lǐn）：指政府供应的口粮。

④长吏存恤抚循：长吏，长官和一般的官员。存恤抚循：抚恤慰问。

【精要简介】

令文中，曹操表示了对死亡兵士家属的慰问，并颁布了一些措施以保障他们的生活，让地方官吏要保证他们的口粮，要对他们加以抚恤等。这是曹操安定民心、提高士气的一些必不可少的措施，这样对曹操巩固后方、稳定

兵员有很大的辅助作用。也正因为曹操懂得这些措施，才使得统一北方的战争能够顺利进行。

求贤令 建安十五年

【题解】

建安十五年（公元 210 年），曹操下了《求贤令》，主张"唯才是举"。

【原文】

自古受命及中兴之君①，曷尝不得贤人君子与之共治天下者乎②！及其得贤也，曾不出闾巷③，岂幸相遇哉？上之人不求之耳④。今天下尚未定，此特求贤之急时也。"孟公绰为赵、魏老则优，不可以为滕、薛大夫⑤。"若必廉士而后可用，则齐桓其何以霸世⑥！今天下得无有被褐怀玉而钓于渭滨者乎⑦？又得无有盗嫂受金而未遇无知者乎⑧？二三子其佐我明扬仄陋⑨，唯才是举⑩，吾得而用之。（《魏志·武帝纪》）

【注释】

①受命，中兴：受命，古时帝王托神权以巩固自己的统治。中兴：由衰落而重新兴盛。

②曷（hé）尝：哪有。

③曾不出闾巷：曾，往往。闾巷：古时二十五家为一"里"，里门叫"闾"。

④上之人不求之耳：又作"上之人不求之取"。

⑤孟公绰为赵、魏老则优，不可以为滕、薛大夫：孟公绰是鲁国的大夫，赵、魏是晋国贵族赵氏和魏氏。此句的意思是，孟公绰做赵氏、魏氏的家臣是绰绰有余，但他的才能并不足以做滕国、薛国的大夫。

⑥齐桓其何以霸世：齐桓公为春秋五霸之首，他的功业得益于管仲的辅助。管仲虽然有辅国的才能，却不是廉士。若齐桓公非廉士不能任用，他又如何称霸呢？

⑦今天下得无有被褐怀玉而钓于渭滨者乎：被褐怀玉，披着粗布短衣，怀揣宝玉，比喻怀抱出色的才能。钓于渭滨者：传说，姜尚出生卑微，八十岁在河边钓鱼，周文王求得他之后拜他为相。后来，在姜尚的辅佐下，周朝繁荣兴盛。此处指用人不要拘泥于门第。

⑧又得无有盗嫂受金而未遇无知者乎：盗嫂受金，汉朝丞相陈平少时品行不好，曾经私通自己的嫂子，还接受贿赂。无知：魏无知。魏无知把陈平推荐给了刘邦，刘邦说陈平私通嫂子，品行有问题。魏无知则回答：你问的是"行"，我推荐的是"才"。于是，刘邦拜陈平为官，陈平为汉朝立下了不少功劳。

⑨二三子其佐我明扬仄陋：二三子，指的是左右的僚属。明扬仄陋：发现、推举因地位低下而被埋没的人才。

⑩唯才是举：推举人的标准只看中"才"。

【精要简介】

在这篇令文中，曹操以史为鉴，得出"受命及中兴之君"之所以能够成就霸业，是因为"得贤人君子与之共治天下"。所以，曹操强调了"贤人君子"的作用，急迫需要得到贤才。

在此篇令文中，曹操也说出了自己选材的标准，那就是"唯才是举"，只要有才能，不管你之前的品行如何，都可以被举荐。这个标准不仅为曹操吸纳了一批有才干的人，也为曹操统一北方奠定了基础。

让县自明本志令 <small>建安十五年</small>

【题解】

本文作于建安十五年（公元 211 年），当时曹操已经统一了北方，政权也比较稳固。曹操"挟天子以令诸侯"，随着势力不断扩大，和朝内的拥汉派的矛盾也是越来越大。曹操的内敌、外敌都攻击他想要废汉自立的举动，于是曹操发表了此文，申明自己是效忠汉室的。

【原文】

孤始举孝廉①，年少，自以本非岩穴知名之士②，恐为海内人之所见凡愚③，欲为一郡守④，好作政教以建立名誉⑤，使世士明知之；故在济南⑥，始除残去秽⑦，平心选举⑧，违忤诸常侍。以为强豪所忿，恐致家祸，故以病还⑨。

【注释】

①孤始举孝廉：孤，古时王侯的谦称。举孝廉：孝廉属于东汉时期选拔官吏的一种科目，满二十万户的郡国每年可以举荐一名孝顺父母、廉洁端正的人为孝廉，然后由朝廷任命官职。曹操 20 岁的时候就被推举为孝廉了。

②岩穴知名之士：指隐居的名士。历史上，有才之士通常会隐居山林，当政者也会召聘隐士出来做官。汉末时期，这种风气更是兴盛，有些人甚至会借隐居来抬高自己的身价，等待朝中的召聘。

③所见凡愚：被当作平庸无能的人。

④郡守：郡太守，一郡的行政长官。

⑤好作政教：好好振兴政治和教化。

⑥济南：济南国。汉朝时期的封国，和郡并存，地位相等。中平元年（公元 184 年），曹操任济南国相，时年 30 岁。

⑦除残去秽（huì）：除去残秽，代指除去腐朽污浊的势力。

⑧平心选举：公平的选用官吏。

⑨以病还：中平四年（公元187年），曹操被任命为东郡太守，他没有接受，称病回乡了。

【原文】

去官之后，年纪尚少，顾视同岁中①，年有五十，未名为老②，内自图之③，从此却去二十年④，待天下清，乃与同岁中始举者等耳⑤。故以四时归乡里，于谯东五十里筑精舍⑥，欲秋夏读书，冬春射猎，求底下之地⑦，欲以泥水自蔽⑧，绝宾客往来之望，然不能得如意。后征为都尉⑨，迁典军校尉⑩，意遂更欲为国家讨贼立功⑪，欲望封侯作征西将军，然后题墓道言"汉故征西将军曹侯之墓"，此其志也。

【注释】

①顾视同岁：顾视，环顾。同岁：同一年被举为孝廉的人。

②名：称作。

③内自图：自己在心中考虑。

④却去：退去。

⑤始举者：指50岁才被举为孝廉的人。

⑥精舍：学舍。曹操当时打算在乡下读书射猎的地方。

⑦底下之地：地势低下的地方。

⑧以泥水自蔽：把精舍建在泽中，有泥水阻隔，宾客也不便往来，打算就此把自己隐蔽起来。

⑨都尉：郡的最高武官。

⑩典军校尉：掌管近卫军的西园新军八校尉之一。

⑪意遂更：于是便改变了主意。

【原文】

而遭值董卓之难①，兴举义兵。是时合兵能多得耳②，然常自损，不欲多之；所以然者，多兵意盛③，与强敌争，倘更为祸始④。故汴水之战数千⑤，后还到扬州更募，亦复不过三千人，此其本志有限也。

【注释】

①董卓之难：指的是董卓废少帝立献帝，把持朝政，杀戮无辜的事情。

②合兵：纠集士兵，招兵的意思。

③多兵意盛：兵力多了，愿望就大了，就想要和强敌争斗。

④倘更为祸始：倘，也许。祸始：祸乱的开端。

⑤汴水之战：初平元年（公元190年），讨伐董卓的各路军阀各怀私心，相互观望，止步不前。只有曹操带兵西进。当时，曹操的兵马只有几千人，在汴水一带和董卓部将徐荣展开了激战，曹操一方伤亡惨重，曹操自己也被流矢所伤。

【原文】

后领兖州①，破降黄巾三十万众②。又袁术僭号于九江③，下皆称臣，名门曰建号门，衣被皆为天子之制④，两妇预争为皇后。志计已定，人有劝术使遂即帝位，露布天下⑤，答言"曹公尚在，未可也"。后孤讨禽其四将⑥，获其人众，遂使术穷亡解沮⑦，发病而死。及至袁绍据河北⑧，兵势强盛，孤自度势⑨，实不敌之，但计投死为国⑩，以义灭身，足垂于后⑪。幸而破绍，枭其二子⑫。又刘表自以为宗室⑬，包藏奸心，乍前乍却，以观世事⑭，据有当州⑮。孤复定之⑯，遂平天下。身为宰相⑰，人臣之贵已极，意望已过矣⑱。今孤言此，若为自大，欲人言尽，故无讳耳⑲。设使国家无有孤，不知当几人称帝，几人称王。

【注释】

①领兖州：兴平二年（公元195年），曹操被正式任命为兖州牧。

②破降黄巾三十万众：破降，击溃并收降。初平三年（公元192年），黄巾军进攻兖州，杀掉了刺史刘岱。当时曹操身为兖州东郡太守，他接管了兖州的军政大权，带兵镇压黄巾军，收编降军三十多万人，并从中挑选精锐，组成了"青州兵"。

③袁术僭（jiàn）号于九江：袁术是袁绍的堂弟，割据九江，建安二年（公元197年）称帝。僭号：指和统治王朝对立而自己称帝。

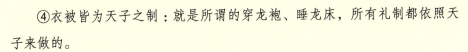

④衣被皆为天子之制：就是所谓的穿龙袍、睡龙床，所有礼制都依照天子来做的。

⑤露布：不加封缄（jiān）的檄文之类的公文。公开宣布的意思。

⑥讨禽其四将：曹操征讨袁术，擒斩了袁术的大将桥蕤（ruí）、李丰、梁纲、乐就等人，袁术实力大损，自此一蹶不振。

⑦穷亡解沮：袁术败亡后，在逃亡途中发病而死，势力彻底瓦解。

⑧袁绍据河北：当时，袁绍是北方最大的割据势力，文中所说的河北指黄河以北。

⑨度势：审时度势，估量双方的势力，评估客观条件。

⑩投死：为国赴死，自愿献出自己的生命。

⑪足垂于后：可以让名声传于后世。

⑫幸而破绍，枭其二子：建安五年（公元200年），官渡之战，曹操打败袁绍，袁绍逃回冀州后病死。袁绍的儿子袁谭、袁尚为了争夺势力，带领残部相互厮杀。曹操逐个击破。

⑬宗室：皇族。

⑭乍前乍却，以观世事：忽进忽退，观望形势。

⑮当州：荆州。

⑯定：平定。

⑰宰相：丞相。东汉时本没有丞相，而是实行三公制度，建安十三年（公元208年），废除了三公制度，恢复了西汉时期的宰相、御史大夫的官职。曹操任职宰相。

⑱意望已过：已经超过了原来的意愿。

⑲今孤言此，若为自大，欲人言尽，故无讳耳：如今我说这些话，看似是自我吹嘘，但为了让别人无话可说，我也只好没有什么可避讳的了。

【原文】

或者人见孤强盛，又性不信天命之事，恐私心相评①，言有不逊之志②，妄相忖度③，每用耿耿④。齐桓、晋文所以垂称至今日者⑤，以其兵势广大，犹

123

能奉事周室也。《论语》云："三分天下有其二，以服事殷，周之德可谓至德矣⑥。"夫能以大事小也⑦。昔乐毅走赵⑧，赵王欲与之图燕⑨。乐毅伏而垂泣⑩，对曰："臣事昭王，犹事大王；臣若获戾⑪，放在他国⑫，没世然后已⑬，不忍谋赵之徒隶，况燕后嗣乎⑭！"胡亥之杀蒙恬也⑮，恬曰："自吾先人及至子孙，积信于秦三世矣⑯；今臣将兵三十余万，其势足以背叛，然自知必死而守义者，不敢辱先人之教以忘先王也。"孤每读此二人书，未尝不怆然流涕也⑰。

【注释】

①私心相评：私自在心里评论。

②不逊之志：不恭顺的打算。指的是曹操政敌说其想要废汉自立的事情。

③妄相忖（cǔn）度：胡乱的猜测。

④每用耿耿：经常因此惴惴不安。

⑤齐桓、晋文，垂称：齐桓、晋文，春秋时期的两个霸主。垂称：流传好的名声。

⑥《论语》云：三分天下有其二，以服事殷，周之德可谓至德矣：孔子赞美周文王，称周文王已经拥有三分之二的天下，却还是尽心侍奉殷朝，周文王可谓是拥有最高品德的人了。

⑦以大事小：强大的诸侯侍奉弱小的天子。

⑧乐毅走赵：乐毅，战国时期燕昭王的大将。燕昭王二十八年（前284年），乐毅率领燕、秦、韩、赵、魏五国占领了齐国的七十余座城池，被封于昌国。燕惠王即位，中了齐国的反间计，罢免了乐毅。乐毅出奔赵国。

⑨图燕：商量攻打燕国的事宜。

⑩伏而垂泣：跪在地上流泪。

⑪获戾：获罪。

⑫放：流放。

⑬没世然后已：到死为止。

⑭燕后嗣：燕王的后代。

⑮胡亥（hài）之杀蒙恬也：胡亥是秦始皇的小儿子，史称二世皇帝。蒙

恬是秦始皇的名将，秦始皇统一六国后，蒙恬带领三十万大军击败了匈奴，收复河南一带，修筑了万里长城。秦始皇死后，丞相李斯和赵高合谋，篡改遗诏，赐死了蒙恬。

⑯积信于秦三世矣：蒙恬的祖父、父亲及蒙恬自己都是秦国的名将。积信：连续三代深受秦王的信任。

⑰怆然：悲伤的样子。

【原文】

孤祖父以至孤身，皆当亲重之任①，可谓见信者矣②，以及子桓兄弟③，过于三世矣。孤非徒对诸君说此也，常以语妻妾④，皆令深知此意。孤谓之言："顾我万年之后⑤，汝曹皆当出嫁⑥，欲令传道我心，使他人皆知之。"孤此言皆肝鬲之要也⑦。所以勤勤恳恳叙心腹者，见周公有《金縢》之书以自明⑧，恐人不信之故。

【注释】

①亲重之任：可以亲近皇帝又比较重要的官职。曹操的祖父曹腾是汉桓帝时期的宦官，封费亭侯；曹操的父亲曹嵩在汉灵帝时期任太尉；曹操则任丞相。

②信：被信任。

③子桓兄弟：曹操的儿子曹丕、曹植等人。

④语：告诉。

⑤万年之后：指去世后。

⑥汝曹皆当出嫁：汝曹，你们。出嫁：改嫁。

⑦肝鬲（gé）之要：肺腑之言。

⑧周公有《金縢》之书以自明：武王姬发病重，他的弟弟周公姬旦写了篇文章向祖先祈祷，请求代姬发而死。这篇文章放在了金縢里。武王去世后，成王姬诵年幼，周公姬旦辅政。政敌污蔑周公要废除成王而自立，周公为了避嫌而定居东都。后来，姬诵发现了周公写的这篇文章，明晓了周公的心意，亲自把周公接了回来。在此处，曹操自比周公。

【原文】

然欲孤便尔委捐所典兵众①，以还执事②，归就武平侯国③，实不可也。何者？诚恐已离兵为人所祸也。既为子孙计，又已败则国家倾危，是以不得慕虚名而处实祸，此所不得为也。前朝恩封三子为侯④，固辞不受，今更欲受之⑤，非欲复以为荣，欲以为外援为万安计。孤闻介推之避晋封，申胥之逃楚赏⑥，未尝不舍书而叹，有以自省也。奉国威灵，仗钺征伐⑦，推弱以克强⑧，处小而禽大⑨，意之所图⑩，动无违事⑪，心之所虑，何向不济⑫，遂荡平天下，不辱主命，可谓天助汉室，非人力也。然封兼四县，食户三万⑬，何德堪之！江湖未静，不可让位；至于邑土⑭，可得而辞。今上还阳夏、柘、苦三县户二万⑮，但食武平万户，且以分损谤议⑯，少减孤之责也⑰。

（《魏志·武帝纪》注引《魏武故事》）

【注释】

①便尔，委捐，典：便尔，就这样。委捐：放弃。典：掌管。

②执事：管事的人员。

③就武平侯国：去封邑武平。曹操被封为武平侯，封邑称国。

④朝恩封三子为侯：朝廷封我的三个儿子为侯（曹植封为平原侯，曹据封为范阳侯，曹要封为饶阳侯），这是朝廷的恩惠。

⑤更欲：改变想法。

⑥申胥：即申包胥。春秋时期楚国的大夫。吴军占领了楚国的都城，申包胥向秦国求救，在秦国的宫廷里哭了七天七夜，最后打动了秦王，派兵救楚。楚王返回都城后要封赏申包胥，但申包胥逃走了。

⑦仗钺征伐：代替天子征伐。

⑧推弱以克强：指挥弱小的军队战胜强大的敌军。

⑨处小而禽大：以小擒大。

⑩意之所图：心里所打算的。

⑪动无违事：做起事来没有不如意的。

⑫济：成功。

⑬封兼四县，食户三万：封地兼有四县，享有三万户人家的租税。

⑭邑土：城邑和土地。

⑮上还阳夏、柘、苦三县户二万：上还，上交。阳夏：古县名，今河南太康。柘：古县名，今河南柘城北。苦：古县名，今河南鹿邑。

⑯分损谤议：减少一些诽谤和议论。

⑰责：责难。

【精要简介】

曹操的这篇文章对于研究曹操思想有着极其重要的作用。

文章详细叙述了曹操的发家历程。文中说，他起初只是要做郡太守，治理好地方就行，却遭受到地方豪强的阻挠，最后辞官归乡。于是，他又想做一个不问世事的普通人，但后来又被征召为典军校尉。再接着，天下大乱，豪强割据，由此他又有了"平定天下"的大志。

文章后半部分又引用了齐桓公、周公等人的例子，反复强调自己没有废汉自立的想法。另外，曹操在文中也表示不会放弃军权，因为放弃军权就等于祸害自己及国家。最后又表示他会以天下为己任。

与韩遂教建安十六年

【题解】

韩遂和马腾都属于凉州一带的割据势力。马腾的儿子马超和韩遂结盟对抗曹操。曹操采取了孤立马超、争取韩遂的策略。建安十四年（公元209年），韩遂派遣部下阎行去见曹操，曹操让阎行带回了这篇文章。教，指的是上对下的训示。

【原文】

谢文约：卿始起兵时，自有所逼，我所具明也①。当早来，共匡辅国朝②。（《魏志·张既传》注引《魏略》）

【注释】

①具：通"俱"，完全。

②国朝：封建时期将本朝称之为国朝。

【精要简介】

这篇训令写的很简明，说韩遂起兵是受人逼迫，这些都是可以谅解的事情。曹操写这篇教的目的很明确，就是鼓励马超、争取韩遂。

文章最后以"共匡辅国朝"结尾，希望韩遂能够及时回头，曹操必定会不计前嫌、委以重任等，这也是争取韩遂的一种手段。

转邴原为五官长史令 建安十六年

【题解】

邴原是当时的名士。建安十六年（公元 211 年），曹丕被任命为五官中郎将，统帅皇帝的侍卫，保护皇城的安全。曹操调遣邴原为五官中郎将府的长史。

【原文】

子弱不才，惧其难正①，贪欲相屈，以匡励之②。虽云利贤③，能不恧恧④！（《魏志·邴原传》注）

【注释】

①惧其难正：恐怕他很难走上正道。

②匡励：纠正和勉励。

③利贤：重用贤能的人。

④恧（nǜ）恧：惭愧。

【精要简介】

曹操写给邴原的文章，意思是我的儿子（曹丕）懦弱无能，恐怕单靠他自己是无法走上正途的，所以希望你能去勉励他。虽然这是出于对你的信任，但这也让我感到有些惭愧。

下令增杜畿秩 建安十六年

【题解】

曹操下令给杜畿增秩，以此作为奖赏。

【原文】

河东大守杜畿，孔子所谓"禹，吾无间然矣①"。增秩中二千石②。（《魏志·杜畿传》）

【注释】

①禹，吾无间然矣：引自《论语·泰伯》，意思是说，对于大禹这个人，我是没有什么可挑剔的。

②中二千石：太守的俸禄原本是二千石，增加为中二千石，也就是增加了二分之一，达到了九卿的标准。

【精要简介】

杜畿，字伯侯。杜畿是荀彧推荐给曹操的。高干反叛后，曹操任命杜畿为河东太守，管辖今豫西、晋西南一带，战略位置比较重要。

杜畿上任后，稳定地方，恢复生产，业绩突出。建安十六年（公元211年），马超、韩遂等十万敌军占据潼关，七月曹操带兵西征，九月打败敌军，平定了关中。在这场战役中，杜畿以自己管辖的物力、人力满足了军粮需求，对战争的胜利有重要贡献。战争胜利后，曹操下令给杜畿增秩，以此作为奖励。

手书与阎行建安十六年

【题解】

阎行是韩遂的部下。建安十四年（公元 209 年），韩遂派遣阎行去见了曹操。曹操上表封阎行为犍为太守，并让他给韩遂带去了一封信。阎行回去后，劝说韩遂归降曹操，并送了韩遂一子作为人质，还把自己的双亲送去许都任职，以表示自己的诚心。建安十六年（公元 211 年），马超、韩遂联合反曹，曹操杀了韩遂的儿子，将阎行的父亲下狱，然后给阎行写了这封信。

【原文】

观文约所为①，使人笑来②。吾前后与之书，无所不说，如此何可复忍！卿父谏议③，自平安也。虽然，牢狱之中，非养亲之处，且又官家亦不能久为人养老也。（《魏志·张既传》注引《魏略》）

【注释】

①文约：韩遂的字。

②笑来：发笑。

③卿父谏议：阎行的父亲阎纪在朝中做谏议大夫。

【精要简介】

在这封信中，曹操表达了两层意思：

一是说韩遂不听劝告，自己已经忍无可忍了，所以决定带兵征讨；二是虽然把阎行的父亲下狱，但目前来说他父亲还是安全的。如果阎行不能当机立断，那么他父亲的性命就难保了。

曹操的这封信没有激烈的用词，但处处都透露出威胁之意，想要以此胁迫阎行反叛韩遂，归降自己。

止省东曹令 建安十七年

【题解】

曹操下的一道保留东曹裁撤西曹的命令。

【原文】

日出于东，月盛于东①，凡人言方②，亦复先东，何以省东曹？（《魏志·毛玠传》）

【注释】

①盛：兴旺，充足。此处引申为极其明亮的意思。

②方：方位。

【精要简介】

曹操任职丞相后，任命毛玠为东曹掾。东曹主管丞相府的人事工作，主管二千石长官的任免。此外，还有西曹。西曹主管丞相府内官员的任免工作。毛玠为人清廉正直，不徇私枉法，为人所忌恨。建安十七年（公元212年），开始精简机构，忌恨毛玠的人乘机报告曹操："旧西曹为上，东曹为次，宜省东曹。"曹操知道其中的缘由，为了表示对毛玠的信任，曹操下了这道命令，保留东曹，裁减了西曹。

文中意思是说，太阳从东方出来，月亮也是在东方更为明亮，人们提到方位，也会首先说东方，为什么要裁撤东曹呢？

与王修书建安十七年

【题解】

曹操给王修的回信。

【原文】

君澡身浴德①，流声本州②，忠能成绩③，为世美谈④，名实相副，过人甚远⑤。孤以心知君，至深至熟，非徒耳目而已也⑥。察观先贤之论⑦，多以盐铁之利，足赡军国之用⑧。昔孤初立司金之官⑨，念非屈君，余无可者⑩。故与君教曰⑪："昔遏父陶正⑫，民赖其器用，及子妫满，建侯于陈；近桑弘羊，位至三公⑬。此君元龟之兆先告者也。"是孤用君之本言⑭也，或恐众人未晓此意。

自是以来，在朝之士，每得一显选⑮，常举君为首，及闻袁军师众贤之议⑯，以为不宜越君。然孤执心将有所底⑰，以军师之职，闲于司金⑱，至于建功，重于军师。孤之精诚⑲，足以达君；君之察孤，足以不疑。但恐旁人浅见，以蠡测海⑳，为蛇画足㉑，将言前后百选㉒，辄不用之，而使此君沈滞冶官㉓。张甲李乙㉔，尚犹先之，此主人意待之不优之效也㉕。孤惧有此空声冒实㉖，淫蛙乱耳㉗。假有斯事㉘，亦庶钟期不失听也㉙；若其无也，过备何害㉚！

昔宣帝察少府萧望之才任宰相㉛，故复出之㉜，令为冯翊㉝。从正卿往，似于左迁。上使侍中宣意曰㉞："君守平原日浅㉟，故复试君三辅㊱，非有所间也㊲。"孤揆先主中宗之意㊳，诚备此事㊴。既君崇勋业以副孤意。公叔文子与臣俱升㊵，独何人哉㊶！（《魏志·王修传》注引《魏略》）

【注释】

①澡身浴德：洗净身体，沐浴在道德中。指自己立身清正，道德高尚。

②流声本州：流声，声名流传。本州：王修家乡青州。

③忠能：忠诚又有才干。

④美谈：赞美。

⑤过人：超过了一般人。

⑥非徒耳目而已也：指我对你的了解非常深刻，并不是耳闻目睹那样表面的了解。

⑦先贤之论：指桑弘等人。

⑧军国之用：把经营盐铁的收益用来供养军队和国家。

⑨初立司金之官：建安十年（公元205年），曹操恢复盐铁官营的财政经济政策，设立了司金中郎将，专管此事。

⑩念非屈君，余无可者：不想让你屈就，但除了你也没有可以担任的人。

⑪教：上对下的训示。

⑫遏父陶正：周武王时期任陶正。陶正主管陶器生产。因为他的功劳，他的儿子妫满被封为陈侯。

⑬近桑弘羊，位至三公。此君元龟之兆先告者也：桑弘羊积极参与盐铁专卖政策的制定，增加了财政收入，巩固了中央集权。昭帝时期，任职御史大夫。元龟之兆：元龟就是长达一尺二寸的大乌龟。古时皇帝出征、任命文武大臣时，都会以元龟壳占卜，以定吉凶。

⑭本言：张溥《汉魏六朝百三家集》本《魏武帝集》作"意"。

⑮在朝之士，每得一显选：在朝做官的人，每得到一个晋升选拔的机会，都会首推王修。

⑯袁军师，众贤：袁军师，袁涣，时任丞相府军师祭酒。众贤：诸君。

⑰执心，底：执心，坚持原来的心思。底：定，不变。

⑱闲：大。

⑲精诚：真诚。

⑳以蠡（lí）测海：蠡，瓠（hù）瓢。形容以短浅的见识猜测别人。

㉑为蛇画足：画蛇添足。比喻做多余的事情。

㉒百选：多次选拔。

㉓沈滞：指做官不顺利，没有升迁。

㉔张甲李乙：泛指某人。

㉕效：证明。

㉖空声：虚而不实的话。

㉗淫蛙：此处指惑乱之声。

㉘斯事：此事。

㉙庶钟期不失听也：庶，希望。钟期：钟子期。失听：听错。

㉚过备何害：多加防备又有什么害处。

㉛宣帝：汉宣帝刘询，他见当时任职少府的萧望之有宰相之才，却先把他派去外地去做官。

㉜出之：将他调出去。

㉝冯翊（yì）：左冯翊。西汉时期，京都长安及附近各县地区划分为三个行政区域：京兆尹、左冯翊、右扶风，相当于郡太守。萧望之原本是少府，官职为正卿，后被调去做了左冯翊，好像是降职。

㉞上：皇帝。

㉟守平原日浅：任平原郡太守的时间比较短。

㊱三辅：京兆尹、左冯翊、右扶风，合称三辅。

㊲间：隔阂。

㊳揆（kuí）先主中宗：揆，揣测。先主：去世的皇帝。中宗：选地刘询死后庙号为中宗。

㊴诚备此事：实在是预备做这样的事情。

㊵公叔文子：春秋时期卫国的大夫公孙拔，把他的家臣推荐为大夫，二人一起上朝。公孙拔死后谥号"贞惠文子"，所以称其为"公孙文子"。

㊶独：反问句中的语气助词。意思是说，公孙文子都可以推荐他的家臣为官，和他一起上朝，他们可以做到，我们难道做不到吗？

【精要简介】

汉武帝时期开始实行盐铁官营，东汉和帝时期取消。建安十年（公元205年），曹操平定冀州，为了保证国家和军队的需用，又恢复了盐铁官营，聘请王修为司空掾，掌管铸造钱币、兵器和农具。建安十七年（公元212年），王修向曹操建议："修闻枳棘之林，无梁柱之质；涓流之水，无洪波之势。是以在职七年，忠说不昭于时，功业不见于事，欣于所受，俯惭不报，未尝不长夜起坐，中饭释餐。何者？力少任重，不堪而惧也。谨贡所议如左"。对曹操委婉地说出自己在职七年还没有得到升迁。曹操看后，回了这封信给他，随后又升他为魏郡太守。

留荀彧表 建安十七年

【题解】

曹操上表把荀彧留在军中。

【原文】

臣闻古之遣将，上设监督之重①，下建副二之任②，所以尊严国命，谋而鲜过者也③。臣今当济江④，奉辞伐罪⑤，宜有大使，肃将王命⑥。文武并用，自古有之。使持节侍中守尚书令万岁亭侯彧⑦，国之望臣⑧，德洽华夏⑨，既停车所次⑩，便宜与臣俱进，宣示国命，威怀丑虏⑪。军礼尚速⑫，不及先请，臣辄留彧⑬，依以为重。（《后汉·荀彧传》）

【注释】

①上设监督之重：帝王派遣大将出征时，往往还会派遣一名重要大臣代表帝王督军。

②副二之任：辅佐的助手。

③尊严国命，谋而鲜过：尊重并严格执行国家的命令，周密谋划而鲜有过错。

④济江：渡江。

⑤奉辞伐罪：奉命讨伐犯罪之人。

⑥肃将：郑重地掌握。

⑦使持节：代指有斩杀两千石以下官员的权利。

⑧望臣：有威望的大臣。

⑨德洽华夏：德行传遍了全国。

⑩车所次：军队驻扎的地方。

⑪威怀丑虏：用威力让敌军归顺。

⑫军礼：军队里的制度。

⑬辄：就。

【精要简介】

建安十七年（公元212年），曹操西征凯旋，依照赞拜不名，入朝不趋，剑履上殿，权威极大。董昭等人谋划着让曹操晋爵魏国公，荀彧上书反对，曹操对此很不满。

同年十月，曹操南征孙权，上表希望荀彧能够到谯郡慰劳军士。荀彧到了之后，曹操又上表，希望荀彧能够留在军中。在进军过程中，荀彧病死。这篇表文的实际目的就是要把荀彧放在自己可以监控的范围内，排除障碍。

让九锡表 建安十八年

【题解】

建安十八年（公元 214 年），汉献帝封曹操为魏公，加九锡。曹操写了此表，表示谦让不受。九锡，帝王尊礼大臣，赐予大臣九种器物，此处的九锡为：车马、礼服、乐舞、朱户（允许把门涂成红色）、纳陛（台阶修到屋檐下）、虎贲三百人、红色弓矢、铁钺、秬鬯。

【原文】

臣功小德薄，忝宠已过①，进爵益土②，非臣所宜；九锡大礼，臣所不称。惶悸征营③，心如炎灼④，归情写实⑤，冀蒙听省⑥。不悟陛下复诏褒诱⑦，喻以伊、周⑧，未见哀许⑨。臣闻事君之道，犯而勿欺⑩；量能处位，计功受爵⑪，苟所不堪⑫，有损无从⑬。加臣待罪上相⑭，民所具瞻⑮，而自过谬⑯，其谓臣何⑰！（《艺文类聚》卷五十三）

【注释】

①忝（tiǎn）宠：犹如皇帝的宠爱。自谦用词。

②进爵益土：提升爵位，增加封地。

③惶悸征营：惶悸，惊慌心跳。征营：惶恐不安。

④心如炎灼：心如火烤般不安。

⑤归情写实：把自己的真情实感写出来。

⑥冀蒙听省：希望能够被陛下听取、考察。

⑦褒诱：嘉奖引导。

⑧喻以伊、周：此处指把曹操比作伊尹、周公般的人物。

⑨未见哀许：指自己的哀求没有被允许。

⑩犯而勿欺：此处指侍奉君主可以谏争而不可隐瞒。

⑪量能处位，计功受爵：估量着自己的能力来做官，估量着自己的功劳来接受封赏。

⑫不堪：不可以，不能够。

⑬有损无从：宁死也不能接受。

⑭待罪上相：待罪，谦词。上相：丞相。

⑮民所具瞻：具，都。瞻：看。

⑯过谬：犯了错误。

⑰其：代词，指老百姓。

【精要简介】

在这份表里，曹操表示了对九锡之命的谦让，说自己功劳很小、德行浅薄，这种封赏不是自己应该得到的；又说，把自己的真实想法报告上来，希望皇帝可以听取，谁知陛下又把我比作周公、伊尹，而未理会我的哀求；最后又说，不能胜任的封赏，死也不会接受，况且自己作为丞相，百姓都看着我，我怎能犯错呢？

此篇文章和其他文章一样，写得洒脱简洁。

辞九锡令 建安十八年

【题解】

和上文一样，曹操拒绝接受九锡的封赏。

【原文】

夫受九锡，广开土宇①，周公其人也。汉之异姓八王者②，与高祖俱起布衣③，创定王业，其功至大，吾何可比之？（《魏志·武帝纪》注引《魏书》）

【注释】

①土宇：指的是国土。

②汉之异姓八王者：汉高祖刘邦封赏了除刘姓以外的八王。

③布衣：平民。汉高祖刘邦出身平民。

【精要简介】

汉献帝在策命中说："魏国置丞相已下群卿百寮，皆如汉初诸侯王之制"；曹操上表说："西汉时期受封的八个异姓王侯都是和汉高祖一起从平民起兵的，战功赫赫，我是没有办法和他们相提并论的。"

曹操此篇也是推辞九锡的封赏。

上书谢策命魏公 建安十八年

【题解】

曹操上书谢策命魏公，接受了策命。

【原文】

臣蒙先帝厚恩，致位郎署①，受性疲怠，意望毕足，非敢希望高位，庶几显达②。会董卓作乱，义当死难，故敢奋身出命，摧锋率众，遂值千载之运③，奉役目下④。当二袁炎沸侵侮之际⑤，陛下与臣寒心同忧，顾瞻京师，进受猛敌，常恐君臣俱陷虎口，诚不自意能全首领⑥。赖祖宗灵佑，丑类夷灭，得使微臣窃名其间。陛下加恩，授以上相，封爵宠禄，丰大弘厚，生平之愿，实不望也。口与心计，幸且待罪，保持列侯，遗付子孙，自托圣世，永无忧责。不意陛下乃发盛意，开国备锡，以贶愚臣⑦，地比齐、鲁⑧，礼同藩王⑨，非臣无功所宜膺据⑩。归情上闻，不蒙听许，严诏切至，诚使臣心俯仰逼迫⑪。伏自惟省，列在大臣，命制王室，身非己有，岂敢自私，遂其愚意，亦将黜退，令就初服⑫。今奉疆土，备数藩翰⑬，非敢远期，虑有后世；至于父子，相誓终身，灰躯尽命，报塞厚恩。天威在颜⑭，惊惧受诏。（《魏志·武帝纪》注引《魏略》）

【注释】

①郎署：议郎官署。曹操 26 岁时被任命为议郎。

②庶几：副词，表示期望或可能。

③值千载之运：遇到了千载难逢的机会。

④奉役目下：侍奉皇帝到现在。

⑤二袁炎沸：二袁，袁绍、袁术。炎沸：炎，焚烧，代指烈火。沸：封腾，指沸水。

⑥首领：头颅。

⑦贶（kuàng）：赏赐。

⑧齐、鲁：周武王封吕尚于齐，周成王封周公旦的长子伯禽为鲁侯。

⑨藩王：封建时期，会给诸侯王分封一定的土地作为属国，让其作为王朝的屏障。

⑩膺（yīng）据：膺，接受。据：占有。

⑪心俯仰逼迫：指内心上下为难。

⑫初服：做官之前的衣服。此处指撤掉官职，贬为平民。

⑬藩翰：屏障、支柱。

⑭天威在颜：面对天子的威严。

【精要简介】

曹操在此篇中回顾了自己从议郎做起，慢慢在军中崭露头角，征讨董卓，灭掉袁绍、袁术，奉天子之命，南征北战。

随后又说，献帝给其封国的称号，受九锡的大礼，觉得自己受之有愧，并发誓一生效忠国家，以此报答皇帝的厚恩。在一再谦让后，曹操表示接受了策命。

下州郡建安十八年

【题解】

曹操为表扬杜畿而往各州郡发的通报。

【原文】

昔仲尼之于颜子①，每言不能不叹②，既情爱发中，又宜率马以骥③。今吾亦冀众人仰高山，慕景行也④。（《魏志·杜畿传》注引《杜氏新书》）

【注释】

①颜子：颜回，也称颜渊，孔子的学生。

②叹：赞美。

③率马以骥：从马群里挑选良马领头。比喻要从人群中找出一个贤人做表率。

④仰高山，慕景行：出自《诗经·小雅·车辖》，意思是要像仰望高山一样仰望德行高的人，效仿高尚的行为。

【精要简介】

在这个通报中，曹操表扬了杜畿的人品，说他不畏权贵、不结党营私等，想要把他树立为典型，号召人们要学习杜畿的精神，抵制不良风气。

以杜畿为尚书仍镇河东令 建安十八年

【题解】

曹操建立了魏国，任命杜畿为尚书。不过杜畿所在的河东郡地理位置比较重要，所以杜畿任职尚书后，曹操仍然让他治理河东郡。

【原文】

昔萧何定关中①，寇恂平河内②，卿有其功③。间将授卿以纳言之职④，顾念河东，吾股肱郡⑤，充实之所⑥，足以制天下，故且烦卿卧镇之⑦。（《魏志·杜畿传》）

【注释】

①萧何定关中：楚汉相争时，萧何辅佐刘邦，长期在关中留守，让刘邦没有后顾之忧，并为士兵输送粮饷，支援前线。

②寇恂平河内：东汉刘秀占领河内后，任命寇恂为太守。在寇恂的治理下，境内的农民起义军被镇压。此外，寇恂也特别注重发展生产，为刘秀的军队输送粮饷。

③卿有其功：卿，古代君主对大臣的称谓。其：代指萧何、寇恂。

④间，纳言：间，近来。纳言：古时掌管传达天子命令的官名，后来将尚书称为纳言。

⑤股肱：大腿和胳膊，在这里比喻河东郡的重要性。

⑥充实：富足、殷实。

⑦卧镇：汉武帝时期，汲黯任职东海太守，虽然经常生病，但他把该地治理得非常好。汉武帝征召他为淮阳太守，他称病推辞。汉武帝说："我只想要借重你的威望，你可以躺着治理淮阳。"曹操用这个例子来比喻他借重杜畿的威望来镇守河东。

【精要简介】

河东郡的位置极其重要，是西北地区的屏障。建安十六年（公元211年），曹操率军征讨韩遂、马超等人时，军粮都是依靠杜畿所在的河东郡提供，曹操将杜畿比喻成西汉时期的萧何、东汉的寇恂，对其委以重任。

文中表示，虽然要授予杜畿尚书的职务，但因为河东郡的位置比较重要，凭着它可以制服天下。所以河东郡还是要交给杜畿来治理，希望杜畿能够继续镇守。

议复肉刑令 建安十八年

【题解】

汉文帝刘恒废除了三种肉刑：墨（脸上刺字）、劓（yì）（割鼻子）、刖（yuè）（截掉脚趾），并以打背三百下代替劓刑，打背五百下代替刖刑。在曹操看来，把人打死或打残，还不如恢复肉刑。于是，曹操建立魏国后，便开始商议这个问题，最后讨论的结果是没有恢复。

【原文】

安得通理君子达于古今者，使平斯事乎①！昔陈鸿胪以为死刑可有加于仁恩者②，正谓此也。御史中丞能申其父之论乎③！（《魏志·陈群传》）

【注释】

①平：通"评"，评论。

②陈鸿胪（lú）：陈群的父亲陈纪，曾经任职大鸿胪。陈纪所说的"死刑可有加于仁恩者"，指的是汉文帝废除肉刑被称为"仁恩"。

③御史中丞：御史台的首长。此处指陈群。

【精要简介】

在陈群看来，笞刑听起来轻而实则很重。听起来很轻，会让百姓更容易犯法；不如实施听起来比较重的刑罚，让百姓望而生畏，减少犯罪。

不过，当时曹操刚建立魏国，要稳定人心，如果恢复了肉刑，很有可能使人闻风而去，不利于曹操的统治。最后讨论的结果是曹操没有恢复肉刑。虽然肉刑的说法有些道理，但是不合时宜。

曹操最后的决定也说明了曹操是一个从实际情况出发考虑问题的人。

杨阜让爵报 建安十九年

【题解】

建安十八年（公元213年），杨阜是凉州刺史韦康的参军，马超带兵侵扰陇右各郡县，杨阜坚守冀城八个月。后来，韦康开门迎降，杨阜则前往历城请求抚夷将军姜叙出兵支援，随后又和冀城的将士联合，在马超出城的途中阻击，最后把马超打败了。建安十九年（公元214年），曹操论功行赏，封杨阜为列侯，杨阜不受。这是曹操给杨阜的复信。

【原文】

君与群贤共建大功，西土之人①，以为美谈。子贡辞赏②，仲尼谓之止善③，君其剖心以顺国命。姜叙之母④，劝叙早发，明智乃尔，虽杨敞之妻⑤，盖不过此，贤哉，贤哉！良史纪录，必不坠于地矣⑥。(《魏志·杨阜传》)

【注释】

①西土：陇右地区。

②子贡辞赏：子贡，孔子的弟子。鲁国法律规定，鲁国人从诸侯国赎回奴隶后，可以去领钱，子贡虽然赎回了奴隶，但并没有去领报酬。

③止善：阻止为善。《淮南子·道应训》中："孔子曰：赐失之矣。夫圣人之举事也，可以移风易俗，而受教顺，可施后世，非独以适身之行也。今国之富者寡而贫者众，赎而受金，则为不廉，不受金，则不复赎人；自今以来，鲁人不复赎人于诸侯矣"。

④姜叙：杨阜的亲戚，时任抚夷将军，守在历城。杨阜前去求援，姜叙

的母亲叮嘱姜叙要早日发兵。

　　⑤杨敞之妻：杨敞的妻子是司马迁的女儿。大将军霍光废除昌邑王后，让大司农田延年告知杨敞，杨敞不知道该怎么办，杨敞的妻子便代他回复，说杨敞会奉行大将军的号令。

　　⑥坠于地：指被埋没于地下。

【精要简介】

　　此文是对杨阜平定陇右之功的肯定。杨阜不肯接受封赏，曹操便以"子贡让辞"的故事劝说杨阜，希望他能够接受赏赐。又举了姜叙母亲的例子，并对这种行为大加赞赏。最后还说，这些事情必定会被史官记载，不会被时间埋没的。

戒子植 建安十九年

【题解】

　　建安十九年（公元 214 年），曹操带兵征讨孙权，让他的第三个儿子曹植在魏国都城邺城留守，曹操临行前对曹植说了这些话。

【原文】

　　吾昔为顿丘令①，年二十三。思此时所行，无悔于今。今汝年亦二十三矣，可不勉欤！（《魏志·陈思王植传》，又《太平御览》四百五十九引《曹植别传》）

【注释】

　　①顿丘：县名，今河南清丰西南。

【精要简介】

　　本文的大概意思是，我任职顿丘令的时候，年仅 23 岁。现在回想起来当时的所作所为，也没有什么可后悔的。而今你也 23 岁了，一定要努力上进呀！

这是曹操用自己年轻时候的事情勉励曹植，希望曹植能够积极上进，不要浪费大好时光。从这里也可以看出，曹操对他这个儿子是寄予厚望的。

敕有司取士勿废偏短令 建安十九年

【题解】

曹操命令各部门选拔人才的命令。

【原文】

夫有行之士，未必能进取，进取之士，未必能有行也。陈平岂笃行，苏秦岂守信邪①？而陈平定汉业，苏秦济弱燕。由此言之，士有偏短，庸可废乎②！有司明思此义，则士无遗滞③，官无废业矣④。（《魏志·武帝纪》）

【注释】

①苏秦岂守信邪：苏秦，战国时期的纵横家，游说六国联合抗秦。

②庸：难道。

③遗滞：丢弃，遗落。

④废业：旷废的工作。

【精要简介】

本文称得上是曹操颁布的第二个求贤令，中心为"取士勿废偏短"，选才不要求求全责备。有德行的人，不一定可以建功立业；能建功立业的人，不一定有德行。随后他还举了陈平、苏秦的例子，希望自己的属下能够明白，把真正的有才之人选拔上来，而不要拘泥于德行的高低。

这些举措也和曹操"唯才是举"的主张相契合，否定了"惟德行论"，而比较看重真正的"才"。

选军中典狱令建安十九年

【题解】

这篇是曹操主张用人得当，为事择人而发布的政令。

【原文】

夫刑，百姓之命也。而军中典狱者或非其人①，而任以三军死生之事②，吾甚惧之。其选明达法理者，使持典刑。（《魏志·武帝纪》）

【注释】

①典狱，非其人：典狱，主管刑狱。非其人：不是适宜的人。

②三军：全军。古时军队分为上、中、下三军。

【精要简介】

曹操颁布这道命令的时候，中国北方已经完成了统一。这篇文的目的是进一步巩固军中法治，提高军队战斗力。

从本文可以看出，曹操是比较看重刑法的，认为刑法是关系众人性命的事情，要让精通法律的人掌管。他还主张执法一定要严明，以此保证刑法的严肃性。

以高柔为理曹掾令 建安十九年

【题解】

建安十九年（公元 214 年），丞相府设置了理曹，曹操任命高柔为理曹掾。

【原文】

夫治定之化①，以礼为首；拨乱之政，以刑为先。是以舜流四凶族②，皋陶作士③；汉祖除秦苛法④，萧何定律⑤。掾清识平当⑥，明于宪典，勉恤之哉⑦！（《魏志·高柔传》）

【注释】

①治定之化：国家安定时期的教化。

②舜流四凶族：相传，舜帝曾经把鲧（gǔn）、共工、驩（huān）兜、三苗分别流放或者处死。

③皋陶作士：皋陶，舜帝时期主掌刑法。作士：做执法官。

④汉祖除秦苛法：秦朝律法比较严苛，汉高祖刘邦废除了秦朝律法，公布约法三章。

⑤萧何定律：萧何是汉高祖时期的丞相，改造了秦律，制定了汉律九章。

⑥掾清识平当：掾，指新任的理曹掾高柔。清识平当：见识清明，公允正直。

⑦勉恤：努力，体恤。

【精要简介】

高柔是袁绍外甥高干的堂弟，归降曹操后，曹操开始因为他的身份而对他闲置不用，后来考察了他的才华后，任命他为邗令吏。又因为高柔政绩突出，被曹操提拔为理曹掾。

文中曹操用"皋陶作士，萧何定律"等来说明刑狱之官的重要性，也表达了曹操对高柔的赏识，这也符合曹操"唯才是举"的选才策略。

假为献帝策收伏后建安十九年

【题解】

建安五年（公元200年），皇后伏寿给她的父亲伏完送了一封密信，要伏完想办法除掉曹操。建安十九年（公元214年），伏完已经去世五年了，曹操知道了这个秘密，便逼着汉献帝废黜了伏后，并将她拘禁。

【原文】

皇后寿，得由卑贱①，登显尊极，自处椒房②，二纪于兹③。既无任、姒徽音之美④，又乏谨身养己之福；而阴怀妒害，苞藏祸心，弗可以承天命、奉祖宗。今使御史大夫郗虑持节策诏⑤，其上皇后玺绶⑥，退避中宫⑦，迁于它馆。呜呼伤哉！自寿取之！未至于理，为幸多焉⑧。（《后汉书·献帝伏皇后纪》）

【注释】

①得由卑贱：指出身卑贱。

②椒房：皇后的住所，用花椒和泥涂墙。

③纪：古时以十二年为一纪。

④既无任、姒徽音之美：任，指周文王的母亲。姒：指周文王的妻子。人们宣扬太任、太姒为德性完美的后妃。

⑤持节：符节。古时候使者拿着它作为凭证。

⑥玺绶：玺，帝王的印。绶：印纽上的丝带。

⑦中宫：皇后的居所。

⑧未至于理，为幸多焉：没有依法治罪，已经是幸运的事了。

建安十九年（公元 214 年）十一月，汉献帝的皇后伏寿被废黜。理由是，当初伏后给自己的父亲写信，信里写了曹操逼迫汉献帝的种种罪行，希望父亲伏完能够秘密将曹操铲除。这件事情曝光后，曹操命令御史大夫郗虑拿着符节和策书进入皇宫，没收了伏后的印玺，并逮捕了伏后。

没多久，伏后在幽禁中死去，她生的两个皇子也被毒杀，伏氏族人一百多人被杀。虽然事后曹操发布了这篇文章，将伏后的罪行公之于众，但很难让人信服。因为此时距离伏完去世已经有五年的时间，在这五年时间里，伏后为何不将这封密信销毁呢？显然是曹操有意为之。

有人猜测，曹操此举是为了进一步控制汉献帝，为将来做准备。伏后死后的两个月，曹操逼着汉献帝立了自己的女儿曹节为后。

春祠令 建安二十一年

【题解】

春祠，就是春祭。曹操平定汉中后，建安二十一年（公元 216 年）二月返回邺城，在宗庙祭祀、庆功，然后发布了这项命令。

【原文】

议者以为祠庙上殿当解履①。吾受锡命②，带剑不解履上殿，今有事于庙而解履，是尊先公而替王命，敬父祖而简君主，故吾不敢解履上殿也。又临祭就洗③，以手拟水而不盥。夫盥以洁为敬，未闻拟而不盥之礼，且"祭神如神在④"，故吾亲受水而盥也。又降神礼讫，下阶就幕而立⑤，须奏乐毕竟，似若不衎（kàn）。烈祖⑥，迟祭不速讫也，故吾坐俟乐阕送神乃起也⑦。受胙纳袖⑧，以授侍中，此为敬恭不终实也⑨。古者亲执祭事，故吾亲纳于袖，终抱而归也。仲尼曰："虽违众，吾从下⑩"，诚哉斯言也⑪。（《魏志·武帝纪》注引《魏书》。又《文馆词林》六百九十五）

【注释】

①解履：脱鞋。古时席地而坐，入室、上殿都要脱鞋。建安十七年（公元 212 年），汉献帝允许曹操可以佩剑、穿鞋上殿。

②锡命：帝王的命令。

③就洗：洗，古时盥（guàn）洗使用的青铜器皿，形状像浅盆。此处指浇水洗手。

④祭神如神在：出自《论语·八佾》："祭如在，祭神如神在。"意思是，孔子祭祀祖先的时候，就好比祖先真的在那里；祭神的时候，就好比神明真的在那里。

⑤幕：又作"坐"。

⑥烈祖：对祖先的敬词。

⑦俟乐阕送神：等待乐章奏完送神曲。

⑧胙（zuò）：祭祀用的肉。

⑨终实：自始至终都诚心诚意。

⑩虽违众，吾从下：出自《论语·子罕》："拜下，礼也；今拜乎上，泰也。虽违众。吾从下。"意思为，在孔子看来，臣子拜见君主，要先在堂下磕头，然后再去堂上磕头，是合乎礼法的。而今只是在堂上磕头，是倨傲的表现。虽然和大家不一样，但我还是主张要在堂下磕头。

⑪诚哉斯言：这话说得实在是对呀。

【精要简介】

在这篇文章中，曹操批评了一些旧礼节：上殿要脱鞋；祭祀之前要模仿洗手的样子，但不是真的洗手；降神礼结束后，主祭人还要走下台站着，等待乐章结束；祭祀结束后，还要把祭肉放在衣袖里。曹操对于上述礼节很是不理解，并且提出了自己的一些看法，主张改革旧时的祭祀礼仪。从这里也可以看出，曹操是一个务实之人，并有创新精神。

与和洽辩毛玠谤毁令 建安二十一年

【题解】

曹操平定荆州后，毛玠（jiè）是丞相府掾属，是曹操的重要谋士之一。曹操于建安二十一年（公元216年），逼迫谋士崔琰自杀，这让毛玠很是不满。有人告发毛玠私见犯人的妻子，并说"使天不雨者盖此也"，让曹操非常生气，将毛玠下狱。和洽为毛玠申辩，建议曹操要核查案情。曹操不听，便下了这道命令。

【原文】

今言事者白玠不但谤吾也，乃复为崔琰触望①。此损君臣恩义，妄为死友怨叹，殆不可忍也。昔萧、曹与高祖并起微贱②，致功立勋，高祖每在屈笮③，二相恭顺，臣道益彰④，所以祚及后世也⑤。和侍中比求实之⑥，所以不听，欲重参之耳⑦。（《魏志·和洽传》）

【注释】

①触（jué）望：怨恨，不满意。

②萧、曹与高祖并起微贱：萧、曹，萧何、曹参，都是丞相。并起微贱：都是出身微贱。

③屈笮（zé）：困迫。

④益彰：更加显著。

⑤祚：福。

⑥比求实之：接连请求要核实这件事。

⑦参：弹劾。

【精要简介】

在这篇文章中，曹操说："有人揭发毛玠不仅诽谤我，还不满我赐死崔琰。"这对君臣之间的恩义大有损害，是无法容忍的。随后他还列举了萧何、曹参辅助汉高祖的事情，以此委婉地表示，希望和洽能够协助自己、进受魏王等，而不是帮助反对自己的人。

最后曹操还说，凡是对自己进受魏王有异议的人，一定会严惩不贷。

举贤勿拘品行令 建安二十二年

【题解】

这是继《求贤令》《敕有司取士毋废偏短令》之后曹操所发布的第三道求贤令。

【原文】

昔伊挚、傅说出于贱人①，管仲②，桓公贼也③，皆用之以兴。萧何、曹参④，县吏也，韩信、陈平负污辱之名⑤，有见笑之耻，卒能成就王业，声著千载。吴起贪将⑥，杀妻自信，散金求官，母死不归，然在魏，秦人不敢东向，在楚则三晋不敢南谋⑦。今天下得无有至德之人放在民间，及果勇不顾，临敌力战；若文俗之吏⑧，高才异质，或堪为将守；负污辱之名，见笑之行，或不仁不孝而有治国用兵之术：其各举所知，勿有所遗。（《魏志·武帝纪》注引《魏书》）

【注释】

①伊挚、傅说：二人都是奴隶出身。伊挚，就是伊尹，辅佐商汤灭掉了夏朝、建立商朝。傅说：商王武丁任命他为相。

②管仲：春秋时期的政治家。管仲原先追随齐桓公的兄长公子纠，还曾差点射死齐桓公。但齐桓公即位后，不计前嫌，重任管仲。

③贼：对敌人的蔑称。此句指管仲曾经是齐桓公的敌人。

④萧何、曹参：汉初时期的丞相，都是县吏出身。

⑤韩信、陈平：韩信，汉初的大将，少年落魄，曾受胯下之辱。陈平：

汉初的丞相，相传他收受贿赂，还私通嫂子。

⑥吴起：战国初期的卫国人。鲁国国君想要任命他为将，但因为他的妻子是齐国人，鲁国国君对此有些迟疑。于是，吴起杀掉了妻子，做了鲁国大将，打败了齐国。吴起年轻时曾立誓，不做卿相不还乡，所以他母亲去世的时候，他也没有回来。吴起这么多污点，还是先后辅佐鲁国、魏国、楚国，立下了很大的功勋。

⑦三晋不敢南谋：三晋，魏、赵、韩原本是晋国的三家世卿，后来各自立国，所以称为三晋。南谋：吴起做楚相，魏、赵、韩三国不敢侵犯。

⑧文俗之吏：从事普通文墨工作的官吏。

【精要简介】

在本篇令文中，曹操举了八个创下不朽功绩的人物。他们有的出身奴隶，有的背负污名，但因为他们得到了各自君主的信任，让他们充分发挥自己的才能，所以做出了一定的贡献。

对于这些历史人物，曹操是比较肯定的，也符合他"唯才是举"的用人原则。凭着这样的用人原则，曹操选拔了一批有才干的人，并给予他们充分的信任，委以重任，让他们在曹操的统一大业中发挥了重要的作用。

曹植私出开司马门下令 建安二十二年

【题解】

曹植是曹操的第三个儿子，有一次，曹植在洛阳乘车行驰御街，开司马门出，严重违反了禁令。为此，曹操处死了公车令，又下了这道命令。

【原文】

始者谓子建，儿中最可定大事①。（《魏志·陈思王植传》注引《魏武故事》）

自临菑侯植私出，开司马门至金门②，令吾异目视此儿矣③。（同上）

【注释】

①定大事：曹植本来是比较受曹操宠爱的，甚至有立他为太子的意思。

②金门：洛阳王宫宫墙的门。

③异目视此儿：自此之后，我要另眼看待这个儿子了。

【精要简介】

曹植原本是最受曹操宠爱的，可自从这件事情后，曹植慢慢失去了曹操的宠爱。

又下诸侯长史令 建安二十二年

【题解】

诸侯长史，是曹操封侯诸子的府中总管。因为曹植私开司马门的事情，曹操下令诸侯府的长史，要加强对儿子们的管束，要多加注意。

【原文】

诸侯长史及帐下吏，知吾出，辄将诸侯行意否①。从子建私开司马门来，吾都不复信诸侯也。恐吾适出，便复私出，故摄将行②，不可恒使吾以谁为心腹也③。（《魏志·陈思王植传》注引《魏武故事》）

【注释】

①将诸侯行意：带领诸侯同行。

②摄：拉。

③不可恒使吾以谁为心腹也：经常感觉自己很难得到心腹。

【精要简介】

本令是紧跟《曹植私开司马门下令》之后。意思是，曹操询问各诸侯府的长史，是否知道每次出行都要带着诸侯的用意？自从曹植私开司马门之后，他都不敢再信任诸侯了。唯恐在他外出的时候，他们又私自惹出什么祸端来。

最后，曹操又表示，希望各长史能够多加管束，带着他们同行。

立太子令 建安二十二年

【题解】

曹操册立太子的命令。

【原文】

告子文①：汝等悉为侯，而子桓独不封②，而为五官中郎将③，此是太子可知矣。（《太平御览》二百四十一引《魏武令》）

【注释】

①子文：曹操的儿子曹彰的字。

②子桓：曹操的儿子曹丕的字。

③五官中郎将：统领皇城侍卫，保护皇城和皇帝的安全。

【精要简介】

曹操告诉曹彰：你们都已经封侯了，而独独子恒没有封侯，只是依然担任五官中郎将，这是因为要册立他为太子。

赠给灾民令 建安二十三年

【题解】

建安二十二年（公元 217 年）冬，黄河流域发生了疫病，曹操下令救济灾民。

【原文】

去冬天降疫疠，民有凋伤，军兴于外，恳田损少，吾甚忧之。其令吏民男女：女年七十已上无夫子①，若年十二已下无父母兄弟，及目无所见，手不能作，足不能行，而无妻子父兄产业者，廪食终身②。幼者至十二止。贫穷不能自赡者，随口给贷③。老耄须待养者④，年九十已上，复不事家一人⑤。（《魏志·武帝纪》注引《魏书》）

【注释】

①已：通"以"。

②廪食：由官府提供口粮。

③随口给贷：根据人口数量贷给粮食。

④老耄：八十岁称为耄。此处泛指老人。

⑤复不事家一人：复不事，免除徭役。家一人：一家一个人。

【精要简介】

曹操颁布的赈灾的命令。命令中说：去年天降疫病，百姓有所死伤，而军士又在外面作战，供开垦的田地也比较少，我很忧心。如今命令各地官吏和百姓：女性七十岁以上而没有丈夫儿子的，或者是十二岁以下没有父母兄

弟的，以及眼睛看不见的，手脚无法劳动走路的，又没有妻子兄弟产业的，官府要给他们口粮。年龄小的要供养到十二岁，因为贫穷而无法生活的，可以根据人口数量贷给他们粮食。老年人离不开人，如果家里有九十岁以上老人的，一家可以免除一个人的徭役。

终令 建安二十三年

【题解】

曹操为安排自己的墓葬所下的令。

【原文】

古之葬者，必居瘠薄之地。其规西门豹祠西原上为寿陵①，因高为基，不封不树②。《周礼》③，冢人掌公墓之地④，凡诸侯居左右以前，卿大夫居后，汉制亦谓之陪陵⑤。其公卿大臣列将有功者，宜陪寿陵，其广为兆域⑥，使足相容⑦。（《魏志·武帝纪》）

【注释】

①规西门豹祠西原上为寿陵：规，规划。西门豹：战国时期的魏国人，他生前兴修水利，发展生产，死后人们为他立祠纪念。原：广阔平坦而地势高的土地。寿陵：帝王生前建造的墓地。

②不封不树：不堆土，不种树。

③《周礼》：叙述周制的书。

④冢（zhǒng）人：周朝掌管墓葬的官员。

⑤陪陵：把功臣的坟墓葬在帝王陵墓的旁边，称为陪陵。

⑥兆域：墓地的范围。

⑦使足相容：让它能够容纳得下。

【精要简介】

文中说：古时的墓葬必须要安置在瘠薄的土地上。如今计划在邺县西门豹祠西边的高地上作为寿陵，根据原先的高度建造，不堆土，不种树。根据《周礼》，冢人掌管国家墓地，诸侯葬在帝王的左右，卿大夫葬在后面，这是陪陵。

凡是有功之臣，死后都应该陪陵。所以一定要扩大墓地的范围，使它可以容纳得下。

与太尉杨彪书 建安二十四年

【题解】

建安二十四（公元219年）年，曹操杀了杨修，并写了一封信给杨修的父亲杨彪，还送去了一些礼物，以示慰问。

【原文】

操白：与足下同海内大义①，足下不遗②，以贤子见辅。比中国虽靖③，方外未夷④，今军征事大，百姓骚扰。吾制钟鼓之音⑤，主簿宜守⑥。而足下贤子，恃豪父之势，每不与吾同怀⑦，即欲直绳⑧，顾颇恨恨。谓其能改，遂转宽舒，复即宥贷，将延足下尊门大累⑨，便令刑之⑩。念卿父息之情⑪，同此悼楚⑫，亦未必非幸也。今赠足下锦裘二领，八节银角桃杖一枚⑬，青氈床褥三具，官绢五百匹，钱六十万，画轮四望通幰七香车一乘⑭，青牸牛二头，八百里骅骝马一匹，赤戎金装鞍辔十副⑮，铃铛一具⑯，驱使二人，并遗足下贵室错彩罗縠裘一领⑰，织成靴一量⑱，有心青衣二人⑲，长奉左右⑳。所奉虽薄，以表吾意。足下便当慨然承纳，不致往返㉑。（《古文苑》，又略见《书钞》一百三十三、一百三十四，《太平御览》三百四十一、四百七十八、又七百七十三）

【注释】

①足下：对同辈和地位相当的人的敬称。

②遗：放弃。

③比，靖：比，近来。靖：安定。

④方外：周围的边境。

⑤钟鼓之音：指军队的号令。

⑥主簿：负责文书、掌管印鉴的官员。杨修任丞相府的主簿。

⑦同怀：同心。

⑧直绳：指用法纪纠正人的过错。

⑨延足下尊门大累：延，牵连。尊门：对别人家庭的敬称。累：忧患祸害。此句意思是，如果再宽宥他，恐怕会连累你全家跟着遭受大难的。

⑩刑：处决。

⑪父息：父子。

⑫悼楚：悲伤痛苦。

⑬八节银角桃杖一枚：用银镶角的八节桃竹杖。

⑭画轮四望通幰（xiǎn）七香车：彩绘的车轮，车子四面有窗，可以向外眺望。车上挂着一色的窗帷，车子是用各种香木做成的。

⑮赤戎金装鞍辔（pèi）：用红绒和金属装饰的鞍辔。

⑯铃眊（mào）：缀着铃铛的用毛羽结成的装饰品。

⑰遗，贵室：遗，赠送。贵室：对别人妻子的敬称。

⑱一量：一双。

⑲有心青衣：细心的侍女。

⑳长奉：赠送的礼物。

㉑往返：指将礼物送来送去，让办事人员来回跑。

【精要简介】

杨修是个有才之人，和曹植的关系不错。有一种说法是曹操杀杨修是因为杨修总能猜透他的心思，其实不然。

《三国志·陈思王植传》中谓其"谦恭才博。建安中，举孝廉，除郎中，丞相请署仓曹属主簿。是时，军国多事，修总知外内，事皆称意。自魏太子以下，并争与交好。……至二十四年秋，公以修前后漏泄言教，交关诸侯，乃收杀之。修临死，谓故人曰：'我固自以死之晚也。'其意以为坐曹植也。"

从这一段可以看出，曹操杀杨修还有一层意思是曹植失宠，曹丕被立为太子，曹操怀疑杨修的才华会对曹丕造成不利，所以把他杀了。曹操给杨彪的信里所列举的杨修罪名，恐怕只是一种托辞而已。

策立卞后建安二十四年

【题解】

曹操立卞氏夫人为王后的命令。

【原文】

　　夫人卞氏，抚养诸子，有母仪之德。今进位王后，太子诸侯陪位群卿上寿①，减国内死罪一等②。（《魏志·卞皇后传》）

【注释】

　　①陪位：在一旁陪伴。

　　②减国内死罪一等：国内，指的是魏国之内。意思是，国内应该判死刑的人都减刑一等。

【精要简介】

　　卞氏，曹丕的生母。曹操既然立了曹丕为太子，建安二十四年（公元219年），便又立了曹丕的生母卞氏为王后。

　　卞氏，琅邪人（今山东临沂），歌姬出身，20岁时被曹操纳为妾，建安初被立为继室。

遗令建安二十五年

【题解】

曹操临终前的遗嘱。本书辑录可能不完备。

【原文】

吾夜半觉小不佳，至明日饮粥汗出，服当归汤。

吾在军中持法是也，至于小忿怒，大过失，不当效也。天下尚未安定，未得遵古也①。吾有头病，自先著帻②，吾死之后，持大服如存时③，勿遗④。百官当临殿中者，十五举音⑤，葬毕便除服⑥；其将兵屯戍者，皆不得离屯部；有司各率乃职⑦。敛以时服⑧，葬于邺之西冈上⑨，与西门豹祠相近，无藏金玉珍宝。

吾婢妾与伎人皆勤苦⑩，使著铜雀台⑪，善待之。于台堂上安六尺床，施繐帐⑫，朝晡上脯糒之属⑬，月旦十五日⑭，自朝至午，辄向帐中作伎乐⑮。汝等时时登铜雀台，望吾西陵墓田。余香可分与诸夫人⑯，不命祭。诸舍中无所为，可学作组履卖也⑰。吾历官所得绶⑱，皆著藏中⑲。吾余衣裘，可别为一藏，不能者兄弟可共分之。（《魏志·武帝纪》《宋书·礼志》二，《世说·言语篇》注，《文选》陆机《吊魏武文序》《通典》八十，《书钞》一百三十二，《太平御览》五百、又五百六十、又六百八十七、又六百九十七、六百九十九、八百二十、又八百五十九）

【注释】

①遵古：遵照古代的丧葬制度。根据古时礼制，丧葬应该服孝，并用金玉珍宝随葬。但在曹操看来，天下未定，要节俭治丧，不能厚葬，所以不要遵古。

②著帻（zé）：戴头巾。

③大服：礼服。

④勿遗：不要遗忘。

⑤十五举音：哭十五声。汉文帝规定，吊丧的官员早晚各哭十五声，其他时间不能哭。

⑥除服：脱掉丧服。

⑦有司：各部门官吏。

⑧敛以时服：尸体装棺时，穿当时季节所穿的衣服就行。

⑨邺：曹操时魏国的都城。

⑩伎人：乐队歌舞艺人。

⑪著铜雀台：著，着落。铜雀台：建安十五年（公元210年）曹操所筑，是其晚年娱乐的场所。

⑫繐（suì）帐：用稀疏麻布制作的灵幔。

⑬朝晡（bū），脯（fǔ）糒（bèi）：朝晡，早晨和下午。脯糒：干肉和干粮。

⑭月旦：每月的初一。

⑮伎乐：歌舞。

⑯余香：遗余的熏香。

⑰作组履：制作丝带和鞋子。

⑱绶：丝带。

⑲藏中：库里。

【精要简介】

"吾在军中持法是也"是曹操对自己的治军总结。

直到临终前，曹操也没有忘记他的统一大业，并且告诫后人"天下尚未安定，未得遵古也"。意思是天下还没有安定，葬礼不必遵循古制，要一切从简。令文中还指出了古时厚葬的陋习，告诫"葬毕便除服""无藏金玉珍宝"等。

鹖鸡赋序

【题解】

这篇赋已经失传，现存只有这篇序。

【原文】

鹖鸡猛气①，其斗终无负，期于必死。今人以鹖为冠，像此也。(《大观本草》十九《鹖鸡》)

【注释】

①猛气：勇猛的气概。

【精要简介】

鹖（hé）鸡，属于野鸡的一种。体型比较大，黄黑色，头上还有毛冠，尾巴上的羽毛比较长。

这种鸡好斗，从不败退，都是抱着必死的决心。现在的人都用鹖鸡的羽毛装饰自己的帽子，以此来表现自己的斗争精神。

内戒令

【题解】

从《太拼御览》《北堂书钞》中辑录的文字，是曹操告诫他的家人和吏民要勤俭节约。

【原文】

平参王作问大人语元盈言卒位，上设青布帐，教撤去，以为大人自可施帐，当令君臣上下悉共见。（《书钞》一百三十二）

孤不好鲜饰严具①，所用杂新皮韦笥②，以黄韦缘中③。遇乱无韦笥，乃作方竹严具，以帛衣粗布作里④，此孤之平常所用也。（《书钞》一百三十六）

百炼利器⑤，以辟不祥⑥，摄服奸宄者也⑦。（《太平御览》三百四十五）

吾衣被皆十岁也，岁岁解浣补纳之耳⑧。（《太平御览》八百十九）

今贵人位为贵人⑨，金印蓝绂⑩，女人爵位之极。（《太平御览》六百九十一）

吏民多制文绣之服，履丝不得过绛紫金黄丝织履⑪。前于江陵得杂彩丝履⑫，以与家⑬，约当著尽此履，不得效作也。（《太平御览》六百九十七）

孤有逆气病⑭，常储水卧头。以铜器盛，臭恶，前以银作小方器。人不解，谓孤喜银物，令以木作。（《太平御览》七百五十六）

昔天下初定，吾便禁家内不得香熏⑮。后诸女配国家为其香⑯，因此得烧香。吾不好烧香，恨不遂所禁，今复禁不得烧香，其以香藏衣着身亦不得⑰。（《太平御览》九百八十一）

房室不洁，听得烧枫胶及蕙草⑱。（《太平御览》九百八十二）

【注释】

①鲜饰严具：装饰鲜艳的箱子。

②韦笥（sì）：皮箱。

③黄韦缘中：黄皮镶在中间。

④帛衣粗布作里：黑皮罩在里面。

⑤利器：兵器。

⑥辟：除去。

⑦奸宄（guǐ）：坏人。

⑧解浣补纳：拆洗缝补。

⑨贵人位为贵人：东汉时期，贵人的地位仅次于皇后。

⑩绂（fú）：系在印环上的丝带。

⑪得过绛紫金黄丝织履：汉朝以朱红色、紫色、金黄色为贵，穿丝织品

的鞋子等，不能用这几种颜色。

⑫江陵：今湖北荆州。

⑬以与家：把它给家里人。

⑭逆气病：气往上冲，出现面红、头疼的症状，这个时候要用水浸头，能够减轻症状。

⑮香熏：熏香。

⑯诸女配国家：指曹操的三个女儿都嫁给了汉献帝。

⑰藏衣着身：藏在衣内或者是带在身上。

⑱枫胶：枫树脂。

【精要简介】

曹操告诫家人和吏民的令。

如不是有功之臣，死后不要挂帐子；竹箱加上漆也是很漂亮的；衣服不必年年换，时常修补缝洗一下就好；不能逾制，不能穿朱红色、紫色、金黄色的鞋子；家里不准使用熏香等。

从此处可以看出，曹操也是一个勤俭节约之人。

选举令

【题解】

这六段文字也是散于各类书中。第一段讲的是选举，后五段讲的是用人。

【原文】

夫遣人使于四方，古人所慎择也。故仲尼曰："使乎，使乎"，言其难也。（《初学记》二十）

邺县甚大，一乡万数千户，兼人之吏①，未易得也。（《书钞》七十七）

闻小吏或有著巾帻。（《书钞》七十七）

魏诸官印，各以官为名，印如汉法，断二千石者章②。

国家旧法，选尚书郎，取年未五十者，使文笔真草③，有才能谨慎，典曹治事，起草立义，又以草呈示令、仆讫，乃付令史书之耳。书讫，共省读内之④。事本来台郎统之，令史不行知也。书之不好，令史坐之；至于谬误，读省者之责。若郎不能为文书，当御史令，是为牵牛不可以服箱⑤，而当取辩于茧角也⑥。(《太平御览》二百十五)

今诏书省司隶官，钟校尉材智决洞，通敏先觉，可上请参军事，以辅暗政⑦。(《太平御览》二百四十九引《魏武选令》)

谚曰："失晨之鸡，思补更鸣⑧。"昔季阐在白马，有受金取婢之罪，弃而弗问，后以为济北相，以其能故⑨。(《太平御览》四百九十六)

【注释】

①兼人：一个人的能力可以顶上两个人或多个人的能力。

②印如汉法断二千石者章：汉朝制度，俸禄在两千石以上的官员，官印刻"某官之章"，称"章"；俸禄在两千石以下的官员，官印刻"某官之印"，称为"印"。

③文笔真草：韵文，散文，楷书，草书。

④省：审察。

⑤牵牛不可以服（fù）箱：牵牛星虽叫牛，却不能拉车。

⑥茧角：如茧壳那么大的小牛。

⑦暗政：自谦的说法，指自己处理政教，理政不明。

⑧失晨之鸡，思补更鸣：耽误了报晨的公鸡，想要再叫一声以做弥补。

⑨能：才能。

【精要简介】

此文主要讲的是曹操对选人和用人的看法：

对于派出去的使者，一定要用心选择；从一万多户里面能够选出两个可用的人才，也不是一件容易的事；魏国诸官的印章沿袭了汉朝的制度；选用尚书郎，要会写韵文、散文，能写楷书、草书，做事要谨慎，要时常审察；裁撤下来的有才的官吏可以让他另做他职。

步战令

【题解】

曹操的一篇步战令。

【原文】

严鼓一通①，步骑士悉装②；再通，骑上马，步结屯③；三通，以次出之④，随幡所指。住者结屯幡后⑤，闻急鼓音整阵，斥候者视地形广狭⑥，从四角而立表⑦，制战阵之宜。诸部曲者⑧，各自安部陈兵疏数⑨，兵曹举白⑩。不如令者斩。兵若欲作阵对敌营⑪，先白表⑫，乃引兵就表而陈。临阵皆无喧哗，明听鼓音，旗幡麾前则前，麾后则后，麾左则左，麾右则右。麾不闻令，而擅前后左右者斩。伍中有不进者，伍长杀之；伍长有不进者，什长杀之；什长有不进者，都伯杀之⑬。督战部曲将，拔刃在后，察违令不进者斩之。一部受敌，余部不进救者斩。临战兵弩不可离阵。离阵，伍长什长不举发，与同罪。无将军令，妄行阵间者斩。临战，阵骑皆当在军两头；前陷，阵骑次之⑭，游骑在后⑮。违命髡（kūn）鞭二百。兵进，退入阵间者斩。若步骑与贼对阵，临时见地势，便欲使骑独进讨贼者，闻三鼓音，骑特从两头进战，视麾所指，闻三金音还⑯。此但谓独进战时也。其步骑大战，进退自如法。吏士向阵骑驰马者斩。吏士有妄呼大声者斩。追贼不得独在前在后，犯令者罚金四两。士将战，皆不得取牛马衣物。犯令者斩。进战，士各随其号。不随号者，虽有功不赏。进战，后兵出前，前兵在后，虽有功不赏。临阵，牙门将骑督明受都令⑰，诸部曲都督将吏士，各战时校督部曲⑱，督住阵后⑲，察凡违令畏懦者。□有急⑳，闻雷鼓音绝后，六音严毕㉑，白辨便出㉒。卒逃归，斩之。一日家人弗捕执，及不言于吏，尽与同罪。（《通典》

一百四十九，又《太平御览》二百九十六、三百节引作《军令》）

【注释】

①严鼓一通：紧急的鼓声三百三十三下。

②悉装：全部装束完毕。

③骑上马，步结屯：骑兵上马，步兵列好队。

④以次出之：按照次序出发。

⑤住者：留下没有出发的人。

⑥斥候：古时候的侦察兵。

⑦从四角而立表：在四角立上标志。

⑧部曲：古时军队的编制单位。

⑨陈兵疏数：把部队或稀或密的排列摆开。

⑩兵曹举白：兵曹，负责管理作战部署的机构。举白：进行报告。

⑪作阵对敌营：对着敌营摆开阵势。

⑫先白表：先说明四面的标志。

⑬都伯：统率百人的军官。

⑭阵骑：骑兵摆开阵势。

⑮游骑：没有摆开阵势的机动骑兵。

⑯三金音：打钲三次，退兵的号令。

⑰牙门将：负责传达统率军令的武官。

⑱校督：监督。

⑲督住阵后：在阵后督战。

⑳□：缺字，据上下文意应为"斩"字。

㉑六音严毕：鼓声紧急，六通完毕。

㉒白辨：弄明白情况。

【精要简介】

曹操的步战令总结了自己多年的战争经验。文中对作战方法、布阵方法、各步兵骑兵机动配合、奖惩条例等都做了具体而详细的规定。

　　治军严格，是曹操多年带兵总结出来的经验，不仅在军事理论上有所造诣，而且在具体的指挥作战中也积累了丰富的经验。所以，有人会把这篇《步战令》和《孙子注》结合起来一起研究，进一步了解曹操的军事思想。

三　孙子注

　　《孙子兵法》是中国最古老、最杰出的一部军事理论著作，历来备受诸家推崇。其中，曹操的注是我们现在所能见到的对《孙子》最早的注解。本版块收录了曹操为《孙子》十三篇各篇所做的简明题解及注释，并适当加以解读。"曹操曰"便是曹操的注，"曹公曰"下面的楷体部分则是编者的进一步解读，文中比较简单的词汇便不再做解读了。

孙子序

【原文】

操闻上古有弧矢之利①，《论语》曰"足兵"②，《尚书》八政曰"师"③，《易》曰④："师贞丈人吉⑤"，《诗》曰："王赫斯怒，爰整其旅⑥"，黄帝、汤、武咸用干戚以济世也⑦。《司马法》曰："人故杀人，杀之可也⑧。"恃武者灭，恃文者亡，夫差、偃王是也⑨。圣人之用兵，戢而时动⑩，不得已而用之。吾观兵书战策多矣，孙武所著深矣。孙子者，齐人也，名武，为吴王阖闾作《兵法》一十三篇，试之妇人⑪，卒以为将，西破强楚入郢⑫，北威齐、晋⑬。后百岁余有孙膑⑭，是武之后也。审计重举⑮，明画深图⑯，不可相诬⑰。而但世人未之深亮训说⑱，况文烦富，行于世者，失其旨要，故撰为《略解》焉⑲。（《岱南阁丛书》本《孙子十家注》）

【注释】

①弧矢：弧，弓。矢：箭。

②足兵：出自《论语·颜渊》："子曰：'足食，足兵，民信之矣。'"充足的军备。

③八政：食、货、祀、司空、司徒、司寇、宾、师。

④《易》：《易经》，儒家五经之一。

⑤师贞丈人吉：贞，正义。丈人：对老人的敬称。吉：吉利。

⑥王赫斯怒，爰整其旅：密国侵扰阮国，周文王震怒，于是整顿军队征讨密国。

⑦黄帝、汤、武：黄帝，轩辕氏。汤：商汤，商朝的建立者。武：周武王，武王伐纣之后建立了周朝。

⑧人故杀人，杀之可也：杀几个坏人就能够保卫民众，那么就可以杀掉

这些坏人。

⑨夫差、偃王：夫差，春秋时期的吴王。偃王：周代的徐偃王。

⑩戢（jí）而时动：收藏兵器，随时准备作战。

⑪试之妇人：吴王阖闾命令孙武操练宫女。孙武将他们编成两队，吴王的两个爱妾为队长。操练时，宫女们哄笑不止，孙武杀了吴王的两个爱妾，以正法纪。

⑫强楚入郢（yǐng）：公元前506年，吴军打败了强大的楚国，攻入楚国的郢都。

⑬北威齐、晋：齐、晋都是当时北方的强国。

⑭孙膑：孙武的后代。

⑮审计重举：周密计划，慎重采取行动。

⑯明画深图：明确的计划，深刻的谋略。

⑰诬：欺骗。

⑱深亮训说：深刻透彻的注释、解说。

⑲《略解》：曹操为《孙子兵法》十三篇逐篇逐段作了注解。

曹操曰：计者，选将量敌，度地料卒，远近险易，计于庙堂也。

曹操为第一篇做的题解，意思是作战要有通盘的计划，要选择合适的统帅，了解敌情，察看地势，估量兵力多少、道路远近、攻守险易等。

孙子曰：兵者，国之大事，死生之地，存亡之道，不可不察也。故经之以五校之计而索其情；

曹操曰：谓下五事，彼我之情。

五事，指文中的道、天、地、将、法。意为对比敌我双方的五事，便可知道胜负了。

一曰道，二曰天，三曰地，四曰将，五曰法。道者，令民与上同意也，故可与之死，可与之生，而民不畏危。

曹操曰：谓道之以教令。危者，危疑也。

"危者，危疑也。"俞樾《诸子平议·补录》云："曹公注曰：危者，危疑也，不释畏字，其所据本无畏字也。民不危，即民不疑、曹注得之。"

天者，阴阳、寒暑，时制也。

曹操曰：顺天行诛，因阴阳四时之制。故《司马法》曰："冬夏不兴师，所以兼爱民也。"

意为作战要顺应天时，考虑气候条件，严寒酷暑时节不适合用兵。《司马法》为战国时期的一部兵书。在《通典》及《太平御览》中，阴阳二字下面还有"刚柔"二字。

地者，远近、险易、广狭、死生也。

曹操曰：言以九地形势不同，因时制利也。论在《九地篇》中。

依据不同的形势因地制宜，具体的论述在《九地篇》中。《通典》及《太平御览》中，"制利"作"制度"。

将者，智、信、仁、勇、严也。

曹操曰：将宜五德备也。

将帅要具备五种品德：智慧、诚心、仁爱、勇敢、威严。

法者，曲制、官道、主用也。

曹操曰：曲制者，部曲幡帜金鼓之制也；官者，百官之分也；道者，粮路也；主用者，主军费用也。

法应该包括部曲（古时的部队编制）、幡（fān）帜（各部的帜别）、金鼓（指挥信号）、百官之分（将吏的职责）、粮路及军需军械管理等，都应该有专人负责。主军，原本作"主君"，乃是误用，今从《通典》《太平御览》。

凡此五者，将莫不闻，知之者胜，不知者不胜。

曹操曰：同闻五者，将知其变极即胜也。

将帅应该把对方的道、天、地、将、法等五种事宜都了解清楚。

故校之以计而索其情。

曹操曰：索其情者，胜负之情。

根据对方的条件制定灵活的策略，就能够取得最终的胜利。

曰主孰有道，将孰有能，

曹操曰：道德智能。

天地孰得，

曹操曰：天时、地利。

利于作战的气候和地理位置。

法令孰行，

曹操曰：设而不犯，犯而必诛。

设置法令是为了不让人违犯，一旦有人违犯，一定会被诛杀。

兵众孰强，士卒孰练，赏罚孰明，吾以此知胜负矣。

曹操曰：以七事计之，知胜负矣。

将双方的这七个方面作比较，就可以知道胜负了。

将听吾计，用之必胜，留之；将不听吾计，用之必败，去之。

曹操曰：不能定计，则退而去也。

若主帅听从我的计策，作战必定会胜利，就会留下；若主帅不听从我的计策，作战必定会失败，就会离去。

计利以听，乃为之势以佐其外；

曹操曰：常法之外也。

分析利害关系，使自己的计策被采纳，还要创造外在的有利态势，作为作战的辅助条件。

势者，因利而制权也。

曹操曰：制由权也，权因事制也。

根据双方的态势，利用有利的条件，灵活行动。

兵者，诡道也。

曹操曰：兵无常形，以诡诈为道。

作战没有固定的形态，但以诡诈为主，隐瞒自己的真实意图，迷惑对方，然后起到攻其不备、声东击西的效果。

故能而示之不能，用而示之不用；近而示之远，远而示之近。利而诱之，
乱而取之，实而备之，

曹操曰：敌治实须备之也。

应该加强防备，养精蓄锐，不和其正面争锋。

强而避之，

曹操曰：避其所长也。

避开敌人的长处，攻击敌人的弱点。

怒而挠之；

曹操曰：待其衰懈也。

等敌人衰弱和懈怠的时候再去攻击他们。

卑而骄之，佚而劳之，

曹操曰：以利劳之。

让敌人觉得有利可图，从而进入自己的圈套。

亲而离之，

曹操曰：以间离之。

使用离间计，破坏敌人内部团结。

攻其无备，出其不意。

曹操曰：击其懈怠，出其空虚。

趁敌人懈怠的时候发起攻击，趁敌人内部空虚的时候发起攻击。

此兵家之胜，不可先传也。

曹操曰：传犹泄也。兵无常势，水无常形，临敌变化，不可先传，故曰料敌在心，察机在目也。

用兵之法如水流一般，水流没有固定的形态，用兵也没有固定的方法，战场上是瞬息万变的，要学会临敌应变，无法预先有所传授，主要靠的是自己的思考能力和随机应变。原本"传"下有"也"字，"故"下没有"曰"字，今从《太平御览》改正。

夫未战而庙算胜者，得算多也；未战而庙算不胜者，得算少也。多算胜，少算不胜，而况于无算乎！吾以此观之，胜负见矣。

曹操曰：以吾道观之矣。

在国君祖庙前举行战前计划的讨论，称之为庙算。对比敌我双方的"五事七计"，估算充分而计划周密，就能够取得胜利；估算不足而计划疏漏，就无法取得胜利，何况是什么计划都没有的呢？"以吾道观之矣"意思是根据我的这个方法来观察这个问题。

作战篇

曹操曰：欲战必先算其费，务因粮于敌也。

想要发动战争，必须要算好费用、粮秣、车马、军械等。本篇讲述的是经济实力在战争中的重要性。

孙子曰：凡用兵之法，驰车千驷，革车千乘，带甲十万。

曹操曰：驰车，轻车也，驾驷马，凡千乘。革车，重车也，言万骑之重也。一车驾四马，卒十骑一重。养二人主炊，家子一人主保固守衣装，厩二人主养马，凡五人。步兵十人，重以大车驾牛。养二人主炊，家子一人主守衣装，凡三人也。带甲十万，士卒数也。

四匹马拉一辆车，称为一驷。革车，运送军需物资的车。杜牧在注引《司马法》中曰："一车，甲士三人，步卒七十二人，炊家子十人，固守衣装五人，厩养五人，樵汲五人。轻车七十五人，重车二十五人。"一百个人是一队，轻重车各有千辆，共十万人，所以又称为带甲十万。曹操计算出来的非直接战斗人员远少于上面的数字，可见是压缩了非战斗人员的数量，节省开支。

一车驾四马，原是"万骑之重，车驾四马"，今从《御览》。卒十骑一重，原作"率三万军"，今从《御览》。

千里而馈粮，

曹操曰：越境千里。

则内外之费，宾客之用，胶漆之材，车甲之奉，日费千金，然后十万之

师举矣。

曹操曰：谓赠赏犹在外。

除去所谓"日费千金"的开支外，还应该有"赠赏"一项。原本"赠"作"购"，今已改正。

其用战也，胜久则钝兵挫锐，攻城则屈力，

曹操曰：钝，弊也；屈，尽也。

长久在外用兵，会使力量磨钝、士气受挫、物资耗尽等，这是作战的弊端，也是力量耗尽的表现。

久暴师则国用不足。夫钝兵、挫锐、屈力、殚货，则诸侯乘其弊而起，虽有智者，不能善其后矣。故兵闻拙速，未睹巧之久也。

曹操曰：虽拙有以速胜。未睹者，言其无也。

作战贵在神速，时间长了，就会兵疲、气挫、力尽、财竭，就更没办法速胜了。等你虚弱的时候，诸方来犯，后果不堪设想。

夫兵久而国利者，未之有也。故不尽知用兵之害者，则不能尽知用兵之利也。善用兵者，役不再籍，粮不三载；

曹操曰：籍犹赋也，言初赋民便取胜，不复归国发兵也。始载粮，后遂因食于敌，还兵入国，不复以粮迎之也。

兵役不会征集两次，粮秣不会从国内运输三次，此后便要就地取材。

取用于国，因粮于敌，故军食可足也。

曹操曰：兵甲战具，取用国中，粮食因敌也。

在敌国就地征集粮食。

国之贫于师者远输，远输则百姓贫。近于师者贵卖，贵卖则百姓财竭，

曹操曰：军行已出界，近师者贪财，皆贵卖，则百姓虚竭也。

界，指国界。指部队士兵及其家属的负担过重而致使财竭。

财竭则急于丘役。力屈财殚，中原内虚于家，百姓之费，十去其七。

曹操曰：丘，十六井也。百姓财殚尽而兵不解，则运粮尽力于原野也。十去其七者，所破费也。

古时候九百亩是一井，十六井是一丘。用兵过久，国家必须要征收赋税，致使百姓疲惫不堪，负担过重；部队士兵也都是破车疲马，装备下降。

公家之费，破车罢马，甲胄矢弩，戟楯（dùn）蔽橹，丘牛大车，十去其六。

曹操曰：丘牛谓丘邑之牛，大车乃长毂车也。

指战争过程中，补给线不宜拉的过长，战争时间不宜拖得太久。

故智将务食于敌。食敌一钟，当吾二十钟；萁秆一石，当吾二十石。

曹操曰：六斛四斗（dǒu）为钟。计千里转运，二十钟而致一钟于车中也。萁，豆秸也；秆，禾藁（gǎo）也。石者，一百二十斤也。转输之法，费二十石得一石。一云，萁音忌，豆也，七十斤为一石。当吾二十，言远费也。

明智的将帅都懂得在敌国就地取食，因为从国内运粮补给的话，要付出二十倍的代价。

故杀敌者，怒也；

曹操曰：威怒以致敌。

在敌人面前要威严而愤怒，教育军中上下要同仇敌忾。

取敌之利者，货也。

曹操曰：军无财，士不来；军无赏，士不往。

军中没有丰厚待遇，就无法吸引人才；军中没有奖赏制度，就无法激起人才的积极性。

故车战，得车十乘已上，赏其先得者，

曹操曰：以车战能得敌车十乘已上，赏赐之。不言车战得车十乘已上者赏之，而言赏得者何？言欲开示赏其所得车之卒也。陈车之法，五车为队，仆射（yè）一人。十车为官，卒长一人。车十乘，乘将吏二人。因而用之，故别言赐之，欲使将恩下及也。或云，言使自有车十乘已上与敌战，但取其有功者赏之，其十乘已下，虽一乘独得，余九乘皆赏之，所以率进励士也。

对《孙子兵法》中奖赏制度的补充，要对部下广施恩德，激发部下的进取心。

而更其旌旗，

曹操曰：与吾同也。

对待俘获车卒的办法，就是"更其旌旗"，这个和曹操想的一样。

车杂而乘之，

曹操曰：不独任也。

卒善而养之，是谓胜敌而益强。

曹操曰：益己之强。

战胜敌人之后，可以利用敌人的装备来强大自己，用俘获的士兵充实自己的兵力，如此一来，则会越战斗越壮大。

故兵贵胜，不贵久。

曹操曰：久则不利。兵犹火也，不戢将自焚也。

故知兵之将，民之司命，国家安危之主也。

曹操曰：将贤则国安也。

谋攻篇

曹操曰：欲攻敌，必先谋。

本篇讲述的是大战来临时需要采用什么样的策略。

孙子曰：凡用兵之法，全国为上，破国次之；

曹操曰：兴师深入长驱，距其城郭，绝其内外，敌举国来服为上。以兵击破，败而得之，其次也。

深入敌国境内，孤立国都，断掉它的内外联系，让敌国投降是上策。用兵力打败它则是次之。

全军为上，破军次之；

曹操曰：《司马法》曰："一万二千五百人为军。"

全旅为上，破旅次之；

曹操曰：五百人为旅。

全卒为上，破卒次之；

曹操曰：一旅已下至一百人也。

原本作"一校已上"，已经改正。

全伍为上，破伍次之。

曹操曰：百人已下至五人。

是故百战百胜，非善之善者也；不战而屈人之兵，善之善者也。

曹操曰：未战而敌自屈服。

在《孙子兵法》中，"不战而屈人之兵"乃是最佳的结果。

故上兵伐谋，

曹操曰：敌始有谋，伐之易也。

在敌人还没有做出具体的筹划安排时，就出兵讨伐它。

其次伐交，

曹操曰：交，将合也。

从外交上打击敌人，使之处于孤立无援的地位。

其次伐兵，

曹操曰：兵形已成也。

攻击敌军，消灭敌军有生力量。

下政攻城。

曹操曰：敌国以收其外粮，城以攻之，为下政也。

敌人把外围的粮食收集起来以守城，那么攻打城池必定要付出巨大的代价，时间久了就更加不利，所以攻打城池乃是下策。

攻城之法，为不得已。修橹轒（fén）辒（wēn），具器械，三月而后成，距闉（yīn）又三月而后已；

曹操曰：修，治也；橹，大楯也；轒辒者，轒床也。轒床其下四轮，从中推之至城下也。具，备也；器械者，机关攻守之总名，蜚楼云梯之属；距闉者，踊土积高而前，以附其城也。

轒辒，古时候攻城使用的兵车。闉，堆一座高出敌人城墙的土山，士兵站在上面向城内的敌人射箭，为攻城的部队作掩护。蜚，原本是"飞"，今从《太平御览》改正。积，原本作"稍"，今从《太平御览》改正。

将不胜心之忿而蚁附之，杀士三分之一，而城不拔者，此攻之灾。

曹操曰：将忿不待攻城器，而使士卒缘城而上，如蚁之缘墙，杀伤士卒也。

将领不可以意气用事，否则只会白白断送士兵的生命。

故善用兵者，屈人之兵，而非战也；拔人之城，而非攻也；毁人之国，而非久也。

曹操曰：毁灭人国，不久露师也。

消灭敌国，不能让部队长久地在外作战。

必以全争于天下，故兵不顿而利可全，此谋攻之法也。

曹操曰：不与敌战而必完全得之，立胜于天下，不顿兵血刃也。

不战而屈人之兵，就可以得到对方的国家和城池，不用劳顿军队，兵不血刃就可以得到天下，这是最好的策略。

故用兵之法，十则围之，

曹操曰：以十敌一则围之，是谓将智勇等而兵利钝均也。若主弱客强，不用十也，操所以倍兵围下邳生擒吕布也。

曹操举了兵围下邳生擒吕布的例子，说明用强大的兵力包围弱小的兵力，敌人将不战而败。不用十也，根据《通典》补。

五则攻之，

曹操曰：以五敌一，则三术为正，二术为奇。

有强于敌人五倍的兵力，就可以发起进攻，五分之三的兵力正面攻击，五分之二的兵力从旁策应。原本"二术"作"一术"，根据杜牧、张预的注改正。

倍则分之，

曹操曰：以二敌一，则一术为正，一术为奇。

设法分散敌人的兵力，让我方处于绝对优势地位。"一术为正，一术为奇"是曹操领悟出的一种打法。

敌则能战之，

曹操曰：己与敌人众等，善者犹当设伏奇以胜之。

敌我兵力相当，在作战过程中，善战者会在这个时候设伏，出其不意，战胜对方。

少则能逃之，

曹操曰：高壁坚垒，勿与战也。

敌人城池坚固时就不要去攻打城池，避免无谓的牺牲。

不若则能避之。

曹操曰：引兵避之也。

当我方的兵力不如对方的兵力时，不要与之交战。

故小敌之坚，大敌之擒也。

曹操曰：小不能当大也。

自身实力比较弱的时候，不要坚守，否则很可能会成为敌人的俘虏。

夫将者，国之辅也，辅周则国必强，

曹操曰：将周密，谋不泄也。

国君和将帅的关系，国君信任将帅，将帅忠诚国君，这样亲密的关系，国家必定会强盛；如若国君和将帅发生了嫌隙，国家必定会衰弱。

辅隙则国必弱。

曹操曰：形见于外也。

国君对将帅不信任，作战基本就会失败。这在战国时期常见。

故君之所以患于军者三：不知军之不可以进而谓之进，不知军之不可以退而谓之退，是谓縻（mí）军；

曹操曰：縻，御也。

国君不了解前线的情况，不知军之不可以进而命令其前进，不知军之不可以退而命令其后退。国君不了解军中情况却要干预军队的指挥，不了解军中要根据实际情况而随机应变，总想要下属无时无刻地向他汇报、请示，这样一来，肯定会延误战机，造成重大事故。曹操把"縻"解释为"御"，就是说作为国君，不能乱指挥，不能干预军中事务，不能独断专行而不给将帅随机应变的权利。

不知三军之事，而同三军之政者，则军士惑矣；

曹操曰：军容不入国，国容不入军，礼不可以治兵也。

曹操的补充说明，意思是说军队中的制度、礼仪不能搬到国中，国中的制度、礼仪也不能搬到军队中，礼是不可以治兵的。

不知三军之权，而同三军之任，则军士疑矣。

曹操曰：不得其人意也。

三军既惑且疑，则诸侯之难至矣，是谓乱军引胜。

曹操曰：引，夺也。

把"引"注为"夺"，各方诸侯看三军被搞乱，必然会前来进犯，并会取得胜利。由此可见，国君干预军中事宜，是自取灭亡的做法。

故知胜有五：知可以战与不可以战者胜，识众寡之用者胜，上下同欲者胜，

曹操曰：君臣同欲。

国中上下、军中上下，利益、目标相同。

以虞待不虞者胜，将能而君不御者胜。

曹操曰：《司马法》曰："进退惟时，无曰寡人"也。

军队前进或后退都要根据实际情况而随机应变，国君不应该随意插手。

此五者，胜之道也。

曹操曰：此上五事也。

故曰：知彼知己，百战不殆；不知彼而知己，一胜一负；不知彼，不知己，每战必殆。

了解敌人也要了解自己，方才百战不殆；不知道敌人而只知道自己，胜负各半；不知道敌人，也不知道自己，则每一战都会使自己陷入危险之中。

形篇

曹公曰：军之形也。我动彼应，两敌相察情也。

客观物质条件决定了战争的胜负。

孙子曰：昔之善战者，先为不可胜，以待敌之可胜。不可胜在己，可胜在敌。

曹公曰：自修理以待敌之虚懈也。

先要自我修理，让敌人无机可乘；保护好自己，等敌人虚弱懈怠时发起攻击，必能取得胜利。

故善战者，能为不可胜，不能使敌必可胜，故曰：胜可知，

曹公曰：见成形也。

要形成不可被战胜的条件。

而不可为。

曹公曰：敌有备故也。

我方准备了战胜敌人的条件，敌人也准备了战胜我方的条件。

不可胜者守也，

曹操曰：藏形也。

隐藏自己的真实情况。

可胜者攻也。

曹操曰：敌攻己，乃可胜。

自己虽然做好了无法被敌方攻破的防御，但要隐藏这种条件，引诱敌人前来进攻，便能够战胜敌人。

守则有足，攻则不余。

曹操曰：吾所以守者，力不足也；所以攻者，力有余也。

善守者藏于九地之下，善攻者动于九天之上，故能自保而全胜也。

曹操曰：因山川丘陵之固者，藏于九地之下；因天时之便者，动于九天之上。

九，泛指多数，并不是具体的数目。指在地形上有防守的优势，更要把自己的实力隐藏起来。宋梅尧臣注："九地，言深不可知；九天，言高不可测。"要主动充分地利用天时条件，调动最大的力量发起进攻，只有这样才能够在消灭敌人的同时保存自己的力量。

见胜不过众人之所知，非善之善者也；

曹操曰：当见未萌。

胜负应该见于众人未见分晓的时候。

战胜而天下曰善，非善之善者也；

曹操曰：交争胜也。故太公曰："争胜于白刃之□，非良将也。"

双方力量相当。交争胜也，原文是"争锋也"，根据《太平御览》改正。

故举秋毫不为多力，见日月不为明目，闻雷霆不为聪耳。

曹操曰：易见闻也。

预见人人都能够预见的胜利，算不得高明，因为这是每个人都能够预见的结果。

古之所谓善战者胜，胜易胜者也。

曹操曰：原微易胜，攻其可胜，不攻其不可胜也。

虽然打了一场胜仗，却是在极易取得胜利的条件下取得的，这样一来，即便天下人都称赞，也是算不得高明的。

故善战者之胜也，无智名，无勇功。

曹操曰：敌兵形未成，胜之无赫赫之功也。

意为不能称为智谋高、武力勇猛。未成，原文作"未形"，根据《太平御览》改。

故其战胜不忒；不忒者，其所措必胜，胜已败者也。

曹操曰：察敌有可败，不差忒也。

找到攻打敌人的突破口，必定能够击败敌人。在战略和战术上要有周密的计划，不要有任何差错，也一定能够击败敌人。

故善战者，立于不败之地，而不失敌之败也。是故胜兵先胜而后求战，败兵先战而后求胜。

曹操曰：有谋与无虑也。

用兵之所以胜利，是因为在准备了胜利的充分条件后才去和敌人一战；用兵之所以失败，是因为没有准备好足够的条件，便贸然和敌军一战。

善用兵者，修道而保法，故能为胜败之政。

曹操曰：善用兵者，先自修治为不可胜之道，保法度不失敌之败乱也。

正确的方向，严明的纪律，才是军队胜利的保障。

兵法一曰度，二曰量，三曰数，四曰称，五曰胜。

曹操曰：胜败之政，用兵之法，当以此五事称量，知敌之情。

度，此处指国土面积的大小；量，指物产收获、原料储备等；数，此处指人口、兵额、可征召及供养的兵员等；称，衡量敌我双方的力量；胜，指上面的各项条件，是保证战争胜利的基础。

地生度，

曹操曰：因地形势而度之。

根据双方国土面积的大小和地理条件，就能够得出其物产资源的大体数量。

度生量，量生数，

曹操曰：知其远近广狭，知其人数也。

物产资源的不同，能够得出其可征召、可供养的兵员的数量。

数生称，

曹操曰：称量敌孰愈也。

通过对比双方的国土面积、物产资源、兵员数量等，可以得知敌我双方的物质力量的强弱。

称生胜。

曹操曰：称量之数，知其胜负所在。

通过对比双方的物质力量，可以推算出战争最后的胜负。

故胜兵若以镒（yì）称铢，败兵若以铢称镒，

曹操曰：轻不能举重也。

古时候，一镒为二十四两，一铢为二十四分之一两，二者的重量相差了五百七十六倍。此处主要指作战双方，物资充裕的一方更容易取得最后的胜利，这就要求战争时要注意战略物资的储备。

胜者之战民也，若决积水于千仞之谿者，形也。

曹操曰：八尺曰仞。决水千仞，其势疾也。

指挥具有绝对优势的军队作战，就如同水流从极高处往下流动，对敌人的冲击十分巨大，很难遏制。亦指作战要集中一切力量，形成绝对压倒性的优势，以取得战争的胜利。《太平御览》注，"仞，七尺也，其势疾也。"原本作"其高势疾也"。

势篇

曹操曰：用兵任势也。

本篇主要论述用兵的关键在于出奇和造势。

孙子曰：凡治众如治寡，分数是也；

曹操曰：部曲为分，什伍为数。

部曲是古时军队的编制，什伍是古时军队编制的最基层的单位。此句意为要将军队严密而能动地组织起来。

斗众如斗寡，形名是也；

曹操曰：旌旗曰形，金鼓曰名。

旌旗是为了便于识别和指挥，金鼓是为了发出指挥进退的信号。此句为指挥人数众多的军队时，要有指挥的通信工具和规定的指挥信号，这样一来，就能够做到步调一致、进退有序。

三军之众，可使必受敌而无败者，奇正是也；

曹操曰：先出合战为正，后出为奇。

奇、正为古代的军事术语，指不管是部署作战方略还是作战方式，都要有奇、正。侧面迂回、埋伏、奇袭等，是为奇；正面进攻或者是正面迎敌，是为正。用兵时有奇、正，才能够取得胜利。

兵之所加，如以碬（xiá）投卵者，虚实是也。

曹操曰：以至实击至虚。

攻打敌人要像以石击卵一样，用强大的力量砸向虚弱的敌人，就一定能够取得胜利。

凡战者，以正合，以奇胜。

曹操曰：正者当敌，奇兵从傍击不备也。

在战争中，奇、正相辅相成的案例有很多，曹操在此处只列举了傍击一例。

故善出奇者，无穷如天地，不竭如江河，终而复始，日月是也；死而复生，四时是也。声不过五，五声之变，不可胜听也。色不过五，五色之变，不可胜观也。味不过五，五味之变，不可胜尝也。

曹操曰：自无穷如天地已下，皆以喻奇正之无穷也。

原意指天地无穷，江河不竭，此处则指用兵要出奇制胜、变化无穷。奇正之变也是无穷尽的，就好比圆环一样没有始终。

战势不过奇正，奇正之变，不可胜穷也。奇正相生，如循环之无端，孰能穷之？激水之疾，至于漂石者，势也；鸷（zhì）鸟之疾，至于毁折者，节也。

曹操曰：发起击敌。

势，指的是在迅猛中产生巨大的冲击力，好比激流漂石，势不可挡。攻打敌人时也是如此，行动要迅猛、有力，加大对敌人的压倒性态势，这样更容易攻破敌人。

是故善战者，其势险，

曹操曰：险犹疾也。

其节短。

曹操曰：短，近也。

秘密接近敌军，这是险势，对敌军近距离发起进攻，攻势迅猛，出其不

意，攻其不备，便可以击破敌军。

势如弓广（guō）弩，节如发机。

曹操曰：在度不远，发则中也。

此句意为在短距离中满弓射箭，力量迅猛，一定会击中。

纷纷纭纭，斗乱而不可乱也；浑浑沌沌，形圆而不可败也。

曹操曰：旌旗乱也，示敌若乱，以金鼓齐之。车骑转而形圆者，出入有道齐整也。

军队的旌旗、人马如果发生了混乱，一定要立即整顿，以便井井有条地部署军队，相互照应，无隙可寻。车骑，原作"卒骑"，根据《通典》改正。

乱生于治，怯生于勇，弱生于强。

曹操曰：皆毁形匿情也。

严整的部队也有可能发生混乱，勇敢的部队也有可能怯懦，强盛的部队也有可能衰弱，这是将原本的战斗力削弱的缘故。

治乱数也，

曹操曰：以部曲分名数为之，故不乱也。

加强组织的纪律性是治乱的最佳方法。

勇怯势也，强弱形也。

曹操曰：形势所宜。

勇敢和怯弱是精神的表现，强盛和衰弱是实力的表现，要想让军队保持高昂的士气和强大的战斗力，就必须要提高部队的纪律性，加强精神教育，加强军队的训练强度，加强军队的战力装备。

故善动敌者，形之敌必从之，

曹操曰：见赢形也。

迷惑敌人，假意展示出自己的赢弱之态，以此引诱敌人来攻打我军，就会中了我军的埋伏。

予之敌必取之，

曹操曰：以利诱敌，敌远离其垒，而以便势击其空虚孤特也。

讲的是调虎离山之计。

以利动之，以卒待之。

曹操曰：以利动敌也。

调动敌人需要有诱饵，想要取之，必先予之。

故善战者，求之于势，不责于民，故能择人而任势。

曹操曰：求之于势者，专任权也；不责于人者，权变明也。

上级领导要把注意力放在战略上的造势方面，要让下级领导及指挥具体战斗的将吏处于有利的地位。下级领导则要充分贯彻上级领导的战略意图。

任势者，其战人也，如转木石。木石之性，安则静，危则动，方则止，圆则行。

曹操曰：任自然势也。

在安稳的地方，木石就会静止不动；在不安稳的地方，木石便会滚动。方形的木石不会动，圆形的木石则会往下滚动。战争指挥员要像从高山上推圆形的木石，任势而为。造势和任势是作战指挥者的责任。

故善战人之势，如转圆石于千仞之山者，势也。

虚实篇

曹操曰：能虚实彼已也。

本篇主要讲述了在战争中虚实是相互依存的，在一定条件下，虚实也是可以相互转化的。

孙子曰：凡先处战地而待战者佚，

曹操曰：力有余也。

比敌人先行到达并控制要控制的地区，这样就可以有整顿的时间，有构筑防御设施的时间，有设伏的时间，就能够争取到战争的主动性，让敌人处于被动地位。

后处战地而趋战者劳。故善战者，致人而不致于人。能使敌人自至者，利之也；

曹操曰：诱之以利也。

用小利把敌人引诱到我们预先的区域中来。

能使敌人不得至者，害之也。

曹操曰：出其所必趋，攻其所必救。

设法打消敌人的顾虑，不要让他来攻击我，如孙膑围魏救赵。

故敌佚能劳之，

曹操曰：以事烦之。

时不时地骚扰敌人，不让他有整顿、休息的时间，让敌人处于疲累状态。

《太平御览》作"以利烦之"。

饱能饥之，

曹操曰：绝粮道以饥之。

断绝他的粮道，士兵没有食物，必然会不战而败。

安能动之。

曹操曰：攻其所必爱，出其所必趋，则使敌不得不相救也。

当敌人安于防守城池时，我们要供给他一定相救的地方，以此来调动敌人，在运动中歼灭敌人。

出其所必趋，趋其所不意。

曹操曰：使敌不得不相往而救之也。

攻打敌人来不及救援或者是没办法救援的地方。

行千里而不劳者，行于无人之地也；

曹操曰：出空击虚，避其所守，击其不意。

出其不意，攻打敌人防守空虚的地方。

攻而必取者，攻其所不守也；守而必固者，守其所不攻也。故善攻者，敌不知其所守；善守者，敌不知其所攻。

曹操曰：情不泄也。

善于进攻的部队，是在敌人意想不到的时间和地方发动攻击，攻打敌军薄弱的地方，让对方措手不及，没有办法及时防御；善于防守的军队，会让敌人不知如何进攻。所以，我军发动攻击或防守的时间、计划、力量分配等，一定要严格保密。

微乎微乎，至于无形，神乎神乎，至于无声，故能为敌之司命。进而不

可御者，冲其虚也；退而不可追者，速而不可及也。

曹操曰：卒往进攻其虚懈，退又疾也。

趁敌军兵力空虚、防守松懈时发动攻击，敌人往往无法防御；我军后退的速度一定要快，那么敌人就追不上。这便是用兵时的进退之道。

故我欲战，敌虽高垒深沟，不得不与我战者，攻其所必救也。

曹操曰：绝其粮道，守其归路，攻其君主也。

要想让敌人离开他们坚守的城池，有三个办法：第一，截断他们的粮道，让士兵没有粮食吃；第二，守住他们的归路，断掉敌军的后路；第三，攻击他们的将帅、首都、心脏地区等，让他们不得不发兵相救，这样就能够为我们的作战提供条件，进而将敌军歼灭。

我不欲战，画地而守之，

曹操曰：军不欲烦也。

我军需要修整，不想作战的时候，就要想方设法地不要让敌军来攻击我们。

敌不得与我战者，乖其所之也。

曹操曰：乖，戾也。戾其道示以利害，使敌疑之。我未修垒堑（qiàn），敌人不以形势之长，就能加之于我者，不敢攻我也。

我军需要修整或者在为下一次进攻做准备时，要想不让敌人前来进攻，就必须把敌人的注意力引诱到别处，扰乱他们的思维，让他们犹豫不决，为我军赢得修整的时间。从"我未修垒堑"以下，根据《太平御览》补加。

故形人而我无形，则我专而敌分。我专为一，敌分为十，是以十共其一也，则我众而敌寡。能以众击寡者，则吾之所与战者约矣。吾所与战之地不可知，不可知，则敌所备者多，敌所备者多，则吾所与战者寡矣。

曹操曰：形藏敌疑，则分离其众备我也，言少而易击也。

察明敌军情况，不要让敌军察明我军的情况，这样一来，为了防御，敌军可能会分兵把守，我军则可以集中兵力攻击一处，以众击寡，处于绝对优势地位。形藏敌疑，抓住关键，不让敌人了解我军的兵力部署和意图，使得敌人必须分散兵力以防守。

故备前则后寡，备后则前寡，备左则右寡，备右则左寡，无所不备，则无所不寡。寡者，备人者也；众者，使人备己者也。

曹操曰：上所谓形藏敌疑，则分离其众以备我也。

敌军分兵把守以防备我军，这样一来，敌军各处的兵力比较弱，我军集中兵力攻打其中一处，优劣势态就一目了然。

故知战之地，知战之日，则可千里而会战。

曹操曰：以度量知空虚会战之日。

地，作战的地方；日，作战的时间；会战，就是会合兵力和敌军交战。能够算出有利于和敌军作战的时间地点，即便跋山涉水，也可以和敌军一战；如果时间、地方对于我军并不利，即使敌军就在眼前，也不可以发动攻击。曹操所注

的"度量"，就是要衡量各种条件，然后再作出判断，要有了取胜的把握，才能够出击。

不知战地，不知战日，则左不能救右，右不能救左，前不能救后，后不能救前，而况远者数十里，近者数里乎？以吾度之，越人之兵虽多，亦奚益于胜败哉！

曹操曰：越人相聚，纷然无知也。或曰，吴越仇国也。

越，春秋时期的越国，常和吴国交战，吴国兵力强多，把越国消灭了；后来越人卧薪尝胆，多年之后，又带兵灭了吴国。这里以吴国和越国的战争为例，指兵力的多寡并不能直接决定战争的胜败。

故曰：胜可为也。敌虽众，可使无斗。故策之而知得失之计，作之而知动静之理，形之而知死生之地，角之而知有余不足之处。

曹操曰：角，量也。

《孙子兵法》的原文是指，通过谋划以分析利弊，用侦察等方式来了解敌军的情况，侦察地形以了解进攻过程中的利弊，发动小规模的战争以了解敌军的优劣。

故形兵之极，至于无形，无形则深间不能窥，知者不能谋。因形而错胜于众，众不能知；

曹操曰：因敌形而立胜。

最好的军队伪装，是没有行迹；没有行迹，即便是深藏其间的间谍也没有办法看出端倪，有智慧的人也没有办法想出谋略。随后依据敌军的变化而随机应变，如此才能够取得胜利。《太平御览》中"敌形"作"地形"，根据下文，应为"敌形"。

人皆知我所以胜之形，而莫知吾所以制胜之形；

曹操曰：不以一形之胜万形。或曰，不备知也。制胜者，人皆知吾所以胜，莫知吾因敌形制胜也。

敌情是不断发生变化的，了解了这一次作战中敌军的情况，不等于了解了之后每一次作战中敌军的情况，以后每一次作战前必须有相对应的措施才好。

故其战胜不复，而应形于无穷。

曹操曰：不重复动而应之也。

取胜之法要灵活多变，不能重复利用，敌变我也变。

夫兵形象水，水之行，趋高而避下；兵之形，避实而击虚。水因地而制流，兵因敌而制胜。故兵无常势，水无常形，能因敌变化而取胜者，谓之神。

曹操曰：势盛必衰，形露必败，故能因敌变化，取胜若神。

根据敌人的变化制定取胜的方针，是《孙子兵法》中重要的作战方略。

故五行无常胜，四时无常位，日有短长，月有死生。

曹操曰：兵无常势，盈缩随敌。

在中国古代，哲学家们用五行来说明世间万物相生相克的关系，任何一种物质都不是必胜的。四时，则是春夏秋冬，四季更迭。白昼有长有短，月亮有明有暗，用兵也无常势，要根据敌军的情况随时变化。

军争篇

曹操曰：两军争胜。

本篇主要论述了战争中敌我双方取胜的问题，要想取胜，必须要抢占先机、出其不意等。

孙子曰：凡用兵之法，将受命于君，合军聚众，

曹操曰：聚国人，结行伍，选部曲，起营为军陈。

将帅受命后，要动员民众，组织军队，选派将佐，编制严整，指挥有序，以此和敌军对阵。

交和而舍，

曹操曰：军门为和门，左右门为旗门，以车为营曰辕门，以人为营曰人门，两军相对为交和。

此处指两军对阵的立营之法。《太平御览》中"旗"作"期"。

莫难于军争。

曹操曰：从始受命，至于交和，军争难也。

在两军对阵中，最困难的是如何抢占先机。

军争之难者，以迂为直，以患为利。

曹操曰：示以远，速其道里，先敌至也。

从敌人没有防备或防备虚弱的地方经过，躲开了敌军的牵制，能够较快地到达所争取的要地。曹操注，这样看似走了远路，却是能够迅速到达的

"直路"，以迂为直，以患为利。

故迂其途而诱之以利，后人发，先人至，此知迂直之计者也。

曹操曰：迂其途者，示之远也；后人发，先人至者，明于度数，先知远近之计也。

以迂为直，以利诱敌，虽然没有敌人出动得早，却能够比敌人先行到达战略要地，掌握先机。

故军争为利，军争为危。

曹操曰：善者则以利，不善者则以危。

争取先机，有其有利的一面，也有其不利的一面。是利还是不利，完全要看处置是否得当。

举军而争利，则不及；

曹操曰：迟不及也。

带着全军装备去占领要地，会拖延时间，无法在敌人之前到达。

委军而争利，则辎重捐。

曹操曰：置辎重，则恐捐弃也。

如若把辎（zī）重丢下，轻装上阵，辎重就有可能损失。

是故卷甲而趋，日夜不处，

曹操曰：不得休息，罢也。

卷起盔甲，昼夜行军，只会让部队疲惫。

倍道兼行，百里而争利，则擒三将军。劲者先，罢者后，其法十一而至。

曹操曰：百里而争利，非也，三将军皆以为擒。

奔走一百里去争取利，是不可行的，因为部队过于疲累，十个人中也就

有一个人可以到达，这样一来，三军的将领会被俘。

五十里而争利，则蹶（jué）上将军，其法半至。

曹操曰：蹶犹挫也。

上将军，先头部队的将领。若是奔走五十里去争利，那么先头部队的将领则会受挫，最后只有一半人马能够到达。

三十里而争利，则三分之二至。

曹操曰：道近至者多，故无死败也。

奔波三十里去争利，因为道路比较近，所以能有很多人可以到达。

是故军无辎重则亡，无粮食则亡，无委积则亡。

曹操曰：无此三者，亡之道也。

没有辎重，没有粮食，没有军用物资，军队很难作战和生存。

故不知诸侯之谋者，不能豫交；

曹操曰：不知敌情谋者，不能结交也。

不了解各国的政治动向，就没办法制定出外交方针。

不知山林、险阻、沮泽之形者，不能行军；

曹操曰：高而崇者为山，众树所聚者为林，坑堑者为险，一高一下者为阻，水草渐洳者为沮，众水所归而不流者为泽。不先知军之所据及山川之形者，则不能行师也。

不用乡导者，不能得地利。故兵以诈立，以利动，以分合为变者也。

曹操曰：兵一分一合，以敌为变也。

设立陷阱，出奇制胜，用兵要奇异多变，如此才能够取得胜利。另外，还要根据敌情的变化而决定兵力的集中或分散。

故其疾如风，

曹操曰：击空虚也。

攻击敌人的空虚位置，要行动迅速，不要错失良机。

其徐如林，

曹操曰：不见利也。

无利不动，所以可以舒缓。

侵掠如火，

曹操曰：疾也。

进攻时要如熊熊大火那般迅疾。

不动如山，

曹操曰：守也。

坚守时要如山岳一般，难以撼动。

难知如阴，动如雷霆。掠乡分众，

曹操曰：因敌而制胜也。

掠乡，掠夺乡邑的财务；分众，分配俘获的人众。指分配战利品，充实、加强自身。

廓地分利，

曹操曰：分敌利也。

廓地，指的是扩张领土或者分配土地。

悬权而动。

曹操曰：量敌而动也。

悬权，指的是权衡轻重、大小、利害，比较得失，然后再决定怎样行动。

先知迂直之计者胜，此军争之法也。《军政》曰："言不相闻，故为鼓铎（duó）；视不相见，故为旌旗。"夫金鼓旌旗者，所以一民之耳目也。民既专一，则勇者不得独进，怯者不得独退，此用众之法也。故夜战多火鼓，昼战多旌旗，所以变民之耳目也。故三军可夺气，

曹操曰：左氏言一鼓作气，再而衰，三而竭。

《军政》，古代的兵书，现已经失传。《左传》中有"一鼓作气，再而衰，三而竭"之说。

将军可夺心。是故朝气锐，昼气惰，暮气归。故善用兵者，避其锐气，击其惰归，此治气者也。以治待乱，以静待哗，此治心者也。以近待远，以佚待劳，以饱待饥，此治力者也。无要正正之旗，勿击堂堂之陈，此治变者也。

曹操曰：正正，齐也；堂堂，大也。

不拦截旗帜齐整的军队，不攻打阵容强大的敌军，因为这样的敌军是有防备的。

故用兵之法，高陵勿向，背丘勿逆，佯北勿从，锐卒勿攻，饵兵勿食，归师勿遏，围师必阙，穷寇勿迫。此用兵之法也。

曹操曰：《司马法》曰："围其三面，阙其一面，所以示生路也。"

作战八原则：一，不要攻打占领山地的军队；二，不要正面进攻背靠高地的军队；三，不去追击佯装后退的军队；四，不要攻打敌军的精锐；五，不要因为小利而掉入敌军的陷阱；六，不要拦截退回本国的军队；七，包围敌人时，要给敌人留一个缺口；八，不要追击身处绝境的敌军。此问意为用兵一定要谨慎，减少或者是避免自己的损失。

九变篇

曹操曰：变其正，得其所用有九也。

本篇讲述的是在各种情况下的措施。九变，根据具体情况而灵活变动，不必按照正常的方式行动。

孙子曰：凡用兵之法，将受命于君，合军聚众。圮地无舍，

曹操曰：无所依也。水毁曰圮（pǐ）。

圮地行动不便，住宿困难，不适合安营扎寨。圮地，沼泽等地。

衢（qú）地合交，

曹操曰：结诸侯也。

衢地，四通八达之地，几国交界之地。得到这个地方，就可以结交各方诸侯，得到各方的支持。

绝地无留，

曹操曰：无久止也。

绝地，没有水源及无处放牧和采樵的地方。在这种地方，人马饮水困难，牲口没有水草可吃，部队没有柴烧，是不能久留之地。另外，绝地也指溪谷坎险之地，此处地形处于劣势，一旦有敌人进攻，将会进退两难，所以也不是久留之地。

围地则谋，

曹操曰：发奇谋也。

围地，容易被敌军包围的地方。一旦被敌人包围，就要制定出出奇制胜的策略。

死地则战。

曹操曰：殊死战也。

死地，如若不能迅速作战就会灭亡的地方。一旦在这样的地区与敌人遭遇，就只有殊死一战，或许还能够置之死地而后生，赢得一线生机。

涂有所不由，

曹操曰：隘难之地，所不当从，不得已从之，故为变。

认真研究进军的路途，隐蔽自己的行动，预防敌人的偷袭，有时候就不要选择好走的路。

军有所不击，

曹操曰：军虽可击，以地险难久，留之失前利，若得之则利薄，困穷之兵，必死战也。

虽然发现可以攻打敌人，但不一定非要出兵攻打，一定要统筹全局、衡量得失。对全局不利，不要去攻打；所得甚小，不要去攻打；困穷之兵，不要去攻打。

城有所不攻，

曹操曰：城小而固，粮饶，不可攻也。操所以置华、费而深入徐州，得十四县也。

不一定要把敌人的城邑全部攻破占领。占领之后没有用的，不去占领；占领之后难以坚守的，不去占领；城池坚固、粮食充足的，不去占领。因为攻打的时间过长，代价过高。随后，又以他指挥的徐州之战为例，把敌军主力消灭后，就不再攻击了，周围十四个县也都来投降了。

地有所不争，

曹操曰：小利之地，方争得而失之，则不争也。

争来无益的，就不要去争；因为战争全局的胜利，不在于一城一池的得失。

君命有所不受。

曹操曰：苟便于事，不拘于君命也，故曰：不从中御。

战局变化多端，不符合前线实际情况的君命，可以不接受。《通典》中"拘"作"狗"。

故将通于九变之利者，知用兵矣。将不通于九变之利者，虽知地形，不能得地之利矣。治兵不知九变之术，虽知五利，不能得人之用矣。

曹操曰：谓下五事也。九变，一云五变。

在通晓各种情况下随机应变，将帅就算是懂得用兵了。不通晓随机应变，即便对地形了如指掌，也没办法得到地利；无法随机应变，即便知道了"五利"，也没办法将部队的战斗力充分发挥出来。此处五利指的是：涂有所不由，军有所不击，城有所不攻，地有所不争，君命有所不受。

是故智者之虑，必杂于利害。

曹操曰：在利思害，在害思利，当难行权也。

有智慧的将领在思考问题时，既要看到有利的一面，也要看到不利的一面，如果不能两者兼顾，就很难临机应变。

杂于利，而务可信也，

曹操曰：计敌不能依五地为我害，所务可信也。

原文指在不利的条件下看到有利的一面，就能有信心去作战。曹操注，如果遇到圯（pǐ）地、衢地、绝地、围地、死地等情况，可以使其不为我之害，而为敌之害。

杂于害，故患可解也。

曹操曰：既参于利，则亦计于害，虽有患可解也。

在有利的情况下，看到困难的一面，能够避免祸患萌生。

是故屈诸侯者以害，

曹操曰：害其所恶也。

要想遏制诸侯的势力，就必须做对他不利的事情以损害他。

役诸侯者以业，

曹操曰：业，事也，使其烦劳，若彼入我出，彼出我入也。

让诸侯不得不应对各种麻烦，以此来消耗他们的力量。

趋诸侯者以利。

曹操曰：令自来也。

用小利来引诱其到处奔忙。

故用兵之法，无恃其不来，恃吾有以待也；无恃其不攻，恃吾有所不可攻也。

曹操曰：安不忘危，常设备也。

用兵的方法，不是幻想敌人不来，而是要做好充分的准备以等待敌军的到来；不要指望敌军不来进攻，而是要发展自身的力

量，让敌军的进攻失败。

故将有五危：必死，可杀也；

曹操曰：勇而无虑，必欲死斗，不可曲挠，可以奇伏中之。

对付只知道死拼的敌军，可以用计谋杀掉他；自身只知道死拼，就会中计而被杀。

必生，可虏也；

曹操曰：见利畏怯不进也。

谋取私利和贪生怕死的人，有可能会成为俘虏。

忿速，可侮也；

曹操曰：疾急之人，可忿怒而侮致之也。

对付急躁易怒的将帅，可以激怒他、欺辱他，让他因为冲动而中计。原本是"侮而致之也"，现根据《太平御览》改正。

廉洁，可辱也；

曹操曰：廉洁之人，可污辱致之也。

对付廉洁的人，可以侮辱他，由此让他中计。

爱民，可烦也。

曹操曰：出其所必趋，爱民者，则必倍道兼行以救之，救之则烦劳也。

对于爱民的将帅，可以让他为了保护百姓而烦劳。

凡此五者，将之过也，用兵之灾也。覆军杀将，必以五危，不可不察也。

行军篇

曹操曰：择便利而行也。

本篇主要讲述的是行军、驻军和征候判断。

孙子曰：凡处军相敌，绝山依谷，

曹操曰：近水草利便也。

在靠近山谷的地方宿营，人马便有可以饮食的水草。

视生处高，

曹操曰：生者，阳也。

要驻扎在高处向阳的地方，视野比较开阔。

战隆无登，

曹操曰：无迎高也。

不要仰攻高处的敌军。

此处山之军也。绝水必远水；

曹操曰：引敌使渡。

引诱敌军渡河，在敌军渡河到一半的时候发动攻击，这样的战术是最有利的。

客绝水而来，勿迎之于水内，令半济而击之利；欲战者，无附于水而迎客；

曹操曰：附，近也。

把军队安置在河边，可以射中渡河的敌军。如果不把军队安置在河边，而是安置在合适的地方，等敌军渡河之后再打，便可以全歼敌军。

视生处高，

曹操曰：水上亦当处其高也，前向水，后当依高而处之。

不要让敌军居于上流而我军居于下流，在河岸边也要在高处设防。

无迎水流，

曹操曰：恐溉（gài）我也。

居于下流，就要预防敌军决口放水，水淹我军。

此处水上之军也。绝斥泽，惟亟丢无留；若交军于斥泽之中，必依水草，而背众树，

曹操曰：不得已与敌会于斥泽中。

斥泽，指沼泽地带。指不要在这种地方与敌人交战，要选择在水草好的地方，背靠着树木。

此处斥泽之军也。平陆处易，

曹操曰：车骑之利也。

驻扎在平原上，选择平坦的地方，便于车骑奔跑。

而右背高，前死后生，

曹操曰：战便也。

在平原驻扎时，主力和将帅应该部署在背靠高地的地方，兵力要前低后高，既方便指挥，也便于战斗。

此处平陆上之军也。凡此四军之利，黄帝之所以胜四帝也。

曹操曰：黄帝始立，四方诸侯无不称帝，以此四地胜之也。

黄帝是中国远古五帝之首，在当时的各部落战争中，他在"四地"的问题上处理比较得当，所以能够战胜其他的部落。《太平御览》中不称帝作"亦称帝"。

凡军喜高而恶下，贵阳而贱阴，养生而处实；

曹操曰：恃满实也。养生向水草，可放牧养畜乘。实，犹高也。

在高处驻扎，居高临下，便于军队观望，利于出击。在向阳的地方驻扎，营地干燥；驻扎在潮湿的地方，士兵容易生病，不利于士兵的养生、牧马的喂养。占据有利的地形条件，兵强马壮，是取得胜利的条件。

军无百疾，是谓必胜。陵丘堤防，必处其阳，而右背之；此兵之利，地之助也。上雨，水沫至，欲涉者，待其定也。

曹操曰：恐半涉而水遽（jù）涨也。

河流上游降雨，如果部队需要渡河，要等待洪峰过去、水流稍缓后，避

免被洪峰冲走。

凡地有绝涧、天井、天牢、天罗、天陷、天隙，必亟去之，勿近也。

曹操曰：山深水大者为绝涧，四方高中央下为天井，深山所过若蒙笼者为天牢，可以罗绝人者为天罗，地形陷者为天陷，山涧迫狭地形，深数尺长数丈者为天隙。

绝涧，前后险峻，水衡其中，断绝人行；天井，丝绵陡峭，天然大井；天牢，三面环绝，容易进但很难出，是天然的牢狱；天罗，草木茂密，行动困难，天然的罗网；天陷，低洼地势，道路泥泞，也是天然的陷阱；天隙，地面多沟坑，深且长，天然的地隙。遇到以上这些地形，一定要尽快离开。深山所过若蒙笼者为天牢，《通典》作"深水大泽，葭苇蒙笼所隐蔽者"，《太平御览》作"深水所居朦胧者"；山涧迫狭地形，原本山涧后面有个"道"字，现根据《太平御览》《通典》改正。

吾远之，敌近之；吾迎之，敌背之。

曹操曰：用兵常远六害，今敌近背之，则我利敌凶。

用兵时要远离上面那六种地形，要引诱敌军接近它，我们要面向这些地方，让敌人背靠它们。

军旁有险阻、蒋潢，井生葭苇，山林、翳荟，必谨覆索之，此伏奸之所藏处也。

曹操曰：险者，一高一下之地；阻者，多水也；蒋者，水草之藂（cóng）生也；潢（huáng）者，池也；井者，下也；葭苇者，众草所聚；山林者，众木所居也；翳（yì）荟者，可屏蔽之处也。此以上论地形也，以下相敌情也。

芦苇丛生、草木繁盛的地方，利于敌人的隐蔽、埋伏，一定要反复、仔细地搜索，确保自身的安全。

敌近而静者，恃其险也；远而挑战者，欲人之进也；其所居者易利也。

曹操曰：所居利也。

敌军接近而又没有任何的动作，是因为敌人占领了险要地形；敌人相隔甚远却派遣少数军队来挑战，是想要引诱我军前进。敌军占据了先要地形，面前又是平坦的开阔地，交战对他们而言是比较有利的。

众树动者，来也；

曹操曰：斩伐树木，除道进来，故动。

没有风雨，树却在摇动，说明树林中有敌军埋伏，因为他们砍伐树木开路前进，所以树才会动。

众草多障者，疑也。

曹操曰：结草为障，欲使我疑也。

草丛中有障碍，一定是布置的疑阵。

鸟起者，伏也；

曹操曰：鸟起其上，下有伏兵。

鸟群飞起，是因为树林中有伏兵，鸟儿受了惊吓，才会突然飞起。

兽骇者，覆也。

曹操曰：敌广陈张翼，来覆我也。

敌人在很多地方设置伏兵，是想要如猛兽一般攻击、消灭我军。敌人隐蔽来袭时，尘土比较高而尖的，来的是战车；尘土比较低而宽的，来的是步兵；尘土比较疏散的，是敌人在砍伐曳柴；尘土比较少而又时起时落的，是敌人正在安营扎寨。

尘高而锐者，车来也；卑而广者，徒来也；散而条达者，樵采也；少而往来者，营军也。辞卑而益备者，进也；

曹操曰：其使来辞卑，使间视之，敌人增备也。

敌人的使者姿态比较低，派人前去侦察，敌人却是加强了战备，这是因为敌人正准备发动攻击；敌人的使者言辞强硬，敌军佯装前进，实际上敌军却是在退却。敌人先出动轻车，在两翼布阵，是敌军在展开战斗队形。

辞诡而强进驱者，退也；

曹操曰：诡，诈也。

敌人没有必要求和，却前来求和，这其中一定有阴谋。

轻车先出居其侧者，阵也；

曹操曰：陈兵欲战也。

敌方的士兵四处奔走，意味着敌军在展开兵力，准备与我军决一死战。

无约而请和者，谋也；奔走而陈兵车者，期也；半进半退者，诱也。倚仗而立者，饥也；汲而先饮者，渴也；见利而不进者，劳也。

曹操曰：士卒之疲劳也。

士兵拄着拐杖站立，拿到水时自己先喝，这表明敌人已经饥渴不堪了。敌人疲惫不堪，即便见到利益也不愿意去争取了。

鸟集者，虚也；夜呼者，恐也；

曹操曰：军士夜呼，将不勇也。

军士夜间惊呼，惊扰士卒，是因为将领不勇敢。

军扰者，将不重也；旌旗动者，乱也；吏怒者，倦也；粟马肉食，军无悬瓿（fǒu），不返其舍者，穷寇也。谆谆翕（xī）翕，徐言入人者，失众也；

曹操曰：谆谆，语貌；翕翕，失志貌。

作为将领，低声下气地和自己的士兵说话，表明他已经失去了人心。

数赏者，窘也；数罚者，困也；先暴而后畏其众者，不精之至也。

曹操曰：先轻敌，后闻其众，则心恶之也。

数次颁发奖赏，是因为没有其他鼓舞士气的方法；数次使用刑罚，是因为处境困难。对属下先是粗暴而后畏惧属下不稳，这是将领不高明的缘故。

来委谢者，欲休息也。兵怒而相迎，久而不合，又不相去，必谨察之。

曹操曰：备奇伏也。

来使言辞委婉谦卑，是因为敌人想要由此得到修整的时间。敌兵怒气冲冲而来，却又久久不攻，也不撤退，此时一定要谨慎观察，可能会有奇兵埋伏。

兵非益多也，

曹操曰：权力均。一云，兵非贵益多。

兵力不在于多，而在于能够权衡轻重地运用兵力。

惟无武进，

曹操曰：未见便也。

不要盲目前进，要懂得集中力量，辨别敌情，选拔人才。武进，意为冒进。

足以并力料敌取人而已。

曹操曰：厮养足也。

不懂得深思熟虑又轻敌的人，一定会被敌人俘虏的。

夫惟无虑而易敌者，必擒于人。卒未亲附而罚之，则不服，不服则难用也。卒已亲附而罚不行，则不可用也。

曹操曰：恩信已洽，若无刑罚，则骄惰难用也。

士兵没有亲附将帅时，将帅施以刑罚，他们便不会服从，不服从就很难指挥；士兵亲附了将帅，但如果因为不能执行纪律而受到惩罚，部队就会生出骄惰，也无法作战。

故令之以文，齐之以武，

曹操曰：文，仁也；武，法也。

用仁德的方法进行安抚，用严厉的手段使部队行动一致。

是谓必取。令素行以教其民，则民服；令不素行以教其民，则民不服。令素信著者，与众相得也。

地形篇

曹操曰：欲战，审地形以立胜也。

本篇讲述的是作战之前一定要细心研究作战的有利地形，有利地形是作战胜利的前提。

孙子曰：地形有通者，有挂者，有支者，有隘者，有险者，有远者。

曹操曰：此六者，地之形也。

有六种不同的地形。一是通，指交通便利、没有险阻的地方，在这种地方作战，要占领向阳的高地，保证粮道畅通；二是挂，指可以进却很难退的地方，在这种地方，如果敌人没有防备，可以发动突然袭击，能够取得胜利。如果敌人有防备，我军冒然进攻，不能取胜也无法后退，就会让我军陷入两难的境地；三是支，指敌我双方位于狭路的两端，等到敌军进攻到一半的时候，我军再发起攻击，就能够胜利；四是隘，指关隘口，我军要抢占先机，构筑、坚守阵地，这样一来，敌军就难以发动进攻。如果是敌军先行占领，我军则不宜发动攻击。如果敌人还没有构筑成阵地，我军也可奋力一搏，与其争夺一番；五是险，指险要的地形，在这种地方，要争取占领高地或要地，据险而等待敌军，如果敌人已经抢先占领，此时后退是最好的办法，而不是冒险攻击；六是远，敌我双方相距较远时，二者军事力量又相当时，不适合作战。

我可以往，彼可以来，曰通。通形者，先居高阳，利粮道，以战则利。

曹操曰：宁致人，无致于人。

我军要争取主动，而避免陷于被动。

可以往，难以返，曰挂。挂形者，敌无备，出而胜之；敌若有备，出而不胜，难以返，不利。我出而不利，彼出而不利，曰支。支形者，敌虽利我，我无出也；引而去，令敌半出而击之，利。隘形者，我先居之，必盈之以待敌；若敌先居之，盈而勿从，不盈而从之。

曹操曰：隘形者，两山之间通谷也，敌势不得挠我也。我先居之，必前齐隘口，陈而守之，以出奇也。敌若先居此地，齐口陈，勿从也。即半隘陈者从之，而与敌共此利也。

险形者，我先居之，必居高阳以待敌；若敌先居之，引而去之，勿从也。

曹操曰：地形险隘，尤不可致于人。

在地形险隘的地方，千万不要受制于人。

远形者，势均，难以挑战，战而不利。

曹操曰：挑战者，延敌也。

远途袭击，对我军极为不利。

凡此六者，地之道也，将之至任，不可不察也。故兵有走者，有弛者，有陷者，有崩者，有乱者，有北者。凡此六者，非天之灾，将之过也。夫势均以一击十，曰走；

曹操曰：不料力。

部队发生走（逃跑）、弛（松弛）、陷（陷落）、崩（崩溃）、乱（混乱）、北（败北）这六种情况时，并非是天降灾祸，而是将帅无能。如果双方军事力量相当，却要用一倍的兵力去攻打十倍的敌人，以寡击众，致使士兵不得不奔逃，这是将帅自不量力的结果。

卒强吏弱，曰弛；

曹操曰：吏不能统，故弛坏。

士兵强，将帅弱，管理不善，指挥不了，导致军队纪律松弛。

吏强卒弱，曰陷；

曹操曰：吏强欲进，卒弱辄陷，败也。

将帅强，士兵弱，将帅带头冲锋，士兵却跟不上，致使将帅身陷敌阵，被杀或是被俘。

大吏怒而不服，遇敌怼而自战，将不知其能，曰崩；

曹操曰：大吏，小将也。大将怒之而不厌服，忿而赴敌，不量轻重，则必崩坏。

小将对主帅的批评心有不满，愤然带着自己的部队迎敌，感情上比较冲动，无法认清敌军的实力，这样的部队最终一定会奔溃的。

将弱不严，教道不明，吏卒无常，陈兵纵横，曰乱；

曹操曰：为将若此，乱之道也。

将帅比较懦弱，纪律不严明，士兵不守规矩，队形不整齐，部队散乱。如果将帅这个样子，军队必然会混乱。

将不能料敌，以少合众，以弱击强，兵无选锋，曰北。

曹操曰：其势若此，必走之兵也。

主帅对敌情不了解，用弱兵去攻打敌人的强兵，而不是派遣精锐部队去担当主攻，这样一来，最终一定会失败。

凡此六者，败之道也，将之至任，不可不察也。夫地形者，兵之助也。料敌制胜，计险厄远近，上将之道也。知此而用战者必胜，不知此而用战者必败。故战道必胜，主曰无战，必战可也。战道不胜，主曰必战，无战可也。故进不求名，退不避罪，唯民是保，而利合于主，国之宝也。

视卒如婴儿，故可与之赴深豁，视卒如爱子，故可与之俱死。厚而不能

使，爱而不能令，乱而不能治，譬如骄子，不可用也。

曹操曰：恩不可专用，罚不可独任，若骄子之喜怒对目，还害而不可用也。

像对待婴儿和爱子一样对待士兵，如此才能够和士兵并肩作战。不过，厚待士兵而不能指使他们，爱护士兵而不能调遣他们，这就会出现混乱不堪的情况，就如同家里的骄子一样，是不能任用的。

知吾卒之可以击，而不知敌之不可击，胜之半也；知敌之可击，而不知吾卒之不可以击，胜之半也；知敌之可击，知吾卒之可以击，而不知地形之不可以战，胜之半也。

曹操曰：胜之半者，未可知也。

知道我军可以出击，而不知道敌人不可以出击；知道敌人可以出击，而不知道我军不可以出击；知道敌人可以出击，我军也可以出击，却不知道地形是否允许出击。这三种情况下，胜负的几率各占一半。所以，善用兵的人，指挥坚定，措施变幻无穷，既了解自己也了解敌人，懂得天时地利，胜利就有保障了。

故知兵者，动而不迷，举而不穷。故曰：知彼知己，胜乃不殆；知地知天，胜乃可全。

九地篇

曹操曰：欲战之地有九。

本篇主要论述了在和敌军作战时，根据不同地形，采取不同的策略。

孙子曰：用兵之法，有散地，有轻地，有争地，有交地，有衢地，有重地，有圮地，有围地，有死地。

曹操曰：此九地之名也。

用兵的地形，因为战略位置和条件的不同而对作战发生不同的影响，这样的地形有九种。

诸侯自战其地为散地；

曹操曰：士卒恋土，道近易散。

战争发生在诸侯的本土时，战场离家比较近，士兵更容易逃亡、溃散。

入人之地而不深者为轻地；

曹操曰：士卒皆轻返也。

进入敌阵不深，士兵离家乡比较近，仍然容易逃亡。

我得则利，彼得亦利者为争地；

曹操曰：可以少胜众，弱胜强。

争地，指的是敌我双方的必争之地。谁能够得到，谁就能够占据有利的地方，争夺这样的地方要不避讳牺牲，争先夺取。占领了这种地方，就能够以少胜多，以弱胜强。

我可以往，彼可以来者为交地；

曹操曰：道正相交错也。

交错，道路交错、交通方便的地区。

诸侯之地三属，

曹操曰：我与敌相当，而旁有他国也。

三国交界之地，四通八达，称为"衢（qú）地"。

先至而得天下之众者为衢地；

曹操曰：先至得其国助也。

先到达衢地的军队，就能得到敌我之外的第三方得到帮助。

入人之地深，背城邑多者为重地；

曹操曰：难返之地。

深入敌境，士卒不易也不敢随意逃亡，因为和本国距离比较远，交通容易被阻断，后退也比较困难。这种地方称为重地。

行山林、险阻、沮泽，凡难行之道者为圮地；

曹操曰：少固也。

山林、险阻、沮泽，凡是难行的道路被称为圮地。很难通行的地方，用少数的兵力就能够坚守。

所由入者隘，所从归者迂，彼寡可以击吾之众者为围地；疾战则存，不疾战则亡者为死地。

曹操曰：前有高山，后有大水，进则不得，退则有碍。

围地，指的是进入困难、后退困难的地方，敌军用少了的兵力就能够击败多数兵力的我们。在不利地形下，如果不能迅速作战，就只有死路一条，只有奋勇作战，才能够赢得一线生机，这种地方被称为死地。

是故散地则无以战，轻地则无止，争地则无攻，

曹操曰：不当攻，当先至为利也。

不要在散地交战，不要在轻地停留，不要等敌人占领了所争之地再去争夺，一定要抢先到达、控制这样的地方。

交地则无绝，

曹操曰：相及属也。

在交地，部署部队的时候一定要让各部能够互相策应联系。

衢地则合交，

曹操曰：结诸侯也。

在衢地，应该和邻近的诸侯国结好，从事外交活动，让他们成为我们的助力而不是敌人的助力。

重地则掠，

曹操曰：蓄积粮食也。

进入重地之后，部队要征掠敌国的粮秣，保障自己的军需。

圮地则行，

曹操曰：无稽留也。

进入圮（pǐ）地后，部队要快速通过，不要停留。

围地则谋，

曹操曰：发奇谋也。

部队陷入围地的时候，要想出奇谋，避免被敌人围困。

死地则战。

曹操曰：殊死战也。

陷入死地后，就要拼死一战，万不可犹豫。

所谓古之善用兵者，能使敌人前后不相及，众寡不相恃，贵贱不相救，上下不相扶，卒离而不集，兵合而不齐。合于利而动，不合于利而止。

曹操曰：暴之使离，乱之使不齐，动兵而战。

善于用兵的人，都会使敌军的前后部队无法相互策应，小部队和主力军无法相互依靠，将帅和士兵不能相互救援，上下无法相容，士兵发生混乱后无法集合，即便集合起来了也无法齐整。曹操注的意思是，给敌军沉重的打击，让他们没办法集合，或是不断扰乱他们，让敌军没有办法整顿，不能给敌军任何机会。

敢问：敌众以整而将来，待之若何？

曹操曰：或问也。

如果敌军军容整齐、兵力众多地向我军袭击，应该怎么应对呢？

曰：先夺其所爱，则听矣。

曹操曰：夺其所恃之利。若先据利地，则我所欲必得也。

把敌人倚仗的有利条件争夺过来，就能够让敌军陷入被动之中，从而听从我军调动。

兵之情主速，乘人之不及，由不虞之道，攻其所不戒也。

曹操曰：孙子应难以覆陈兵情也。

指挥作战的主旨是迅速，趁着敌军措手不及时，用出乎敌军意料的方法，攻打敌人没有防备的地区，这是指挥作战的原则。当然，战争情况也不能一概而论，原则也要懂得灵活运用，孙子也只能提出这个原则，而无法一一说明战争的具体，关键还是在于指挥者灵活运用。

凡为客之道，深入则专，主人不克。掠于饶野，三军足食，谨养而勿劳，并气积力，运兵计谋，为不可测。

曹操曰：养士并气运兵，为不可测度之计。

进入敌境，士兵就能够专心致志，只能拼命作战，敌人就难以抵御。抢夺敌人的粮秣，让士兵和马匹都能够饱腹。这个时候，作为指挥者，一定要把战斗的间隙利用起来，让士兵养精蓄锐，提高战斗力，并为下一步的行动想出计策，让敌人不能推测。

投之无所往，死且不北，死焉不得，

曹操曰：士死安不得也。

曹操注，士兵若能拼死作战，哪能不胜利呢？

士人尽力。

曹操曰：在难地心并也。

士兵身处危险的境地，又哪有人不会尽力呢。曹操注，陷入危险的境地，士兵们反而没有了恐惧。只有团结一心、共同作战，才能够死地求生，部队也会更加坚固。

兵士甚陷则不惧，无所往则固，深入则拘，

曹操曰：拘，缚也。

身陷绝境，士兵会拼死作战，这个时候，即便不刻意约束，士兵也不会散乱。

不得已则斗。

曹操曰：人穷则死战也。

没有其他的办法，只能死地求生，决一死战。

是故其兵不修而戒，不求而得，不约而亲，不令而信，

曹操曰：不求索其意，自得力也。

不用鼓励，人人也都会出力；不刻意整顿，军队也会提高警惕；不必约束，士兵也会亲和协力。

禁祥去疑，至死无所之。

曹操曰：禁妖祥之言，去疑惑之计。

禁止各种迷信活动，如算命、卜卦、看相等，消除部下的疑虑。

吾士无余财，非恶货也；无余命，非恶寿也。

曹操曰：皆烧焚财物，非恶货之多也，弃财致死者，不得已也。

焚烧财物，不是我们不喜欢钱财，而是生命都没有了，要钱财又有何用呢？也不是不爱惜自己的生命，但是如果不去拼命，就保不住自己的性命。

令发之日，士卒坐者涕沾襟，偃卧者涕交颐。

曹操曰：皆持必死之计。

命令到达之日，坐着的士兵泪水沾湿了衣襟，卧着的士兵也是泪流满面。曹操注，每个人都抱着必死的决心。

投之无所往者，诸、刿之勇也。故善用兵，譬如率然；率然者，常山之蛇也。击其首则尾至，击其尾则首至，击其中则首尾俱至。敢问：兵可使如率然乎？曰：可。夫吴人与越人相恶也，当其同舟而济，遇风，其相救也如左右手。是故方马埋轮，未足恃也；

曹操曰：方，缚马也；埋轮，示不动也。此言专难不如权巧，故曰：设方马埋轮，不足恃也。

前往战场的士兵犹如专诸（春秋末吴国的勇士）和曹刿（春秋时期的鲁国勇士）一样勇敢。善于用兵的人，要使强者和弱者都发挥作用，适当利用地形条件，让我军处于有利的态势。曹操注，把马拴住，把车轮埋下，以此来阻止士兵逃亡，这种方法是靠不住的。

齐勇若一，政之道也；刚柔皆得，地之理也。

曹操曰：强弱一势也。

要想让士兵奋勇作战，将帅就必须要指挥得当、领导得法，要刚柔相济，让我方处于有利的地位。

故善用兵者，携手若使一人，不得已也。

曹操曰：齐一貌也。

善于用兵的人能够使全军上下齐心协力，犹如一个人一样，也是将帅指挥得当、领导有方的缘故。

将军之事，静以幽，正以治。

曹操曰：谓清净幽深平正。

将军工作时要镇静而深思，处理问题时要公正严谨而有条理。

能愚士卒之耳目，使之无知。易其事，革其谋，使人无识；易其居，迂其途，使人不得虑。

曹操曰：愚，误也。民可与乐成，不可与虑始。

还未行动之前，不让士兵知道作战的意图，这是为了保守军事机密。这种保密工作，古今中外都是一样的。军事行动是不断变化的，谋略也是不断变化的，要让敌人无法识破你的真实意图。

帅与之期，如登高而去其梯；帅与之深入诸侯之地，而发其机。焚舟破釜，若驱群羊而往，驱而来，莫知所之。

曹操曰：一其心也。

将帅带着军队深入敌境，要像已经射出的箭矢一样，只能前进而不能返回；好比让人登高之后而抽回了梯子，无法退回。破釜沉舟，让士兵明白如

若没有办法赢得胜利，面对的只能是死亡。这样一来，士兵们自然会万众一心，抱着必死的决心去战斗。

聚三军之众，投之于险，此谓将军之事也。

曹操曰：险，难也。

聚集全军之力，投身于险要的境地，所谓置之死地而后生，这既是将帅需要做出的决定，也是将帅的职责。

九地之变，屈伸之利，人情之理，不可不察也。

曹操曰：人情见利而进，见害而退。

到不同的地区作战，将帅应该根据实际情况随机应变，掌握好人员心理，以利害明之。

凡为客之道，深则专，浅则散。去国越境而师者，绝地也；四达者，衢地也；入深者，重地也；入浅者，轻地也；背固前隘者，围地也；无所往者，死地也。

深入敌境的作战原则：进入得越深，士兵就会更加专心应战；进入得越浅，士兵们就有可能溃散而逃。离开本国去他国境内作战，就是进入绝地；四通八达的，属于衢地；进入深的，属于重地；进入浅的，是轻地；背后有坚固堡垒而前面道路狭隘的，是围地；无路可走的，是死地。

是故散地，吾将一其志；轻地，吾将使之属；

曹操曰：使相及属。

进入轻地之后，士兵们仍然容易逃亡，所以这个时候一定要让部队严密布署，防止士兵逃走。

争地，吾将趋其后；

曹操曰：利地在前，当速进其后也。

谁先得到争地，谁就能够处于有利的地位，所以一定要快速前进，并且抢先到达。

　　交地，吾将谨其守；衢地，吾将固其结；重地，吾将继其食；

　　曹操曰：掠彼也。

　　深入敌境之后，我们要就地取得粮秣，保证己方的补给。

　　圮地，吾将进其涂；

　　曹操曰：疾过去也。

　　经过山林、险阻、沮泽等圮地时，要快速通过。

　　围地，吾将塞其阙；

　　曹操曰：以一士心也。

　　陷入围地之后，干脆堵上了缺口，让士兵走投无路，只能团结一心，决一死战。

　　死地，吾将示之以不活。

　　曹操曰：励士也。

　　进入了死地，要显示出决一死战之心，要鼓舞士气，在死地中求生。

　　故兵之情，围则御，

　　曹操曰：相持御也。

　　所以士兵的心理是，被包围就一

定要抵抗。

不得已则斗，

曹操曰：势有不得已也。

情势让人迫不得已的时候，就会拼死战斗。

过则从。

曹操曰：陷之甚过，则从计也。

部队陷入了危险的境地，这个时候的士兵反而更容易听从指挥。

是故不知诸侯之谋者，不能预交；不知山林、险阻、沮泽之形者，不能行军；不用乡导者，不能得地利。

曹操曰：上已陈此三事，而复云者，力恶不能用兵，故复言也。

此处与上文有些重复，但在曹操看来，再次重复着三件事，是有意强调这三者在指挥作战中的重要作用。

四五者不知一，非霸王之兵也。

曹操曰：谓九地之利害。或曰：上四五事也。

以上所说的几件事情都很重要，不要忽略其中的任何一件事情。

夫王霸之兵，伐大国，则其众不得聚；威加于敌，则其交不得合。是故不争天下之交，不养天下之权，信己之私，威加于敌，故其城可拔，其国可隳（huī）。

曹操曰：霸王者，不结成天下诸侯之权也，绝天下之交，夺天下之权，以威德伸己之私。

霸，指的是称霸诸侯的诸侯之长；王，指的是让天下诸侯侍奉的最高统治者。只要是霸王的军队，攻打某一个大国，会让对方的军队和子民来不及反应和动员。用霸王的威势压制敌人，周边就没有人敢和敌人结交，所以他也不必结交任何国家，不必培养某个国家的势力，霸王维护住自身的权威，就能够占领其城池，毁灭他的国家。

施无法之赏，悬无政之令，

曹操曰：言军法令不预施悬也。《司马法》曰："见敌作誓，瞻功作赏。"此之谓也。

犯三军之众，若使一人。

曹操曰：犯，用也。言明赏罚，虽用众，若使一人也。

要想让众多的士兵犹如一个人一样，就必须依靠严明的赏罚制度。

犯之以事，勿告以言；犯之以利，勿告以害。

曹操曰：勿使知害。

派遣士兵去打仗，不必说明具体原因；派遣士兵去争夺胜利，不必告诉他们前方的危险。

投之亡地然后存，陷之死地然后生。夫众陷于害，然后能为胜败。

曹操曰：必殊死战，在亡地无败者。孙膑曰："兵恐不投之死地也"。

在危险的境地最容易激发士兵最大的斗志，并由此决定战争的胜负。

故为兵之事，在于顺详敌之意，

曹操曰：佯，愚也。或曰：彼欲进，设伏而退；欲去，开而击之。

用兵指挥作战，在于谨慎地研究敌人的意图。佯，一作"详"，曹操注，做出顺从敌人的假象，如果敌人前来进攻，我军就佯装败退，然后设伏袭击他们。

并敌一向，千里杀将，

曹操曰：并兵向敌，虽千里能擒其将也。

集中兵力攻打敌的某一点，虽然要长驱千里，但一定能够擒杀他的将领。

此谓巧能成事者也。

曹操曰：是成事巧者也。一作是谓巧攻成事。

指挥比较巧妙，能够促成大事。

是故政举之日，夷关折符，无通其使，

曹操曰：谋定则闭关折符，无得有所沮议，恐惑众士心也。

到了决定战争行动大计的时候，要关闭关口，销毁通行证，断绝双方的交通，不让敌国使者来往，主要目的就是封锁消息，保守军队行动的秘密。

励于廊庙之上，以诛其事。

曹操曰：诛，治也。

在廊庙（朝廷高层商议决策的地方）研究、谋划、商定此次战争的大事。

敌人开阖，必亟入之。

曹操曰：敌有间隙，当急入之也。

敌人露出间隙，我军一定要急速前进，趁着这个间隙进入。

先其所爱，

曹操曰：据利便也。

既要夺掉敌人认为比较重要的战略要地，也要根据实际情况作出合适的布署。

微与之期。

曹操曰：后人发，先人至。

不和敌人约定作战的时间地点，而是根据实际情况随机应变，先发制人或者后发制人。

践墨随敌，以决战事。

曹操曰：行践规矩无常也。

刚开始制定的作战计划会随着实际情况的变化而变化，所以在军事行动中也要适时修改。

是故始如处女，敌人开户，后如脱兔，敌不及拒。

曹操曰：处女示弱，脱兔往疾也。

行动之前，一定要如处女一般沉静，不要露出自己的真面目，一旦发现敌人露出了间隙，就要如脱兔一般迅速行动，让敌人来不及防御。

火攻篇

曹操曰：以火攻人，当择时日也。

本篇主要讲述的是火攻的对象、器具、时间及如何里应外合。

孙子曰：凡火攻有五：一曰火人，二曰火积，三曰火辎，四曰火库，五曰火队。行火必有因，

曹操曰：因奸人。

火攻有五种：第一种是焚烧营寨，杀掉敌人的兵员；第二种是焚烧粮秣（mò），断掉敌人的粮食；第三种是焚烧辎重，毁掉敌人的军用物资；第四种是焚烧仓库；第五种是火烧正在行军的敌人或者是敌人的运输线，乘着敌军内部混乱而将其消灭。这五种火攻的方法必须满足一个条件，就是曹操注中所说，要有内应。

烟火必素具。

曹操曰：烟火，烧具也。

要准备好火攻的器具。

发火有时，起火有日。时者，天之燥也；日者，宿在箕、壁、翼、轸（zhěn）也；凡此四宿者，风起之日也。

曹操曰：燥者，旱也。

最适宜火攻的气候是天气干燥之时。天气干燥，火就更容易延燃，所以这个时候还需要注意风向的变化。"日者，宿在箕、壁、翼、轸也"，意思是火攻要在月亮行至箕、壁、翼、轸四个宫位时进行，在古代历法学中，这样

的日子是有风的。当然，根据现代科学，这种说法并不准确。

凡火攻，必因五火之变而应之。火发于内，则早应之于外。

曹操曰：以兵应之也。

只要火攻，一定要根据不同的情况配备不同的兵力。大火起于敌人的内部，就要派兵力在外部接应。

火发而其兵静者，待而勿攻。极其火力，可从而从之，不可从而止。

曹操曰：见可而进，知难而退。

火势起来之后，敌营却非常的安静，说明敌军早有防备，此时要耐心等待而不可冒然进攻。要设法加大火势，等到能进攻的时候再进攻，不适合进攻的时候千万不要进攻，要懂得知难而退。

火可发于外，无待于内，以时发之。火发上风，无攻下风。

曹操曰：不便也。

如果是从外部防火，那么就不需要内应了，只要选择在干燥有风的天气里放火即可。在上风放火，就不要在下风进攻，因为火势会向下风延燃，攻打其下风会对我方不利。

昼风久，夜风止。凡军必知有五火之变，以数守之。

曹操曰：数当然也。

数，规律、规则。指要灵活运用五种火攻的方法。

故以火佐攻者明，以水佐攻者强。水可以绝，不可以夺。

曹操曰：火佐者，取胜有也；水佐者，但可以绝敌道，分敌军，不可以夺敌蓄积。

用火攻辅助进攻的，很明显会取胜；用水攻辅助进攻的，能够断绝敌人的道路，分散敌军，加强攻势，却无法毁掉敌军的粮食辎重。

夫战胜攻取而不修其功者凶，命曰费留。

曹操曰：若水之留，不复还也。或曰：赏不以时，但费留也，赏善不逾日也。

打败了敌军，占领了敌军的城池，不能整治占领的区域而又论功行赏的，这是很危险的，被称为"费留"。

故曰，明主虑之，良将修之。非利不动，非得不用，非危不战。主不可以怒而兴师，将不可以愠而致战；合于利而动，不合于利而止；

曹操曰：不得已而用兵。

发动战争是大事，明智的君主一定要慎重思虑，贤明的将帅也要认真研究。没有利益可图，就不要发动战争；没有必胜的把握，也不要发动战争；不是到了万不得已、必须要打仗的地步，也不要轻易发动战争。

怒可以复喜，愠可以复悦，亡国不可以复存，死者不可以复生。

曹操曰：不得以己之喜怒而用兵也。

作为君主，不能因为愤怒而发动战争，将帅不能因为气恼而发动战争。对国家有利的时候才会发动战争，对国家不利的时候就要停止战争。愤怒可以转变成欢喜，气恼可以转变成开心，但是国家灭亡了无法再重生，人死了也不会再复活，所以明智的君主一定要慎重，贤良的将帅一定要认真。这是关系国家存亡和军队实力保存的关键呀。

故明君慎之，良将警之，此安国全军之道也。

用间篇

曹操曰：战者必用间谍，以知敌之情实也。

本篇主要讲述的是了解敌人内部情况的重要性，并提出了五种间谍的名称、保密的纪律、间谍的任务及反间计的重要性。

孙子曰：凡兴师十万，出兵千里，百姓之费，公家之奉，日费千金，内外骚动，怠于道路，不得操事者七十万家。

曹操曰：古者八家为邻，一家从军，七家奉之，言十万之师举，不事耕稼者七十万家。

发动一场战争，对国家、百姓来说都会耗费巨大、负担累累。根据曹操的计算，古时候兴兵十万，在出兵期间，不能正常从事生产的则要多达七十万家。

相守数年，以争一日之胜，而爱爵禄百金，不知敌之情者，不仁之至也，非人之将也，非主之佐也，非胜之主也。故明君贤将，所以动而胜人，成功出于众者，先知也。先知者不可取于鬼神，不可象于事，

曹操曰：不可以祷祀而求，亦不可以事类而求也。

想要了解敌军的情况，决不能依靠祈祷、占卜这种方法，也不能根据之前类似的经验而作盲目、机械地对比。

不可验于度，

曹操曰：不可以事数度也。

依靠观测天象，用星辰运行来判断敌军方向或是预测吉凶，这是不可

取的。

必取于人，知敌之情者也。

曹操曰：因人也。

必须要从了解敌人情况的活人的口中获得情报。

故用间有五：有因间，有内间，有反间，有死间，有生间。五间俱起，莫知其道，是为神纪，人君之宝也。因间者，因其乡人而用之。内间者，因其官人而用之。反间者，因其敌间而用之。死间者，为诳事于外，令吾间知之，而传于敌。生间者，返报也。

曹操曰：同时任用五间也。

间谍有五种：第一种，因间，让对方区域的乡大夫为我所用，给我方提供情报；第二种，内间，买通对方的官史，为我所用；第三种，反间，让敌方的间谍为我所用；第四种，死间，给敌人传递假情报，欺骗敌军，引诱敌军上当，这样一来，敌军肯定会处死这个间谍，所以称为"死间"；第五种，生间，指活着回来的人报告敌情。这五类间谍同时使用，敌人就不知高深。这是最精妙的打探情报的方法，也是君主的法宝。

故三军之亲，莫亲于间，赏莫厚于间，事莫密于间。非圣智不能用间，非仁义不能使间，非微妙不能得间之实。微哉，微哉，无所不用间也！间事未发而先闻者，间与所告者皆死。

三军之中，没有比间谍更让人亲信的，没有比间谍的待遇更加优厚的，没有比间谍的工作更加秘密的。如若没有智慧，就无法利用间谍；如果没有仁义，就无法指挥间谍；如果没有精妙的方法，就无法得到间谍的情报。间谍是非常精密的工作，要想了解敌人，就没有一处不用到间谍的。间谍的工作还没有开始，秘密就被暴露，这个时候，间谍和所有知道这个秘密的人都要被处死。

凡军之所欲击，城之所欲攻，人之所欲杀，必先知其守将、左右、谒者、门者、舍人之姓名，令吾间必索知之。

对于我军要攻打的城池、要攻击的敌人、要杀的敌方人员，要先了解守城的将士、左右的亲信、传达的官吏、守门的警卫及近身侍奉的人员等，这些都要让我方的间谍逐一查探清楚。

必索敌人之间之来间我者，因而利之，导而舍之，故反间可得而用也。

曹操曰：舍，居止也。

收买对方的间谍为我所用。搜查出敌军安插在我军的间谍，用重金收买，妥善安置，优厚对待，然后把他放回敌军阵营，为我军传递情报，也就是上文所说的反间计。

因是而知之，故乡间、内间可得而使也；因是而知之，故死间为诳事，可使告敌；因是而知之，故生间可使如期。五间之事，主必知之，知之必在于反间，故反间不可不厚也。

这样一来，我们的乡间使用更方便了；我军的死间更容易把假情报传递给敌人了；生间也能够按照约定的时间前来汇报情况了。对于这五种间谍工作，主事的人员一定要知道，反间计是其中最为重要的，所以对反间的待遇不可不优待。

昔殷之兴也，伊挚在夏；

曹操曰：伊挚，伊尹也。

伊尹，商朝初期的大臣。传闻伊尹是家奴出身，后被商汤赏识，辅佐商汤灭掉了夏桀。

周之兴也，吕牙在殷。

曹操曰：吕牙，太公也。

吕牙，吕尚，也称姜尚，就是我们熟知的姜太公。

故惟明君贤将能以上智为间者，必成大功，此兵之要，三军之所恃而动也。

所以，贤明的君主、将帅用最高智慧的人做间谍，一定能够完成大业。间谍是用兵中的一个重要工作，三军的胜败也可由间谍的情报决定。

参考文献

[1] 李敖. 李敖主编国学精要（26）诗经·楚辞·曹操集·王勃集 [M]. 天津：天津古籍出版社，2017.

[2] 曹操. 中国家庭基本藏书·三曹诗集：曹操曹丕曹植（修订版）[M]. 太原：三晋出版社，2008.

[3] 陈庆元. 古代文史经典读本：三曹诗选评 [M]. 上海：上海古籍出版社，2018.

[4] 余冠英. 三曹诗选 [M]. 北京：中华书局，2012.

[5] 曹操. 曹操集 [M]. 北京：中华书局，2012.

[6] 夏传才. 建安文学全书：曹操集校注 [M]. 石家庄：河北教育出版社，2013.

四　附录

为曹公作书与孙权①　阮瑀

【原文】

离绝以来②，于今三年，无一日而忘前好，亦犹姻媾之义③，恩情已深，违异之恨④，中间尚浅也。孤怀此心，君岂同哉？每览古今所由改趣，因缘侵辱⑤，或起瑕衅⑥，心忿意危，用成大变。若韩信伤心于失楚⑦，彭宠积望于无异⑧，卢绾嫌畏于已隙⑨，英布忧迫于情漏⑩，此事之缘也。

【注释】

①为曹公作书与孙权：建安十三年（公元208年），孙权、刘备联合抗击曹操，赤壁之战后，三国鼎立的局势形成。曹操便让阮瑀给孙权写了这封信，想要拉拢孙权，破坏孙、刘联盟。

②离绝：断绝关系。

③姻媾（gòu）：婚姻。曹操将侄女许配给孙策的弟弟孙匡，又要让自己的儿子曹彰迎娶孙权的堂侄女为妻。

④违异：背离。指双方关系破裂。

⑤侵辱：侵害、侮辱。

⑥瑕衅（xìn）：瑕，指玉上的斑点。衅，指玉上的裂纹。比喻过失和嫌隙。

⑦韩信伤心于失楚：指韩信被刘邦废除了楚王的爵位。

⑧彭宠积望于无异：彭宠是汉光武帝时期的将军，后因不满光武帝对他的待遇而起兵造反。

⑨卢绾嫌畏于已隙：卢绾跟着刘邦起兵，封为燕王。后来密谋造反，刘邦派遣使者前来传唤他，他怀疑密谋暴露，不敢应召。

⑩英布忧迫于情漏：英布原是项羽的大将，后来投靠到刘邦门下，被封

为淮南王。刘邦杀掉彭越，并将彭越的肉送到了淮南。英布看后有点疑惧不安，想要谋反。有人把英布的阴谋告知刘邦，刘邦派遣去调查。英布以为事情已经完全败露，便杀了告发者，起兵造反。

【原文】

孤与将军恩如骨肉，割授江南，不属本州①，岂若淮阴捐旧之恨②；抑遏刘馥③，相厚益隆，宁放朱浮显露之奏④；无匿张胜贷故之变⑤，匪有阴构贲赫之告⑥，固非燕王、淮南之矍也。而忍绝王命⑦，明弃硕交⑧，实为佞人所构会也⑨。夫似是之言，莫不动听；因形设象⑩，易为变观⑪。示之以祸难，激之以耻辱，昔苏秦说韩，羞以牛后；韩王按剑，作色而怒⑫；虽兵折地割，犹不为悔，人之情也。仁君年壮气盛⑬，绪信所婴⑭，既惧患至，兼怀忿恨，不能复远度孤心，近虑事势⑮，遂赉见薄之决计⑯，秉翻然之成议⑰；加刘备相扇扬⑱，事结矍连⑲，推而行之，想畅本心⑳，不愿于此也。

【注释】

①本州：汉时的行政建制。孙权割据的江南原本属于扬州管辖，曹操将扬州治所迁到寿春，并承认江南归孙权管辖，不再归扬州管辖。

②淮阴捐旧：淮阴，淮阴侯韩信。捐旧，指韩信失掉了楚王的爵位。

③抑遏刘馥：刘馥，曹操任命的扬州刺史。为了拉拢孙权，曹操会压制扬州刺史刘馥。

④宁放朱浮显露之奏：放，搁置。朱浮显露之奏：东汉光武帝时大将朱浮告发了彭宠。

⑤张胜贷故之变：张胜是燕王卢绾的部将，曾被派遣出使匈奴，劝说匈奴不要援助刘邦的敌人陈豨，但张胜却劝说匈奴支援陈豨。张胜之所以这么做，是为了卢绾着想，因为一旦陈豨被灭，刘邦下一步就会对付卢绾。所以卢绾也把张胜的做法隐瞒下来。

⑥阴构贲（bēn）赫之告：贲赫是淮南王英布的属下，后来他告发英布谋反，被英布所杀。

⑦忍绝王命：忍绝，忍心拒绝。王命：皇帝的命令。指孙权割据自立，

不听从皇帝的命令。

⑧硕交：像石头一样坚固的交情。

⑨佞（nìng）人所构会：佞人，奸人，花言巧语善于谄媚之人。构会：挑拨离间。

⑩因形设象：根据一点行迹而制造假象。

⑪变观：扰乱视线，改变心中的形象。

⑫昔苏秦说韩，羞以牛后；韩王按剑，作色而怒：《战国策》中："臣（苏秦）闻鄙语曰：'宁为鸡口，毋为牛后。'今大王西面交臂而臣事秦，何以异于牛后乎？"

⑬仁君：对朋友的敬称。

⑭绪信所嬖（bì）：绪，开端。嬖：爱宠的人。

⑮远度孤心，近虑事势：估计远方我的心意，思虑近处的形势。

⑯赍（jī）：怀着。

⑰秉翻然之成议：秉，持。翻然：迅速、彻底地做出改变。成议：主张。

⑱扇扬：煽动。

⑲事结衅连：接连发生事端和嫌隙。

⑳畅本心：畅叙原本的心意。

【原文】

孤之薄德，位高任重，幸蒙国朝将泰之运①，荡平天下，怀集异类②，喜得全功，长享其福；而姻亲坐离③，厚援生隙④，常恐海内多以相责，以为老夫苞藏祸心，阴有郑武取胡之诈⑤，乃使仁君翻然自绝，以是忿忿，怀惭反侧⑥。常思除弃小事，更申前好，二族俱荣，流祚后嗣⑦，以明雅素中诚之效⑧，抱怀数年，未得散意。昔赤壁之役，遭离疫气⑨，烧舡自还⑩，以避恶地，非周瑜水军所能抑挫也；江陵之守，物尽谷殚，无所复据，徙民还师，又非瑜之所能败也⑪。荆土本非己分，我尽与君，冀取其余，非相侵肌肤，有所割损也。思计此变，无伤于孤，何必自遂于此，不复还之⑫。高帝设爵以延田横⑬，光武指河而誓朱鲔⑭，君之负累⑮，岂如二子？是以至情，愿闻德音⑯。

【注释】

①幸蒙国朝将泰之运：封建社会，将本朝称之为国朝。将泰之运：将要转入好运。

②怀集异类：异类，对少数民族带有侮辱性的称呼。这里指乌丸、鲜卑等少数民族归附。

③坐：因。

④厚援生隙：原本亲厚的互缘关系产生了裂痕。

⑤郑武取胡之诈：郑武公想要灭掉胡国，便把自己的女儿嫁给胡国的君主。郑武公询问群臣，要去攻打谁。一位大夫说可以攻打胡国。郑武公故作怒意说，胡国乃是兄弟之国，为什么要攻打它？说着，便把这个大夫杀了。胡国听后，便放下了对郑武公的戒备，最后胡国被郑武公所灭。

⑥反侧：翻来覆去地睡不安稳。

⑦流祚后嗣：将福气传递给后代。

⑧雅素：平素。

⑨遭离疫气：遭遇瘟疫传染。

⑩舡（chuán）：船。

⑪江陵之守，物尽谷殚，无所复据，徙民还师，又非瑜之所能败也：赤壁之战后，曹操败退，只留曹江守卫江陵，两方僵持一年多，曹军物尽粮绝，弃城而逃，和百姓一起迁移撤还。

⑫荆土本非己分，我尽与君，冀取其余，非相侵肌肤，有所割损也。思计此变，无伤于孤，何必自遂于此，不复还之：荆州原本就不是我的地盘，我把它让给你，并不会损害我一分一毫。仔细想想这个变化，对我没有任何损害，我何必要占据这里而不让给你呢？

⑬高帝设爵以延田横：刘邦创建汉朝后，为了招揽田荣的弟弟田横，便派遣使者赦免田横，说："田横来，大可以封王，小可以封侯。"

⑭光武指河而誓朱鲔（wěi）：朱鲔原任更始帝刘玄的大司徒，曾经劝说刘玄杀掉刘秀的哥哥。刘秀攻打洛阳，派使者说降，朱鲔谈起此事，不敢投降。刘秀说，建大业不计小怨，如果你投降，就能保住自己的爵位。刘秀还

发誓，表示绝不会杀掉朱鲔。

⑮负累：负担的罪过。

⑯德音：好消息。

【原文】

往年在谯，新造舟舻，取足自载，以至九江①，贵欲观湖潊之形②，定江滨之民耳；非有深入攻战之计，将恐议者大为己荣，自谓策得，长无西患，重以此故，未肯回情③。然智者之虑，虑于未形；达者所规，规于未兆④。是故子胥知姑苏之有麋鹿⑤，辅果识智伯之为赵禽⑥；穆生谢病，以免楚难⑦；邹阳北游，不同吴祸⑧。此四士者，岂圣人哉？徒通变思深，以微知著耳⑨。以君之明，观孤术数，量君所据，相计土地，岂势少力乏，不能远举，割江之表，宴安而已哉⑩？甚未然也。若恃水战，临江塞要，欲令王师终不得渡⑪，亦未必也。夫水战千里，情巧万端，越为三军，吴曾不御⑫；汉潜夏阳，魏豹不意⑬。江河虽广，其长难卫也。

【注释】

①取足自载，以至九江：只要求能够把我载到九江去。九江，郡名，今安徽寿县。

②贵：主要。

③回情：回心转意。

④兆：迹象，征兆。

⑤子胥知姑苏之有麋鹿：姑苏，吴王夫差建造的姑苏台。吴国大臣伍子胥对吴王夫差说："我看到麋鹿游姑苏台了。"意思是说，姑苏台将要荒废，吴国将要灭亡了。

⑥辅果识智伯之为赵禽：辅果，原名智果。春秋战国时期，晋国贵族智伯联合韩国、魏国讨伐赵国，攻打晋阳。赵国派遣使者联络韩国和魏国，三国在晋阳秘密谈判。智果对智伯说，韩魏两国的君主可能会背叛。智伯不听，智果改名辅果逃走，最后智伯被赵国活捉。

⑦穆生谢病，以免楚难：穆生是西汉时期楚元王刘交的中大夫子，不喜

饮酒，但每次宴会上刘交都会用甜酒招待他。刘交的孙子刘戊嗣位后，没有延续刘交的做法，穆生便称病辞职。后来，楚王和吴王勾结谋反，败露后，凡是在职者均被诛杀，穆生则免遭此难。

⑧邹阳北游，不同吴祸：邹阳原本是吴王刘濞的属下，刘濞要谋反，邹阳上书劝阻，刘濞不听，邹阳便离开了吴王。刘濞谋反失败，邹阳免于祸端。

⑨通变思深，以微知著：了解事情的发展变化，要有深谋远虑，以小见大，从事物的萌芽状态就要看到它未来的发展。

⑩观孤术数，量君所据，相计土地，岂势少力乏，不能远举，割江之表，宴安而已哉：以你的聪慧，看我的谋略，测量一下你的土地，和我的土地相比较，难道是因为我势力小、力量薄，无法远征，所以才把长江以南的地方割让给你以贪图安逸吗？

⑪王师：曹操"奉天子以讨不臣"，所以称呼自己的军队为王师。

⑫越为三军，吴曾不御：春秋时期，越国征讨吴国，吴国在太湖防御，越国的军队集中三军暗渡，对吴军发动袭击，吴军大败。

⑬汉潜夏阳，魏豹不意：汉初，韩信进攻魏王豹。魏王豹在蒲坂津陈兵，堵塞临晋。韩信假装要带兵乘船到达临晋，然后让伏兵从夏阳

偷渡，偷袭安邑，魏王豹兵败被俘。

凡事有宜，不得尽言，将修旧好而张形势，更无以威胁重敌人①。然有所恐，恐书无益。何则？往者军逼而自引还，今日在远而兴慰纳，辞逊意狭，谓其力尽②，适以增骄，不足相动，但明效古，当自图之耳。昔淮南信左吴之策③，汉隗嚣纳王元之言④，彭宠受亲吏之计⑤，三夫不寤⑥，终为世笑；梁王不受诡胜⑦，窦融斥逐张玄⑧，二贤既觉，福亦随之；愿君少留意焉。若能内取子布⑨，外击刘备，以效赤心，用复前好，则江表之任，长以相付，高位重爵，坦然可观，上令圣朝无东顾之劳，下令百姓保安全之福，君享其荣，孤受其利，岂不决哉！若忽至诚⑩，以处侥幸，婉彼二人⑪，不忍加罪，所谓小人之仁，大仁之贼，大雅之人，不肯为此也。若怜子布，愿言俱存，亦能倾心去恨，顺君之情，更与从事，取其后善，但禽刘备，亦足为效。开设二者⑫，审取一焉。

【注释】

①凡事有宜，不得尽言，将修旧好而张形势，更无以威胁重敌人：不管什么事情都有适合它的办法，不能一一说到，我准备和你恢复旧交以扩大形势，而并非以我的威力将你当成敌人来压迫。

②辞逊意狭，谓其力尽：言辞谦逊，要求不高，你可能以为我的力量已经用完了。

③昔淮南信左吴之策：西汉时期，淮南王刘安相信谋士左吴，和他商议谋反之策，最后失败。

④隗嚣纳王元之言：西汉末年，隗嚣回到天水招兵买马，自称西州上将军。后来听信部下王元的话，拥兵割据，最后失败。

⑤彭宠受亲吏之计：光武帝召见彭宠，彭宠听信了妻子和亲信的话不应召，最后起兵反叛，被杀。

⑥寤：觉醒。

⑦梁王不受诡胜：梁王，汉文帝的儿子梁孝王刘武，因为袁盎反对立他

为太子，他便派遣公孙诡、羊胜刺杀袁盎。汉景帝派人彻查这个案子，公孙诡和羊胜都藏在梁孝王的宫里。梁孝王接纳韩安国的劝谏，逼迫公孙诡、羊胜自杀，自己再入朝谢罪，最后没有同罪。

⑧窦融斥逐张玄：西汉末年，窦融割据河西，自称河西大将军。东汉光武帝即位后，窦融决定归顺，隗嚣派人前来阻止，反被窦融赶走。建武五年（公元29年），窦融归顺光武帝，任凉州牧。后来跟随光武帝打败隗嚣，被封为安丰侯，任大司空。

⑨子布：张昭的字。张昭是孙权的谋士，是说服东吴抗曹的头脑人物，所以曹操一心想要除掉他。

⑩忽：忽视，忽略。

⑪婉：顺从。

⑫开设二者：开出了这两个条件。

【原文】

闻荆、扬诸将，并得降者，皆言交州为君所执①，豫章距命②，不承执事，疫旱并行，人兵减损，各求进军，其言云云。孤闻此言，未以为悦。然道路既远，降者难信，幸人之灾，君子不为；且又百姓国家之有，加怀区区③，乐欲崇和④，庶几明德，来见昭副⑤，不劳而定，于孤益贵，是故按兵守次⑥，遣书致意。古者兵交，使在其中⑦，愿仁君及孤，虚心回意，以应诗人补衮之叹⑧，而慎《周易》牵复之义⑨。濯鳞清流，飞翼天衢⑩，良时在兹，勖之而已⑪。（《文选》四十二）

【注释】

①交州为君所执：当时，交州刺史孙辅错误地判断了形势，认为在曹操的进攻下，孙权是没有办法保住江南的，于是派人和曹操联系，事情败露后，孙权把孙辅囚禁了。

②豫章距命：孙权过江的时候，原扬州刺史刘繇退守豫章，和孙策相拒。

③区区：诚挚。

④崇和：崇尚和睦。

⑤昭副：辅助。

⑥守次：军队驻扎。

⑦古者兵交，使在其中：古时候双方打仗，使者在其中往来交换信息。

⑧诗人补衮（gǔn）之叹：衮，天子的礼服。衮职：就是王职的意思。

⑨《周易》牵复之义：走错了道路，被人牵引着又回到原路上，这是很吉利的。

⑩濯（zhuó）鳞清流，飞翼天衢：在清澈的水流中洗涤鳞甲，在长空中舒展翅膀。

⑪良时在兹，勖之而已：大好的时机就摆在这里，勉励吧！

为曹公与刘备书　阮瑀

【原文】

披怀解带①，投分托意②。（《文选》二十潘岳《金谷集作诗》注）

【注释】

①披怀解带：披怀，敞开胸怀。解带：解开束带。

②投分托意：投分，投致情分。托意：寄托心意。

为曹公与孔融书①　路粹

【原文】

　　盖闻唐、虞之朝，有克让之臣②，故麟凤来而颂声作也③。后世德薄④，犹有杀身为君，破家为国。及至其敝⑤，睚眦之怨必仇⑥，一餐之惠必报，故晁错念国，遭祸于袁盎⑦；屈平悼楚，受谮于椒、兰⑧；彭宠倾乱，起自朱浮⑨；邓禹威损，失于宗、冯⑩。由此言之，喜怒怨爱，祸福所因，可不慎与！昔廉、蔺小国之臣，犹能相下⑪；寇、贾仓卒武夫，屈节崇好⑫。光武不问伯升之怨⑬；齐侯不疑射钩之虏⑭。夫立大操者，岂累细故哉⑮！往闻二君有执法之平，以为小介⑯，当收旧好。而怨毒渐积，志相危害，闻之怃然中夜而起⑰！昔国家东迁⑱，文举盛叹鸿豫名实相副⑲，综达经学，出于郑玄⑳，又明《司马法》㉑；鸿豫亦称文举奇逸博闻㉒。诚怪今者与始相违㉓。孤与文举既非旧好，又于鸿豫亦无恩纪㉔，然愿人之相美，不乐人之相伤，是以区区思协欢好㉕。又知二君群小所构㉖，孤为人臣，进不能风化海内，退不能建德和人，然抚养战士，杀身为国，破浮华交会之徒㉗，计有余矣㉘。（《后汉书》一百《孔融传》）

【注释】

①孔融：曹操挟天子以令诸侯，就是把皇帝当成了傀儡。孔融是孔子的第二十世孙，汉末的文学家，"建安七子"之一。孔融反对曹操的政治做派，要求把实权还给朝廷，反对曹操专权。御史大夫郗虑在的授意下，奏免了孔融的官职。曹操则让路粹代笔给孔融写了这封信，假意要调和他与郗虑之间的矛盾，实际上是让孔融投靠自己。孔融不肯，于建安十三年（公元208年）被曹操所杀。

②唐、虞之朝，有克让之臣：陶唐，尧的国号。有虞，舜的国号。克让：能让。

③麟凤来：麒麟、凤凰是传说中比较祥瑞的动物，它们的出现预示着天下太平、国运昌盛，人民生活会更加美好。

④德薄：社会道德浇薄。

⑤敝：败坏。

⑥睚（yá）眦（zì）之怨必仇：睚眦，瞪着眼睛，发怒的样子。怨：仇恨。仇：报复。

⑦晁错念国，遘（gòu）祸于袁盎：汉景帝时期，晁错主张削弱诸侯权力，便于国家的统一和管理，吴、楚等国便打着请求谋杀晁错的名义起兵造反。袁盎素来和晁错有怨，于是他上书请求汉景帝杀掉晁错以安抚七国。因此，晁错被杀。

⑧屈平悼楚，受谮于椒、兰：屈平，指的是屈原。屈原对国家很忠诚，却受令尹子兰和司马子椒的谮陷，被楚王放逐，后投江而死。

⑨彭宠倾乱，起自朱浮：彭宠原先割据渔阳，后来归顺刘秀，被封为建忠侯，任职大将军。因为不满刘秀对他的礼遇，经常满口怨言。幽州牧朱浮和彭宠不和，在刘秀面前多次控告他，最后彭宠被逼起兵造反。

⑩邓禹威损，失于宗、冯：邓禹是刘秀的开国功臣。邓禹带领部队镇压

赤眉军的时候，驻守在枸邑的两个部将宗钦和冯愔二人相互厮杀，冯愔杀掉了宗钦，又带兵反击邓禹，让邓禹的威望有所损伤。

⑪昔廉、蔺小国之臣，犹能相下：廉颇、蔺相如都是赵国的上卿，廉颇因为不服蔺相如的位置在自己之上，经常扬言要侮辱蔺相如。为了国家利益，蔺相如躲开廉颇的锋芒，一直避让，尽量不与廉颇发生正面冲突。廉颇知道后，心有悔悟，负荆请罪，二人重归于好。

⑫寇、贾仓卒武夫，屈节崇好：寇恂和贾复都是开国功臣，贾复的部下杀了人，被寇恂处死，贾复便扬言要为部下报仇，杀掉寇恂。寇恂忍让，不和贾复见面。后来光武帝刘秀从中调解，二人和好，并成为好友。

⑬光武不问伯升之怨：伯升，光武帝刘秀的长兄刘縯的字。刘縯在参加农民军时，因为朱鲔的建议，刘縯被更始帝刘玄杀死。后来，刘秀围攻洛阳，包围了朱鲔，刘秀以天下为重，劝说朱鲔投降，并表示不计前嫌，依然给予封赏。最后，朱鲔投降。

⑭齐侯不疑射钩之虏：春秋时期，齐襄公死后，公子小白和公子纠争夺君位。管仲为了帮助公子纠而在公子小白回国的路上射中小白的带钩。后来，公子小白即位，是为齐桓公。他不仅没有杀掉管仲，反而重用他为相。

⑮夫立大操者，岂累细故哉：大操，大节操。细故：小事情。

⑯小介：小隔阂。

⑰怃（wǔ）然：失望、慨叹。

⑱国家东迁：指汉献帝迁都许昌。

⑲鸿豫：郗（xī）虑的字。

⑳郑玄：东汉经学家，字康成，于建安五年（公元200年）去世。

㉑《司马法》：战国时期的一部兵书。

㉒称：赞许。

㉓与始相违：和当初相违背。

㉔无恩纪：没有受过什么恩惠。

㉕区区思协欢好：区区，诚恳的意思。思协欢好：想要调解双方欢好。

㉖群小所构：很多小人的挑拨、构陷。

㉗破浮华交会之徒：破，打击。浮华交会之徒：专事浮华的文辞而又相互结交的人。

㉘计：办法。

武帝纪（晋　陈寿　撰　宋　裴松之　注）

【原文】

太祖武皇帝，沛国谯人也，姓曹，讳操，字孟德，汉相国参之后①。桓帝世，曹腾为中常侍大长秋，封费亭侯②。养子嵩嗣，官至太尉，莫能审其生出本末③。嵩生太祖。

【注释】

①《曹瞒传》曰：太祖一名吉利，小字阿瞒。王沈《魏书》曰：其先出于黄帝。当高阳世，陆终之子曰安，是为曹姓。周武王克殷，存先世之后，封曹侠于邾（zhū）。春秋之世，与于盟会，逮至战国，为楚所灭。子孙分流，或家于沛。汉高祖之起，曹参以功封平阳侯，世袭爵土，绝而复绍，至今适嗣国于容城。

②司马彪《续汉书》曰：腾父节，字元伟，素以仁厚称。邻人有亡豕（shǐ）者，与节豕相类，诣门认之，节不与争；后所亡豕自还其家，豕主人大惭，送所认豕，并辞谢节，节笑而受之。由是乡党贵叹焉。长子伯兴，次子仲兴，次子叔兴。腾字季兴，少除黄门从官。永宁元年，邓太后诏黄门令选中黄门从官年少温谨者配皇太子书，腾应其选。太子特亲爱腾，饮食赏赐与众有异。顺帝即位，为小黄门，迁至中常侍大长秋。在省闼三十余年，历事四帝，未尝有过。好进达贤能，终无所毁伤。其所称荐，若陈留虞放、边韶、南阳延固、张温、弘农张奂、颍川堂溪典等，皆致位公卿，而不伐其善。蜀郡太守因计吏修敬于腾，益州刺史种暠于函谷关搜得其笺，上太守，并奏腾内臣外交，所不当为，请免官治罪。帝曰："笺自外来，腾书不出，非

其罪也。”乃寝嵩奏，腾不以介意，常称叹嵩，以为嵩得事上之节。嵩后为司徒，语人曰：“今日为公，乃曹常侍恩也。”腾之行事，皆此类也。桓帝即位，以腾先帝旧臣，忠孝彰著，封费亭侯，加位特进。太和三年，追尊腾曰高皇帝。

③《续汉书》曰：嵩字巨高。质性敦慎，所在忠孝。为司隶校尉，灵帝擢（zhuó）拜大司农、大鸿胪，代崔烈为太尉。黄初元年，追尊嵩曰太皇帝。吴人作《曹瞒传》及郭颁《世语》并云：嵩，夏侯氏之子，夏侯惇之叔父。太祖于惇为从父兄弟。

【原文】

太祖少机警，有权数，而任侠放荡，不治行业；故世人未之奇也①，惟梁国桥玄、南阳何颙（yóng）异焉。玄谓太祖曰：“天下将乱，非命世之才不能济也。能安之者，其在君乎②！”年二十，举孝廉为郎，除洛阳北部尉，迁顿丘令③，征拜议郎④。

【注释】

①《曹瞒传》云：太祖少好飞鹰走狗，游荡无度，其叔父数言之于嵩。太祖患之，后逢叔父于路，乃阳败面喎（wāi）口；叔父怪而问其故，太祖曰：“卒中恶风。”叔父以告嵩。嵩惊愕，呼太祖，太祖口貌如故。嵩问曰：“叔父言汝中风，已差乎？”太祖曰：“初不中风，但失爱于叔父，故见罔耳。”嵩乃疑焉。自后叔父有所告，嵩终不复信，太祖于是益得肆意矣。

②《魏书》曰：太尉桥玄，世名知人，睹太祖而异之，曰：“吾见天下名士多矣，未有若君者也！君善自持。吾老矣！愿以妻子为托。”由是声名益重。

《续汉书》曰：玄字公祖，严明有才略，长于人物。

张璠（fán）《汉纪》曰：玄历位中外，以刚断称，谦俭下士，不以王爵私亲。光和中为太尉，以久病策罢，拜太中大夫，卒，家贫乏产业，柩无所殡。当世以此称为名臣。

《世语》曰：玄谓太祖曰：“君未有名，可交许子将。”太祖乃造子将，子将纳焉，由是知名。

孙盛《异同杂语》云：太祖尝私入中常侍张让室，让觉之；乃舞手戟于庭，逾垣而出。才武绝人，莫之能害。博览群书，特好兵法，抄集诸家兵法，名曰《接要》，又注孙武十三篇，皆传于世。尝问许子将："我何如人？"子将不答。固问之，子将曰："子治世之能臣，乱世之奸雄。"太祖大笑。

③《曹瞒传》曰：太祖初入尉廨（xiè），缮治四门。造五色棒，县门左右各十余枚，有犯禁者，不避豪强，皆棒杀之。后数月，灵帝爱幸小黄门蹇硕叔父夜行，即杀之。京师敛迹，莫敢犯者。近习宠臣咸疾之，然不能伤，于是共称荐之，故迁为顿丘令。

④《魏书》曰：太祖从妹夫㶏疆侯宋奇被诛，从坐免官。后以能明古学，复征拜议郎。先是大将军窦武、太傅陈蕃谋诛阉官，反为所害。太祖上书陈武等正直而见陷害，奸邪盈朝，善人壅塞，其言甚切，灵帝不能用。是后诏书敕三府：举奏州县政理无效，民为作谣言者免罢之。三公倾邪，皆希世见用，货赂并行，强者为怨，不见举奏，弱者守道，多被陷毁。太祖疾之。是岁以灾异博问得失，因此复上书切谏，说三公所举奏专回避贵戚之意。奏上，天子感悟，以示三府责让之，诸以谣言征者皆拜议郎。是后政教日乱，豪猾益炽，多所摧毁；太祖知不可匡正，遂不复献言。

【原文】

光和末，黄巾起。拜骑都尉，讨颍川贼。迁为济南相，国有十余县，长吏多阿附贵戚，赃污狼藉，于是奏免其八，禁断淫祀；奸宄逃窜，郡界肃然①。久之，征还为东郡太守；不就，称疾归乡里②。

【注释】

①《魏书》曰：长吏受取贪饕（tāo），依倚贵势，历前相不见举；闻太祖至，咸皆举免，小大震怖，奸宄（guǐ）遁逃，窜入他郡。政教大行，一郡清平。初，城阳景王刘章以有功于汉，故其国为立祠，青州诸郡转相仿效，济南尤盛，至六百余祠。贾人或假二千石舆服导从作倡乐，奢侈日甚，民坐贫穷，历世长吏无敢禁绝者。太祖到，皆毁坏祠屋，止绝官吏民不得祠祀。及至秉政，遂除奸邪鬼神之事，世之淫祀由此遂绝。

②《魏书》曰：于是权臣专朝，贵戚横恣。太祖不能违道取容。数数干

怀，恐为家祸，遂乞留宿卫。拜议郎，常托疾病，辄告归乡里；筑室城外，春夏习读书传，秋冬弋猎，以自娱乐。

【原文】

顷之，冀州刺史王芬、南阳许攸、沛国周旌等连结豪杰，谋废灵帝，立合肥侯，以告太祖。太祖拒之，芬等遂败①。

【注释】

①司马彪《九州春秋》曰：于是陈蕃子逸与术士平原襄楷会于芬坐，楷曰："天文不利宦者，黄门、常侍〔真〕（贵）族灭矣。"逸喜。芬曰："若然者，芬愿驱除。"于是与攸等结谋。灵帝欲北巡河间旧宅，芬等谋因此作难，上书言黑山贼攻劫郡县，求得起兵。会北方有赤气，东西竟天，太史上言"当有阴谋，不宜北行"，帝乃止。敕芬罢兵，俄而征之。芬惧，自杀。

《魏书》载太祖拒芬辞曰：夫废立之事，天下之至不祥也。古人有权成败、计轻重而行之者，伊尹、霍光是也。伊尹怀至忠之诚，据宰臣之势，处官司之上，故进退废置，计从事立。及至霍光受托国之任，藉宗臣之位，内因太后秉政之重，外有群卿同欲之势；昌邑即位日浅，未有贵宠，朝乏谠臣，议出密近：故计行如转圜，事成如摧朽。今诸君徒见曩者之易，未睹当今之难。诸君自度：结众连党，何若七国？合肥之贵，孰若吴、楚？而造作非常，欲望必克，不亦危乎！

【原文】

金城边章、韩遂杀刺史郡守以叛，众十余万，天下骚动。征太祖为典军校尉。会灵帝崩，太子即位，太后临朝。大将军何进与袁绍谋诛宦官，太后不听。进乃召董卓，欲以胁太后①，卓未至而进见杀。卓到，废帝为弘农王而立献帝，京都大乱。卓表太祖为骁骑校尉，欲与计事。太祖乃变易姓名，间行东归②。出关，过中牟，为亭长所疑，执诣县，邑中或窃识之，为请得解③。卓遂杀太后及弘农王。太祖至陈留，散家财，合义兵，将以诛卓。冬十二月，始起兵于己吾④。是岁中平六年也。

【注释】

①《魏书》曰：太祖闻而笑之曰："阉竖之官，古今宜有，但世主不当假之权宠，使至于此。既治其罪，当诛元恶，一狱吏足矣，何必纷纷召外将乎？欲尽诛之，事必宣露，吾见其败也。"

②《魏书》曰：太祖以卓终必覆败，遂不就拜，逃归乡里。从数骑过故人成皋吕伯奢；伯奢不在，其子与宾客共劫太祖，取马及物，太祖手刃击杀数人。

《世语》曰：太祖过伯奢。伯奢出行，五子皆在，备宾主礼。太祖自以背卓命，疑其图己，手剑夜杀八人而去。

孙盛《杂记》曰：太祖闻其食器声，以为图己，遂夜杀之。既而凄怆曰："宁我负人，毋人负我！"遂行。

③《世语》曰：中牟疑是亡人，见拘于县。时掾亦已被卓书；唯功曹心知是太祖，以世方乱，不宜拘天下雄隽，因白令释之。

④《世语》曰：陈留孝廉卫兹以家财资太祖，使起兵，众有五千人。

【原文】

初平元年春正月，后将军袁术、冀州牧韩馥①、豫州刺史孔伷②、兖州刺史刘岱③、河内太守王匡④、勃海太守袁绍、陈留太守张邈、东郡太守桥瑁（mào）⑤、山阳太守袁遗⑥、济北相鲍信同时俱起兵⑦，众各数万，推绍为盟主。太祖行奋武将军。

【注释】

①《英雄记》曰：馥字文节，颍川人。为御史中丞。董卓举为冀州牧。于时冀州民人殷盛，兵粮优足。袁绍之在勃海，馥恐其兴兵，遣数部从事守之，不得动摇。东郡太守桥瑁诈作京师三公移书与州郡，陈卓罪恶，云"见

逼迫，无以自救，企望义兵，解国患难。"馥得移，请诸从事问曰："今当助袁氏邪，助董卓邪？"治中从事刘子惠曰："今兴兵为国，何谓袁、董！"馥自知言短而有惭色。子惠复言："兵者凶事，不可为首；今宜往视他州，有发动者，然后和之。冀州于他州不为弱也，他人功未有在冀州之右者也。"馥然之。馥乃作书与绍，道卓之恶，听其举兵。

②《英雄记》曰：伷（zhòu）字公绪，陈留人。

张璠《汉纪》载郑泰说卓云："孔公绪能清谈高论，嘘枯吹生。"

③岱，刘繇之兄，事见《吴志》。

④《英雄记》曰：匡字公节，泰山人。轻财好施，以任侠闻。辟大将军何进府进符使。匡于徐州发强弩五百西诣京师，会进败，匡还州里。起家，拜河内太守。

谢承《后汉书》曰：匡少与蔡邕善。其年为卓军所败，走还泰山，收集劲勇得数千人，欲与张邈合。匡先杀执金吾胡母班。班亲属不胜愤怒，与太祖并势，共杀匡。

⑤《英雄记》曰：瑁字元伟，玄族子。先为兖州刺史，甚有威惠。

⑥遗字伯业，绍从兄。为长安令。河间张超尝荐遗于太尉朱儁（jùn），称遗"有冠世之懿，干时之量。其忠允亮直，固天所纵；若乃包罗载籍，管综百氏，登高能赋，睹物知名，求之今日，邈焉靡俦。"事在超集。

《英雄记》曰：绍后用遗为扬州刺史，为袁术所败。太祖称"长大而能勤学者，惟吾与袁伯业耳。"语在文帝《典论》。

⑦鲍信事见子勋传。

【原文】

二月，卓闻兵起，乃徙天子都长安。卓留屯洛阳，遂焚宫室。是时绍屯河内，邈、岱、瑁、遗屯酸枣，术屯南阳，伷屯颍川，馥在邺。卓兵强，绍等莫敢先进。太祖曰："举义兵以诛暴乱，大众已合，诸君何疑？向使董卓闻山东兵起，倚王室之重，据二周之险，东向以临天下；虽以无道行之，犹足为患。今焚烧宫室，劫迁天子，海内震动，不知所归，此天亡之时也。一战而天下定矣，不可失也。"遂引兵西，将据成皋。邈遣将卫兹分兵随太祖。

到荥阳汴水，遇卓将徐荣，与战不利，士卒死伤甚多。太祖为流矢所中，所乘马被创，从弟洪以马与太祖，得夜遁去。荣见太祖所将兵少，力战尽日，谓酸枣未易攻也，亦引兵还。

太祖到酸枣，诸军兵十余万，日置酒高会，不图进取。太祖责让之，因为谋曰："诸君听吾计，使勃海引河内之众临孟津，酸枣诸将守成皋，据敖仓，塞轘（huán）辕、太谷，全制其险；使袁将军率南阳之军军丹、析，入武关，以震三辅：皆高垒深壁，勿与战，益为疑兵，示天下形势，以顺诛逆，可立定也。今兵以义动，持疑而不进，失天下之望，窃为诸君耻之！"邈等不能用。

太祖兵少，乃与夏侯惇等诣扬州募兵，刺史陈温、丹阳太守周昕与兵四千余人。还到龙亢，士卒多叛[1]。至铚（zhì）、建平，复收兵得千余人，进屯河内。

【注释】

[1]《魏书》曰：兵谋叛，夜烧太祖帐，太祖手剑杀数十人，余皆披靡，乃得出营；其不叛者五百余人。

【原文】

刘岱与桥瑁相恶，岱杀瑁，以王肱领东郡太守。

袁绍与韩馥谋立幽州牧刘虞为帝，太祖拒之[1]。绍又尝得一玉印，于太祖坐中举向其肘，太祖由是笑而恶焉[2]。

【注释】

[1]《魏书》载太祖答绍曰："董卓之罪，暴于四海，吾等合大众，兴义兵，而远

近莫不响应，此以义动故也。今幼主微弱，制于奸臣，未有昌邑亡国之衅，而一旦改易，天下其孰安之？诸君北面，我自西向。"

②《魏书》曰：太祖大笑曰："吾不听汝也。"绍复使人说太祖曰："今袁公势盛兵强，二子已长，天下群英，孰逾于此？"太祖不应。由是益不直绍，图诛灭之。

【原文】

二年春，绍、馥遂立虞为帝，虞终不敢当。

夏四月，卓还长安。

秋七月，袁绍胁韩馥取冀州。

黑山贼于毒、白绕、眭固等十余万众略魏郡、东郡，王肱不能御，太祖引兵入东郡，击白绕于濮阳，破之。袁绍因表太祖为东郡太守，治东武阳。

三年春，太祖军顿丘，毒等攻东武阳。太祖乃引兵西入山，攻毒等本屯①。毒闻之，弃武阳还。太祖要击眭固，又击匈奴于夫罗于内黄，皆大破之②。

【注释】

①《魏书》曰：诸将皆以为当还自救。太祖曰："孙膑救赵而攻魏，耿弇欲走西安攻临菑，使贼闻我西而还，武阳自解也；不还，我能败其本屯，虏不能拔武阳必矣。"遂乃行。

②《魏书》曰：于夫罗者，南单于子也。中平中，发匈奴兵，于夫罗率以助汉。会本国反，杀南单于，于夫罗遂将其众留中国。因天下挠乱，与西河白波贼合，破太原、河内，抄略诸郡为寇。

【原文】

夏四月，司徒王允与吕布共杀卓。卓将李傕、郭汜等杀允攻布，布败，东出武关。傕等擅朝政。

青州黄巾众百万入兖州，杀任城相郑遂，转入东平。刘岱欲击之，鲍信谏曰："今贼众百万，百姓皆震恐，士卒无斗志，不可敌也。观贼众群辈相随，军无辎重，唯以钞略为资。今不若畜士众之力，先为固守；彼欲战不得，攻又不能，其势必离散，后选精锐，据其要害，击之可破也。"岱不从，遂与战，果为所杀①。信乃与州吏万潜等至东郡迎太祖，领兖州牧。遂进兵击黄巾于寿张东，信力战斗死，仅而破之②。购求信丧不得，众乃刻木如信形状，祭而哭焉。追黄巾至济北。乞降。冬，受降卒三十余万，男女百余万口，收其精锐者，号为青州兵。

【注释】

①《世语》曰：岱既死，陈宫谓太祖曰："州今无主，而王命断绝，宫请说州中。明府寻往牧之，资之以收天下，此霸王之业也。"宫说别驾、治中曰："今天下分裂而州无主，曹东郡，命世之才也，若迎以牧州，必宁生民。"鲍信等亦谓之然。

②《魏书》曰：太祖将步骑千余人，行视战地，卒抵贼营，战不利，死者数百人，引还。贼寻前进。黄巾为贼久，数乘胜，兵皆精悍。太祖旧兵少，新兵不习练，举军皆惧。太祖被甲婴胄，亲巡将士，明劝赏罚，众乃复奋，承间讨击，贼稍折退。贼乃移书太祖曰："昔在济南，毁坏神坛，其道乃与中黄太乙同，似若知道，今更迷惑。汉行已尽，黄家当立。天之大运，非君才力所能存也。"太祖见檄书，呵骂之，数开示降路；遂设奇伏，昼夜会战，战辄禽获，贼乃退走。

【原文】

袁术与绍有隙，术求援于公孙瓒，瓒使刘备屯高唐，单经屯平原，陶谦屯发干以逼绍。太祖与绍会击，皆破之。

四年春，军鄄城。荆州牧刘表断术粮道，术引军入陈留，屯封丘，黑山余贼及于夫罗等佐之。术使将刘详屯匡亭。太祖击详，术救之，与战，大破之。术退保封丘，遂围之，未合。术走襄邑，追到太寿，决渠水灌城。走宁陵，又追之，走九江。夏，太祖还军定陶。

下邳阙宣聚众数千人，自称天子；徐州牧陶谦与共举兵，取泰山华、费，略任城。秋，太祖征陶谦，下十余城，谦守城不敢出。

是岁，孙策受袁术使渡江，数年间遂有江东。

兴平元年春，太祖自徐州还，初，太祖父嵩，去官后还谯，董卓之乱，避难琅邪，为陶谦所害，故太祖志在复仇东伐①。夏，使荀彧、程昱守鄄城，复征陶谦，拔五城，遂略地至东海。还过郯，谦将曹豹与刘备屯郯东，要太祖。太祖击破之，遂攻拔襄贲，所过多所残戮②。

【注释】

①《世语》曰：嵩在泰山华县。太祖令泰山太守应劭送家诣兖州，劭兵未至，陶谦密遣数千骑掩捕。嵩家以为劭迎，不设备。谦兵至，杀太祖弟德于门中。嵩惧，穿后垣，先出其妾，妾肥，不能得出；嵩逃于厕，与妾俱被害，阖门皆死。劭惧，弃官赴袁绍。后太祖定冀州，劭时已死。

韦曜《吴书》曰：太祖迎嵩，辎重百余两。陶谦遣都尉张闿将骑二百卫送，闿于泰山华、费间杀嵩，取财物，因奔淮南。太祖归咎于陶谦，故伐之。

②孙盛曰：夫伐罪吊民，古之令轨；罪谦之由，而残其属部，过矣。

【原文】

会张邈与陈宫叛迎吕布，郡县皆应。荀彧、程昱保鄄城，范、东阿二县固守，太祖乃引军还。布到，攻鄄城不能下，西屯濮阳。太祖曰："布一旦得一州，不能据东平，断亢父、泰山之道，乘险要我，而乃屯濮阳，吾知其无能为也。"遂进军攻之。布出兵战，先以骑犯青州兵。青州兵奔，太祖陈乱，驰突火出，坠马，烧左手掌。司马楼异扶太祖上马，遂引去①。未至营止，诸将未与太祖相见，皆怖。太祖乃自力劳军，令军中促为攻具，进复攻之，与布相守百余日。蝗虫起，百姓大饿，布粮食亦尽，各引去。

【注释】

①袁暐《献帝春秋》曰：太祖围濮阳，濮阳大姓田氏为反间，太祖得入城。烧其东门，示无反意。及战，军败。布骑得太祖而不知是，问曰："曹操何在？"太祖曰："乘黄马走者是也。"布骑乃释太祖而追黄马者。门火犹盛，太祖突火而出。

【原文】

秋九月，太祖还鄄城。布到乘氏，为其县人李进所破，东屯山阳。于是〔袁〕绍使人说太祖，欲连和。太祖新失兖州，军食尽，将许之。程昱止太祖，太祖从之。冬十月，太祖至东阿。

是岁谷一斛五十余万钱，人相食，乃罢吏兵新募者。陶谦死，刘备代之。

二年春，袭定陶。济阴太守吴资保南城，未拔。会吕布至，又击破之。夏，布将薛兰、李封屯钜野，太祖攻之，布救兰，兰败，布走，遂斩兰等。布复从东缗（mín）与陈宫将万余人来战，时太祖兵少，设伏，纵奇兵击，大破之①。布夜走，太祖复攻，拔定陶，分兵平诸县。布东奔刘备，张邈从布，使其弟超将家属保雍丘。秋八月，围雍丘。冬十月，天子拜太祖兖州牧。十二月，雍丘溃，超自杀。夷邈三族。邈诣袁术请救，为其众所杀，兖州平，遂东略陈地。

【注释】

①《魏书》曰：于是兵皆出取麦，在者不能千人，屯营不固。太祖乃令妇人守陴（pí），悉兵拒之。屯西有大堤，其南树木幽深。布疑有伏，乃相谓曰："曹操多谲，勿入伏中。"引军屯南十余里。明日复来，太祖隐兵堤里，出半兵堤外。布益进，乃令轻兵挑战，既合，伏兵乃悉乘堤，步骑并进，大破之，获其鼓车，追至其营而还。

【原文】

是岁，长安乱，天子东迁，败于曹阳，渡河幸安邑。

建安元年春正月，太祖军临武平，袁术所置陈相袁嗣降。

太祖将迎天子，诸将或疑，荀彧、程昱劝之，乃遣曹洪将兵西迎，卫将军董承与袁术将苌（cháng）奴拒险，洪不得进。

汝南、颍川黄巾何仪、刘辟、黄邵、何曼等，众各数万，初应袁术，又附孙坚。二月，太祖进军讨破之，斩辟、邵等，仪及其众皆降。天子拜太祖建德将军，夏六月，迁镇东将军，封费亭侯。秋七月，杨奉、韩暹以天子还洛阳①，奉别屯梁。太祖遂至洛阳，卫京都，暹遁走。天子假太祖节钺，录尚书事②。洛阳残破，董昭等劝太祖都许。九月，车驾出轘辕而东，以太祖为大将军，封武平侯。自天子西迁，朝廷日乱，至是宗庙社稷制度始立③。

【注释】

①《献帝春秋》曰：天子初至洛阳，幸城西故中常侍赵忠宅。使张杨缮治官室，名殿曰扬安殿，八月，帝乃迁居。

②《献帝纪》曰：又领司隶校尉。

③张璠《汉纪》曰：初，天子败于曹阳，欲浮河东下。侍中太史令王立曰："自去春太白犯镇星于牛斗，过天津，荧惑又逆行守北河，不可犯也。"由是天子遂不北渡河，将自轵关东出。立又谓宗正刘艾曰："前太白守天关，与荧惑会；金火交会，革命之象也。汉祚终矣，晋、魏必有兴者。"立后数言于帝曰："天命有去就，五行不常盛，代火者土也，承汉者魏也，能安天下者，曹姓也，唯委任曹氏而已。"公闻之，使人语立曰："知公忠于朝廷，然天道深远，幸勿多言。"

【原文】

天子之东也，奉自梁欲要之，不及。冬十月，公征奉，奉南奔袁术，遂攻其梁屯，拔之。于是以袁绍为太尉，绍耻班在公下，不肯受。公乃固辞，以大将军让绍。天子拜公司空，行车骑将军。是岁用枣祗、韩浩等议，始兴屯田①。

【注释】

①《魏书》曰：自遭荒乱，率乏粮谷。诸军并起，无终岁之计，饥则寇略，饱则弃余，瓦解流离，无敌自破者不可胜数。袁绍之在河北，军人仰食桑椹，袁术在江、淮，取给蒲蠃（luǒ），民人相食，州里萧条。公曰："夫定国之术，在于强兵足食，秦人以急农兼天下，孝武以屯田定西域，此先代之良式也。"是岁乃募民屯田许下，得谷百万斛。于是州郡例置田官，所在积谷。征伐四方，无运粮之劳，遂兼灭群贼，克平天下。

【原文】

吕布袭刘备，取下邳。备来奔。程昱说公曰："观刘备有雄才而甚得众心，终不为人下，不如早图之。"公曰："方今收英雄时也，杀一人而失天下之心，不可。"张济自关中走南阳。济死，从子绣领其众。

二年春正月，公到宛。张绣降，既而悔之，复反。公与战，军败，为流矢所中，长子昂、弟子安民遇害①。公乃引兵还舞阴，绣将骑来钞，公击破之。绣奔穰（rǎng），与刘表合。公谓诸将曰："吾降张绣等，失不便取其质，以至于此，吾知所以败。诸卿观之，自今已后不复败矣。"遂还许②。

【注释】

①《魏书》曰：公所乘马名绝影，为流矢所中，伤颊及足，并中公右臂。《世语》曰：昂不能骑，进马于公，公故免，而昂遇害。

②《世语》曰：旧制，三公领兵入见，皆交戟叉颈而前。初，公将讨张绣，入觐天子，时始复此制。公自此不复朝见。

【原文】

袁术欲称帝于淮南，使人告吕布。布收其使，上其书。术怒，攻布，为布所破。秋九月，术侵陈，公东征之。术闻公自来，弃军走，留其将桥蕤、李丰、梁纲、乐就；公到，击破蕤等，皆斩之。术走渡淮。公还许。

公之自舞阴还也，南阳、章陵诸县复叛为绣，公遣曹洪击之，不利，还屯叶，数为绣、表所侵。冬十一月，公自南征，至宛①。表将邓济据湖阳。攻拔之，生擒济，湖阳降。攻舞阴，下之。

【注释】

①《魏书》曰：临淯（yù）水，祠亡将士，歔（xū）欷（xī）流涕，众皆感恸。

【原文】

三年春正月，公还许，初置军师祭酒。三月，公围张绣于穰。夏五月，刘表遣兵救绣，以绝军后①。公将引还，绣兵来〔追〕，公军不得进，连营稍前。公与荀彧书曰："贼来追吾，虽日行数里，吾策之，到安众，破绣必矣。"到安众，绣与表兵合守险，公军前后受敌。公乃夜凿险为地道，悉过辎重，设奇兵。会明，贼谓公为遁也，悉军来追。乃纵奇兵步骑夹攻，大破之。秋七月，公还许。荀彧问公："前以策贼必破，何也？"公曰："虏遏吾归师，而与吾死地战，吾是以知胜矣。"

【注释】

①《献帝春秋》曰：袁绍叛卒诣公云："田丰使绍早袭许，若挟天子以令诸侯，四海可指麾而定。"公乃解绣围。

【原文】

吕布复为袁术使高顺攻刘备，公遣夏侯惇救之，不利，备为顺所败。九月，公东征布。冬十月，屠彭城，获其相侯谐。进至下邳，布自将骑逆击，大破之，获其骁将成廉，追至城下。布恐，欲降。陈宫等沮其计，求救于术，劝布出战，战又败，乃还固守，攻之不下。时公连战，士卒罢，欲还，用荀攸、郭嘉计，遂决泗、沂水以灌城。月余，布将宋宪、魏续等执陈宫，举城降，生禽布、宫，皆杀之。太山臧霸、孙观、吴敦、尹礼、昌豨（xī）各聚众。布之破刘备也，霸等悉从布，布败，获霸等，公厚纳待，遂割青、徐二州附于海以委焉，分琅邪、东海、北海为城阳、利城、昌虑郡。

初，公为兖州，以东平毕谌为别驾。张邈之叛也，邈劫谌母弟妻子；公谢遣之，曰："卿老母在彼，可去。"谌顿首无二心，公嘉之，为之流涕。既出，遂亡归。及布破，谌生得，众为谌惧，公曰："夫人孝于其亲者，岂不亦忠于君乎！吾所求也。"以为鲁相①。

【注释】

①《魏书》曰：袁绍宿与故太尉杨彪、大长秋梁绍、少府孔融有隙，欲使公以他过诛之。公曰："当今天下土崩瓦解，雄豪并起，辅相君长，人怀怏怏，各有自为之心，此上下相疑之秋也，虽以无嫌待之，犹惧未信；如有所除，则谁不自危？且夫起布衣，在尘垢之间，为庸人之所陵陷，可胜怨乎！高祖赦雍齿之仇而群情以安，如何忘之？"绍以为公外托公义，内实离异，深怀怨望。

臣松之以为杨彪亦曾为魏武所困，几至于死，孔融竟不免于诛灭，岂所谓先行其言而后从之哉！非知之难，其在行之，信矣。

【原文】

四年春二月，公还至昌邑。张杨将杨丑杀杨，眭固又杀丑，以其众属袁绍，屯射犬。夏四月，进军临河，使史涣、曹仁渡河击之。固使杨故长史薛洪、河内太守缪尚留守，自将兵北迎绍求救，与涣、仁相遇犬城，交战，大破之，斩固。公遂济河，围射犬。洪、尚率众降，封为列侯，还军敖仓。以魏种为河内太守，属以河北事。

初，公举种孝廉。兖州叛，公曰："唯魏种且不弃孤也。"及闻种走，公怒曰："种不南走越、北走胡，不置汝也！"既下射犬，生禽种，公曰："唯其才也！"释其缚而用之。

是时袁绍既并公孙瓒，兼四州之地，众十余万，将进军攻许。诸将以为不可敌，公曰："吾知绍之为人，志大而智小，色厉而胆薄，忌克而少威，兵多而分画不明，将骄而政令不一，土地虽广，粮食虽丰，适足以为吾奉也。"秋八月，公进军黎阳，使臧霸等入青州破齐、北海、东安，留于禁屯河上。九月，公还许，分兵守官渡。冬十一月，张绣率众降，封列侯。十二月，公军官渡。

袁术自败于陈，稍困，袁谭自青州遣迎之。术欲从下邳北过，公遣刘备、朱灵要之。会术病死。程昱、郭嘉闻公遣备，言于公曰："刘备不可纵。"公悔，追之不及。备之未东也，阴与董承等谋反，至下邳，遂杀徐州刺史车胄，举兵屯沛。遣刘岱、王忠击之，不克①。

【注释】

①《献帝春秋》曰：备谓岱等曰："使汝百人来，其无如我何；曹公自来，未可知耳！"

《魏武故事》曰：岱字公山，沛国人。以司空长史从征伐有功，封列侯。

《魏略》曰：王忠，扶风人，少为亭长。三辅乱，忠饥乏啖人，随辈南向武关。值娄子伯为荆州，遣迎北方客人；忠不欲去，因率等伍逆击之，夺其兵，聚众千余人以归公。拜忠中郎将，从征讨。五官将知忠尝啖人，因从驾出行，令俳取冢间髑（dú）髅系著忠马鞍，以为欢笑。

【原文】

庐江太守刘勋率众降，封为列侯。

五年春正月，董承等谋泄，皆伏诛。公将自东征备，诸将皆曰："与公争天下者，袁绍也。今绍方来而弃之东，绍乘人后，若何？"公曰："夫刘备，人杰也，今不击，必为后患①。袁绍虽有大志，而见事迟，必不动也。"郭嘉亦劝公，遂东击备，破之，生禽其将夏侯博；备走奔绍，获其妻子。备将关羽屯下邳，复进攻之，羽降。昌豨叛为备，又攻破之。公还官渡，绍卒不出。

【注释】

①孙盛《魏氏春秋》云：答诸将曰："刘备，人杰也，将生忧寡人。"

臣松之以为史之记言，既多润色，故前载所述有非实者矣，后之作者又生意改之，于失实也，不亦弥远乎！凡孙盛制书，多用《左氏》以易旧文，如此者非一。嗟乎，后之学者将何取信哉！且魏武方以天下励志，而用夫差分死之言，尤非其类。

【原文】

二月，绍遣郭图、淳于琼、颜良攻东郡太守刘延于白马，绍引兵至黎阳，将渡河。夏四月，公北救延。荀攸说公曰："今兵少不敌，分其势乃可。公到延津，若将渡兵向其后者，绍必西应之，然后轻兵袭白马，掩其不备，颜良可禽也。"公从之。绍闻兵渡，即分兵西应之。

公乃引军兼行趣白马，未至十余里，良大惊，来逆战。使张辽、关羽前登，击破，斩良。遂解白马围，徙其民，循河而西。绍于是渡河追公军，至延津南。公勒兵驻营南阪下，使登垒望之，曰："可五六百骑。"有顷，复白："骑稍多，步兵不可胜数。"公曰："勿复白。"

乃令骑解鞍放马。是时，白马辎重就道。诸将以为敌骑多，不如还保营。荀攸曰："此所以饵敌，如何去之！"绍骑将文丑与刘备将五六千骑前后至。诸将复白："可上马。"公曰："未也。"有顷，骑至稍多，或分趣辎重。公曰："可矣。"乃皆上马。时骑不满六百，遂纵兵击，大破之，斩丑。良、丑皆绍名将也，再战，悉禽，绍军大震。公还军官渡。绍进保阳武。关羽亡归刘备。

八月，绍连营稍前，依沙㟖（duī）为屯，东西数十里。公亦分营与相当，合战不利①，时公兵不满万，伤者十二三②。

【注释】

①羽凿齿《汉晋春秋》曰：许攸说绍曰："公无与操相攻也。急分诸军持之，而径从他道迎天子，则事立济矣。"绍不从，曰："吾要当先围取之。"攸怒。

②臣松之以为魏武初起兵，已有众五千，自后百战百胜，败者十二三而已矣。但一破黄巾，受降卒三十余万，余所吞并，不可悉纪；虽征战损伤，未应如此之少也。夫结营相守，异于摧锋决战。《本纪》云："绍众十余万，

屯营东西数十里。"魏太祖虽机变无方，略不世出，安有以数千之兵，而得逾时相抗者哉？以理而言，窃谓不然。绍为屯数十里，公能分营与相当，此兵不得甚少，一也。绍若有十倍之众，理应当悉力围守，使出入断绝；而公使徐晃等击其运车，公又自出击淳于琼等，扬旌往还，曾无抵阂，明绍力不能制，是不得甚少，二也。诸书皆云公坑绍众八万，或云七万。夫八万人奔散，非八千人所能缚，而绍之大众皆拱手就戮，何缘力能制之？是不得甚少，三也。将记述者欲以少见奇，非其实录也。按《钟繇传》云："公与绍相持，繇为司隶，送马二千余匹以给军。"《本纪》及《世语》并云公时有骑六百余匹，繇马为安在哉？

【原文】

绍复进临官渡，起土山地道。公亦于内作之，以相应。绍射营中，矢如雨下，行者皆蒙楯，众大惧。时公粮少，与荀彧书，议欲还许。彧以为"绍悉众聚官渡，欲与公决胜败。公以至弱当至强，若不能制，必为所乘，是天下之大机也。且绍，布衣之雄耳，能聚人而不能用。夫以公之神武明哲而辅以大顺，何向而不济！"公从之。

孙策闻公与绍相持，乃谋袭许，未发，为刺客所杀。

汝南降贼刘辟等叛应绍，略许下。绍使刘备助辟，公使曹仁击破之。备走，遂破辟屯。

袁绍运谷车数千乘至，公用荀攸计，遣徐晃、史涣邀击，大破之，尽烧其车。公与绍相拒连月，虽比战斩将，然众少粮尽，士卒疲乏。公谓运者曰："却十五日为汝破绍，不复劳汝矣。"冬十月，绍遣车运谷，使淳于琼等五人将兵万余人送之，宿绍营北四十里。绍谋臣许攸贪财，绍不能足，来奔，因说公击琼等。左右疑之，荀攸、贾诩劝公。公乃留曹洪守，自将步骑五千人夜往，会明至。琼等望见公兵少，出陈门外。公急击之，琼退保营，遂攻之。绍遣骑救琼。左右或言"贼骑稍近，请分兵拒之"。公怒曰："贼在背后，乃白！"士卒皆殊死战，大破琼等，皆斩之①。绍初闻公之击琼，谓长子谭曰："就彼攻琼等，吾攻拔其营，彼固无所归矣！"乃使张郃、高览攻曹洪。郃等闻琼破，遂来降。绍众大溃，绍及谭弃军走，渡河。追之不及，尽收其辎重图书珍宝，虏其众②。公收绍书中，得许下及军中人书，皆焚之③。

【注释】

①《曹瞒传》曰：公闻攸来，跣出迎之，抚掌笑曰："子远，卿来，吾事济矣！"既入坐，谓公曰："袁氏军盛，何以待之？今有几粮乎？"公曰："尚可支一岁。"攸曰："无是，更言之！"又曰："可支半岁。"攸曰："足下不欲破袁氏邪，何言之不实也！"公曰："向言戏之耳。其实可一月，为之奈何？"攸曰："公孤军独守，外无救援而粮谷已尽，此危急之日也。今袁氏辎重有万余乘，在故市、乌巢，屯军无严备；今以轻兵袭之，不意而至，燔其积聚，不过三日，袁氏自败也。"

公大喜，乃选精锐步骑，皆用袁军旗帜，衔枚缚马口，夜从间道出，人抱束薪，所历道有问者，语之曰："袁公恐曹操钞略后军，遣兵以益备。"闻者信以为然，皆自若。既至，围屯，大放火，营中惊乱。大破之，尽燔其粮谷宝货，斩督将睦元进、骑督韩莒子、吕威璜、赵叡等首，割得将军淳于仲简鼻，未死，杀士卒千余人，皆取鼻，牛马割唇舌，以示绍军。将士皆恫惧。时有夜得仲简，将以诣麾下，公谓曰："何为如是？"仲简曰："胜负自天，何用为问乎！"公意欲不杀。许攸曰："明旦鉴于镜，此益不忘人。"乃杀之。

②《献帝起居注》曰：公上言"大将军邺侯袁绍，前与冀州牧韩馥，立故大司马刘虞，刻作金玺，遣故任长毕瑜诣虞，为说命录之数。又绍与臣书云：'可都鄄城，当有所立。'擅铸金银印，孝廉计吏，皆往诣绍。从弟济阴太守叙与绍书云：'今海内丧败，天意实在我家，神应有征，当在尊兄。南兄，臣下欲使即位，南兄言，以年则北兄长，以位则北兄重。便欲送玺，会曹操断道。'绍宗族累世受国重恩，而凶逆无道，乃至于此。辄勒兵马，与战官渡，乘圣朝之威，得斩绍大将淳于琼等八人首，遂大破溃。绍与子谭轻身迸走。凡斩首七万余级，辎重财物巨亿。"

③《魏氏春秋》曰：公云："当绍之强，孤犹不能自保，而况众人乎！"

【原文】

冀州诸郡多举城邑降者。

初，桓帝时有黄星见于楚、宋之分，辽东殷馗善天文，言后五十岁，当

有真人起于梁、沛之间，其锋不可当。至是凡五十年，而公破绍，天下莫敌矣。

六年夏四月，扬兵河上，击绍仓亭军，破之。绍归，复收散卒，攻定诸叛郡县。九月，公还许。绍之未破也，使刘备略汝南，汝南贼共都等应之。遣蔡扬击都，不利，为都所破。公南征备。备闻公自行，走奔刘表，都等皆散。

七年春正月，公军谯，令曰："吾起义兵，为天下除暴乱。旧土人民，死丧略尽，国中终日行，不见所识，使吾凄怆伤怀。其举义兵已来，将士绝无后者，求其亲戚以后之，授土田，官给耕牛，置学师以教之。为存者立庙，使视其先人，魂而有灵，吾百年之后何恨哉！"遂至浚仪，治睢阳渠，遣使以太牢祀桥玄①。进军官渡。

【注释】

①《褒赏令》载公祀文曰："故太尉桥公，诞敷明德，泛爱博容。国念明训，士思令谟。灵幽体翳，邈哉晞矣！吾以幼年逮升堂室，特以顽鄙之姿，为大君子所纳。增荣益观，皆由奖助，犹仲尼称不如颜渊，李生之厚叹贾复。士死知己，怀此无忘。又承从容约誓之言："殂逝之后，路有经由，不以斗酒只鸡过相沃酹，车过三步，腹痛勿怪。"虽临时戏笑之言，非至亲之笃好，胡肯为此辞乎？匪谓灵忿，能诒己疾，怀旧惟顾，念之凄怆。奉命东征，屯次乡里，北望贵土，乃心陵墓。裁致薄奠，公其尚飨！

【原文】

绍自军破后，发病欧血，夏五月死。小子尚代，谭自号车骑将军，屯黎阳。秋九月，公征之，连战。谭、尚数败退，固守。

八年春三月，攻其郭，乃出战，击，大破之，谭、尚夜遁。夏四月，进军邺。五月还许，留贾信屯黎阳。

己酉，令曰："《司马法》'将军死绥'①，故赵括之母，乞不坐括。是古之将者，军破于外，而家受罪于内也。自命将征行，但赏功而不罚罪，非国典也。其令诸将出征，败军者抵罪，失利者免官爵②。"

【注释】

①《魏书》曰：绥，却也。有前一尺，无却一寸。

②《魏书》载庚申令曰：议者或以军吏虽有功能，德行不足堪任郡国之选，所谓"可与适道，未可与权。"管仲曰："使贤者食于能则上尊，斗士食于功则卒轻于死，二者设于国则天下治。"未闻无能之人，不斗之士，并受禄赏，而可以立功兴国者也。故明君不官无功之臣，不赏不战之士；治平尚德行，有事赏功能。论者之言，一似管窥虎欤！

【原文】

秋七月，令曰："丧乱已来，十有五年，后生者不见仁义礼让之风，吾甚伤之。其令郡国各修文学，县满五百户置校官，选其乡之俊造而教学之，庶几先王之道不废，而有以益于天下。"

八月，公征刘表，军西平。公之去邺而南也，谭、尚争冀州，谭为尚所败，走保平原。尚攻之急，谭遣辛毗乞降请救。诸将皆疑，荀攸劝公许之①。公乃引军还。冬十月，到黎阳，为子整与谭结婚②。尚闻公北，乃释平原还邺。东平吕旷、吕翔叛尚，屯阳平，率其众降，封为列侯③。

【注释】

①《魏书》曰：公云："我攻吕布，表不为寇，官渡之役，不救袁绍，此自守之贼也，宜为后图。谭、尚狡猾，当乘其乱。纵谭挟诈，不终束手；使我破尚，偏收其地，利自多矣。"乃许之。

②臣松之案：绍死至此，过周五月耳。谭虽出后其伯，不为绍服三年，而于再期之内以行吉礼，悖矣。魏武或以权宜与之约言；今云结婚，未必便以此年成礼。

③《魏书》曰：谭之围解，阴以将军印绶假旷。旷受印送之，公曰："我固知谭之有小计也。欲使我攻尚，得以其闲略民聚众，尚之破，可得自强以乘我弊也。尚破我盛，何弊之乘乎？"

【原文】

九年春正月，济河，遏淇水入白沟以通粮道。二月，尚复攻谭，留苏由、审配守邺。公进军到洹（huán）水，由降。既至，攻邺，为土山、地道。武安长尹楷屯毛城，通上党粮道。夏四月，留曹洪攻邺，公自将击楷，破之而还。尚将沮鹄守邯郸①，又击拔之，易阳令韩范、涉长梁岐举县降，赐爵关内侯。五月，毁土山、地道，作围堑（qiàn），决漳水灌城；城中饿死者过半。秋七月，尚还救邺，诸将皆以为"此归师，人自为战，不如避之"。公曰："尚从大道来，当避之；若循西山来者，此成禽耳。"尚果循西山来，临滏（fǔ）水为营②。夜遣兵犯围，公逆击破走之，遂围其营。未合，尚惧，遣故豫州刺史阴夔及陈琳乞降，公不许，为围益急。尚夜遁，保祁山，追击之；其将马延、张颚等临陈降，众大溃，尚走中山。尽获其辎重，得尚印绶节钺，使尚降人示其家，城中崩沮。八月，审配兄子荣夜开所守城东门内兵。配逆战，败，生禽配，斩之，邺定。公临祀绍墓，哭之流涕；慰劳绍妻，还其家人宝物，赐杂缯絮，廪食之③。

【注释】

①沮：音菹，河朔闲今犹有此姓。鹄，沮授子也。

②《曹瞒传》曰：遣候者数部前后参之，皆曰："定从西道，已在邯郸。"公大喜，会诸将曰："孤已得冀州，诸君知之乎？"皆曰："不知。"公曰："诸君方见不久也。"

③孙盛云：昔者先王之为诛赏也，将以惩恶劝善，永彰鉴戒。绍因世艰危，遂怀逆谋，上议神器，下干国纪。荐社污宅，古之制也；而乃尽哀于逆臣之冢，加恩于饕餮之室，为政之道，于斯踬（zhì）矣。夫匪怨友人，前哲所耻，税骖旧馆，义无虚涕，苟道乖好绝，何哭之有！昔汉高失之于项氏，魏武遵谬于此举，岂非百虑之一失也。

【原文】

初，绍与公共起兵，绍问公曰："若事不辑，则方面何所可据？"公曰："足下意以为何如？"绍曰："吾南据河，北阻燕、代，兼戎狄之众，南向以争天下，庶可以济乎！"公曰："吾任天下之智力，以道御之，无所不可。①"

【注释】

①《傅子》曰：太祖又云："汤、武之王，岂同土哉？若以险固为资，则不能应机而变化也。"

【原文】

九月，令曰："河北罹袁氏之难，其令无出今年租赋！"重豪强兼并之法。百姓喜悦①。天子以公领冀州牧，公让还兖州。

【注释】

①《魏书》载公令曰："有国有家者，不患寡而患不均，不患贫而患不安。"袁氏之治也，使豪强擅恣，亲戚兼并；下民贫弱，代出租赋，衒鬻家财，不足应命。审配宗族，至乃藏匿罪人，为逋逃主；欲望百姓亲附，甲兵强盛，岂可得邪！其收田租亩四升，户出绢二匹、绵二斤而已，他不得擅兴发。郡国守相明检察之，无令强民有所隐藏，而弱民兼赋也。

【原文】

公之围邺也，谭略取甘陵、安平、勃海、河间。尚败，还中山。谭攻之，尚奔故安，遂并其众。公遗谭书，责以负约，与之绝婚，女还，然后进军。谭惧，拔平原，走保南皮。十二月，公入平原，略定诸县。

十年春正月，攻谭，破之，斩谭，诛其妻子，冀州平①。下令曰："其与袁氏同恶者，与之更始。"令民不得复私仇，禁厚葬，皆一之于法。是月，袁熙大将焦触、张南等叛攻熙、尚，熙、尚奔三郡乌丸。触等举其县降，封为列侯。初讨谭时，民亡椎冰②，令不得降。顷之，亡民有诣门首者，公谓曰："听汝则违命，杀汝则诛首，归深自藏，无为吏所获。"民垂泣而去，后竟捕得。

【注释】

①《魏书》曰：公攻谭，旦及日中不决；公乃自执枹鼓，士卒咸奋，应时破陷。

②臣松之以为讨谭时，川渠水冻，使民椎冰以通船，民惮役而亡。

【原文】

夏四月，黑山贼张燕率其众十余万降，封为列侯。故安赵犊、霍奴等杀幽州刺史、涿郡太守，三郡乌丸攻鲜于辅于犷平①。秋八月，公征之，斩犊等，乃渡潞河救犷平，乌丸奔走出塞。

【注释】

①《续汉书·郡国志》曰：犷平，县名，属渔阳郡。

【原文】

九月，令曰："阿党比周，先圣所疾也。闻冀州俗，父子异部，更相毁誉。昔直不疑无兄，世人谓之盗嫂；第五伯鱼三娶孤女，谓之挝妇翁；王凤擅权，谷永比之申伯；王商忠议，张匡谓之左道：此皆以白为黑，欺天罔君者也。吾欲整齐风俗，四者不除，吾以为羞。"冬十月，公还邺。

初，袁绍以甥高干领并州牧，公之拔邺，干降，遂以为刺史。干闻公讨乌丸，乃以州叛，执上党太守，举兵守壶关口。遣乐进、李典击之，干还守壶关城。

十一年春正月，公征干。干闻之，乃留其别将守城，走入匈奴，求救于单于，单于不受。公围壶关三月，拔之。干遂走荆州，上洛都尉王琰捕斩之。

秋八月，公东征海贼管承，至淳于，遣乐进、李典击破之，承走入海岛。割东海之襄贲、郯、戚以益琅邪，省昌虑郡①。

【注释】

①《魏书》载十月乙亥令曰：夫治世御众，建立辅弼，诚在面从，《诗》称"听用我谋，庶无大悔"，斯实君臣恳恳之求也。吾充重任，每惧失中，频年以来，不闻嘉谋，岂吾开延不勤之咎邪？自今以后，诸掾属治中、别驾，常以月旦各名其失，吾将览焉。"

【原文】

三郡乌丸承天下乱，破幽州，略有汉民合十余万户，袁绍皆立其酋豪为单于，以家人子为己女，妻焉。辽西单于蹋顿尤强，为绍所厚，故尚兄弟归之，数入塞为害。公将征之，凿渠，自呼沲入泒水，名平虏渠；又从泃河口凿入潞河，名泉州渠，以通海。

十二年春二月，公自淳于还邺。丁酉，令曰："吾起义兵，诛暴乱，于今十九年，所征必克，岂吾功哉？乃贤士大夫之力也。天下虽未悉定，吾当要与贤士大夫共定之；而专飨其劳，吾何以安焉！其促定功行封。"于是大封功臣二十余人，皆为列侯，其余各以次受封，及复死事之孤，轻重各有差①。

【注释】

①《魏书》载公令曰：昔赵奢、窦婴之为将也，受赐千金，一朝散之，故能济成大功，永世流声；吾读其文，未尝不慕其为人也。与诸将士大夫共从戎事，幸赖贤人不爱其谋，群士不遗其力，是以夷险平乱，而吾得窃大赏，户邑三万。追思窦婴散金之义，今分所受租与诸将掾属及故戍于陈、蔡者，庶以畴答众劳，不擅大惠也。宜差死事之孤，以租谷及之。若年殷用足，租奉毕入，将大与众人悉共飨之。

【原文】

将北征三郡乌丸，诸将皆曰："袁尚，亡虏耳，夷狄贪而无亲，岂能为尚用？今深入征之，刘备必说刘表以袭许，万一为变，事不可悔。"惟郭嘉策表必不能任备，劝公行。夏五用，至无终。秋七月，大水，傍海道不通，田畴请为乡导，公从之。引军出卢龙塞，塞外道绝不通，乃堑山堙（yīn）谷五百余里，经白檀，历平冈，涉鲜卑庭，东指柳城。未至二百里，虏乃知之。尚、熙与蹋顿、辽西单于楼班、右北平单于能臣抵之等将数万骑逆军。八月，登白狼山，卒与虏遇，众甚盛。公车重在后，被甲者少，左右皆惧。公登高，望虏陈不整，乃纵兵击之，使张辽为先锋，虏众大崩，斩蹋顿及名王已下，胡、汉降者二十余万口。辽东单于速仆丸及辽西、北平诸豪，弃其种人，与尚、熙奔辽东，众尚有数千骑。初，辽东太守公孙康恃远不服。及公破乌丸，或说公遂征之，尚兄弟可禽也。公曰："吾方使康斩送尚、熙首，不烦兵矣。"九月，公引兵自柳城还①。康即斩尚、熙及速仆丸等，传其首。诸将或问："公还而康斩送尚、熙，何也？"公曰："彼素畏尚等，吾急之则并力，缓之则自相图，其势然也。"十一月至易水，代郡乌丸行单于普富卢、上郡乌丸行单于那楼将其名王来贺。

【注释】

①《曹瞒传》曰：时寒且旱，二百里无复水，军又乏食，杀马数千匹以为粮，凿地入三十余丈乃得水。既还，科问前谏者，众莫知其故，人人皆惧。公皆厚赏之，曰："孤前行，乘危以徼幸，虽得之，天所佐也，故不可以为

常。诸君之谏，万安之计，是以相赏，后勿难言之"。

【原文】

十三年春正月，公还邺，作玄武池以肄舟师①。汉罢三公官，置丞相、御史大夫。夏六月，以公为丞相②。

【注释】

①肄：以四反。《三苍》曰："肄，习也。"

②《献帝起居注》曰：使太常徐璆即授印绶。御史大夫不领中丞，置长史一人。

《先贤行状》曰：璆（qiú）字孟玉平，广陵人。少履清爽，立朝正色。历任城、汝南、东海三郡，所在化行。被征当还，为袁术所劫。术僭号，欲授以上公之位，璆终不为屈。术死后，璆得术玺，致之汉朝，拜卫尉太常，公为丞相，以位让璆焉。

【原文】

秋七月，公南征刘表。八月，表卒，其子琮代，屯襄阳，刘备屯樊。九月，公到新野，琮遂降，备走夏口。公进军江陵，下令荆州吏民，与之更始。乃论荆州服从之功，侯者十五人，以刘表大将文聘为江夏太守，使统本兵，引用荆州名士韩嵩、邓义等①。益州牧刘璋始受征役，遣兵给军。十二月，孙权为备攻合肥。公自江陵征备，至巴丘，遣张熹救合肥。权闻熹至，乃走。公至赤壁，与备战，不利。于是大疫，吏士多死者，乃引军还。备遂有荆州、江南诸郡②。

【注释】

①卫恒《四体书势序》曰：上谷王次仲善隶书，始为楷法。至灵帝好书，世多能者。而师宜官为最，甚矜其能，每书，辄削焚其札。梁鹄乃益为版而饮之酒，候其醉而窃其札，鹄卒以攻书至选部尚书。于是公欲为洛阳令，鹄以为北部尉。鹄后依刘表，及荆州平，公募求鹄，鹄惧，自缚诣门，署军假司马，使在秘书，以勒书自效。公尝悬著帐中，及以钉壁玩之，谓胜宜官。鹄字孟黄，安定人。魏宫殿题署，皆鹄书也。

皇甫谧《逸士传》曰：汝南王儁（jùn），字子文，少为范滂、许章所识，与南阳岑晊善。公之为布衣，特爱俦；俦亦称公有治世之具。及袁绍与弟术丧母，归葬汝南，俦与公会之，会者三万人。公于外密语俦曰："天下将乱，为乱魁者必此二人也。欲济天下，为百姓请命，不先诛此二子，乱今作矣。"俦曰："如卿之言，济天下者，舍卿复谁？"相对而笑。俦为人外静而内明，不应州郡三府之命。公车征，不到，避地居武陵，归俦者一百余家。帝之都许，复征为尚书，又不就。刘表见绍强，阴与绍通。俦谓表曰："曹公，天下之雄也，必能兴霸道，继桓、文之功者也。今乃释近而就远，如有一朝之急，遥望漠北之救，不亦难乎！"表不从。俦年六十四，以寿终于武陵，公闻而哀伤。及平荆州，自临江迎丧，改葬于江陵，表为先贤也。

②《山阳公载记》曰：公船舰为备所烧，引军从华容道步归，遇泥泞，道不通，天又大风，悉使羸兵负草填之，骑乃得过。羸兵为人马所蹈藉，陷泥中，死者甚众。军既得出，公大喜，诸将问之，公曰："刘备，吾俦也。但得计少晚；向使早放火，吾徒无类矣。"备寻亦放火而无所及。

孙盛《异同评》曰：按《吴志》，刘备先破公军，然后权攻合肥，而此记云权先攻合肥，后有赤壁之事。二者不同，《吴志》为是。

【原文】

十四年春三月，军至谯，作轻舟，治水军。秋七月，自涡入淮，出肥水，军合肥。辛未，令曰："自顷已来，军数征行，或遇疫气，吏士死亡不归，家室怨旷，百姓流离，而仁者岂乐之哉？不得已也。其令死者家无基业不能自存者，县官勿绝廪，长吏存恤抚循，以称吾意。"置扬州郡县长吏，开芍陂屯田。十二月，军还谯。

十五年春，下令曰："自古受命及中兴之君，曷尝不得贤人君子与之共治天下者乎！及其得贤也，曾不出闾巷，岂幸相遇哉，上之人不求之耳。今天下尚未定，此特求贤之急时也。'孟公绰为赵、魏老则优，不可以为滕、薛大夫'。若必廉士而后可用，则齐桓其何以霸世！今天下得无有被褐怀玉而钓于渭滨者乎？又得无盗嫂受金而未遇无知者乎？二三子其佐我明扬仄陋，唯才是举，吾得而用之。"冬，作铜雀台①。

【注释】

①《魏武故事》载公十二月己亥令曰：孤始举孝廉，年少，自以本非岩穴知名之士，恐为海内人之所见凡愚，欲为一郡守，好作政教，以建立名誉，使世士明知之；故在济南，始除残去秽，平心选举，违忤诸常侍。以为强豪所忿，恐致家祸，故以病还。去官之后，年纪尚少，顾视同岁中，年有五十，未名为老，内自图之，从此却去二十年，待天下清，乃与同岁中始举者等耳。故以四时归乡里，于谯东五十里筑精舍，欲秋夏读书，冬春射猎，求底下之地，欲以泥水自蔽，绝宾客往来之望，然不能得如意。后征为都尉，迁典军校尉，意遂更欲为国家讨贼立功，欲望封侯作征西将军，然后题墓道言"汉故征西将军曹侯之墓"，此其志也。而遭值董卓之难，兴举义兵。是时合兵能多得耳，然常自损，不欲多之；所以然者，多兵意盛，与强敌争，倘更为祸始。故汴水之战数千，后还到扬州更募，亦复不过三千人，此其本志有限也。后领兖州，破降黄巾三十万众。又袁术僭号于九江，下皆称臣，名门曰建号门，衣被皆为天子之制，两妇预争为皇后。志计已定，人有劝术使遂即帝位，露布天下，答言"曹公尚在，未可也"。后孤讨禽其四将，获其人众，遂使术穷亡解沮，发病而死。及至袁绍据河北，兵势强盛，孤自度势，实不敌之，但计投死为国，以义灭身，足垂于后。幸而破绍，枭其二子。又刘表自以为宗室，包藏奸心，乍前乍却，以观世事，据有当州。孤复定之，遂平天下。身为宰相，人臣之贵已极，意望已过矣。今孤言此，若为自大，欲人言尽，故无讳耳。设使国家无有孤，不知当几人称帝，几人称王。或者人见孤强盛，又性不信天命之事，恐私心相评，言有不逊之志，妄相忖度，每用耿耿。齐桓、晋文所以垂称至今日者，以其兵势广大，犹能奉事周室也。《论语》云"三分天下有其二，以服事殷，周之德可谓至德矣"。夫能以大事小也。昔乐毅走赵，赵王欲与之图燕，乐毅伏而垂泣，对曰："臣事昭王，犹事天王；臣若获戾，放在他国，没世然后已，不忍谋赵之徒隶，况燕后嗣乎！"胡亥之杀蒙恬也，恬曰："自吾先人及至子孙，积信于秦三世矣；今臣将兵三十余万，其势足以背叛，然自知必死而守义者，不敢辱先人之教以忘先王也。"孤每读此二人书，未尝不怆然流涕也。孤祖父以至孤身，皆当亲重之任，可谓见信者矣，以及子桓兄弟，过于三世矣。孤非徒对诸君说此也，常

以语妻妾，皆令深知此意。孤谓之言："顾我万年之后，汝曹皆当出嫁，欲令传道我心，使他人皆知之。"孤此言皆肝鬲之要也。所以勤勤恳恳叙心腹者，见周公有《金縢》之书以自明，恐人不信之故。然欲孤便尔委捐所典兵众，以还执事，归就武平侯国，实不可也。何者？诚恐己离兵为人所祸也，既为子孙计，又己败则国家倾危，是以不得慕虚名而处实祸，此所不得为也。前朝恩封三子为侯，固辞不受，今更欲受之，非欲复以为荣，欲以为外援，为万安计。孤闻介推之避晋封，申胥之逃楚赏，未尝不舍书而叹，有以自省也。奉国威灵，仗钺征伐，推弱以克强，处小而禽大，意之所图，动无违事，心之所虑，何向不济，遂荡平天下，不辱主命，可谓天助汉室，非人力也。然封兼四县，食户三万，何德堪之！江湖未静，不可让位；至于邑土，可得而辞。今上还阳夏、柘、苦三县户二万，但食武平万户，且以分损谤议，少减孤之责也。

【原文】

十六年春正月①，天子命公世子丕为五官中郎将，置官属，为丞相副。太原商曜等以大陵叛，遣夏侯渊、徐晃围破之。张鲁据汉中，三月，遣钟繇讨之，公使渊等出河东与繇会。

【注释】

①《魏书》曰：庚辰，天子报：减户五千，分所让三县万五千，封三子，植为平原侯，据为范阳侯，豹为饶阳侯，食邑各五千户。

【原文】

是时关中诸将疑繇欲自袭，马超遂与韩遂、杨秋、李堪、成宜等叛，遣曹仁讨之。超等屯潼关，公敕诸将："关西兵精悍，坚壁勿与战。"秋七月，公西征①，与超等夹关而军。公急持之，而潜遣徐晃、朱灵等夜渡蒲阪津，据河西为营。公自潼关北渡，未济，超赴船急战。校尉丁斐因放牛马以饵贼，贼乱，取牛马，公乃得渡②，循河为甬道而南。贼退，拒渭口，公乃多设疑兵，潜以舟载兵入渭，为浮桥，夜，分兵结营于渭南。贼夜攻营，伏兵击破之。超等屯渭南，遣信求割河以西请和，公不许。九月，进军渡渭③。

超等数挑战，又不许；固请割地，求送任子，公用贾诩计，伪许之。韩遂请与公相见，公与遂父同岁孝廉，又与遂同时侪辈，于是交马语移时，不及军事，但说京都旧故，拊手欢笑。既罢，超等问遂："公何言？"遂曰："无所言也。"超等疑之④。他日，公又与遂书，多所点窜，如遂改定者；超等愈疑遂。公乃与克日会战，先以轻兵挑之，战良久，乃纵虎骑夹击，大破之，斩成宜、李堪等。

遂、超等走凉州，杨秋奔安定，关中平。诸将或问公曰："初，贼守潼关，渭北道缺，不从河东击冯翊而反守潼关，引日而后北渡，何也？"公曰："贼守潼关，若吾入河东，贼必引守诸津，则西河未可渡，吾故盛兵向潼关；贼悉众南守，西河之备虚，故二将得擅取西河；然后引军北渡，贼不能与吾争西河者，以有二将之军也。连车树栅，为甬道而南⑤，既为不可胜，且以示弱。渡渭为坚垒，虏至不出，所以骄之也；故贼不为营垒而求割地。吾顺言许之，所以从其意，使自安而不为备，因畜士卒之力，一旦击之，所谓疾雷不及掩耳。兵之变化，固非一道也。"始，贼每一部到，公辄有喜色。贼破之后，诸将问其故。公答曰："关中长远，若贼各依险阻，征之，不一二年不可定也。今皆来集，其众虽多，莫相归服，军无适主，一举可灭，为功差易，吾是以喜。"

【注释】

①《魏书》曰：议者多言"关西兵强，习长矛，非精选前锋，则不可以当也"。公谓诸将曰："战在我，非在贼也。贼虽习长矛，将使不得以刺，诸君但观之耳。"

②《曹瞒传》曰：公将过河，前队适渡，超等奄至，公犹坐胡床不起。张郃等见事急，共引公入船，河水急，比渡，流四五里，超等骑追射之，矢下如雨。诸将见军败，不知公所在，皆惶惧，至见，乃悲喜，或流涕。公大笑曰："今日几为小贼所困乎！"

③《曹瞒传》曰：时公军每渡渭，辄为超骑所冲突，营不得立，地又多沙，不可筑垒。娄子伯说公曰："今天寒，可起沙为城，以水灌之，可一夜而成。"公从之，乃多作缣囊以运水，夜渡兵作城，比明，城立，由是公军尽得渡渭。

或疑于时九月，水未应冻。臣松之按《魏书》：公军八月至潼关，闰月北渡河，则其年闰八月也，至此容可大寒邪！

④《魏书》曰：公后日复与遂等会语，诸将曰："公与虏交语，不宜轻脱，可为木行马以为防遏。"公然之。贼将见公，悉于马上拜，秦、胡观者，前后重沓，公笑谓贼曰："汝欲观曹公邪？亦犹人也，非有四目两口，但多智耳！"胡前后大观。又列铁骑五千为十重陈，精光耀日，贼益震惧。

⑤臣松之案：汉高祖二年（公元前207年），与楚战荥阳京、索之间，筑甬道属河以取敖仓粟。应劭曰："恐敌钞辎重，故筑垣墙如街巷也。"今魏武不筑垣墙，但连车树栅以扞两面。

【原文】

冬十月，军自长安北征杨秋，围安定。秋降，复其爵位，使留抚其民人①。十二月，自安定还，留夏侯渊屯长安。

【注释】

①《魏略》曰：杨秋，黄初中迁讨寇将军，位特进，封临泾侯，以寿终。

【原文】

十七年春正月，公还邺。天子命公赞拜不名，入朝不趋，剑履上殿，如萧何故事。马超余众梁兴等屯蓝田，使夏侯渊击平之。割河内之荡阴、朝歌、林虑，东郡之卫国、顿丘、东武阳、发干，钜鹿之廮（yǐng）陶、曲周、南和，广平之任城，赵之襄国、邯郸、易阳以益魏郡。

冬十月，公征孙权。

十八年春正月，进军濡（rú）须口，

攻破权江西营，获权都督公孙阳，乃引军还。诏书并十四州，复为九州。夏四月，至邺。

五月丙申，天子使御史大夫郗虑持节策命公为魏公①，曰："朕以不德，少遭愍凶，越在西土，迁于唐、卫。当此之时，若缀旒然②，宗庙乏祀，社稷无位；群凶觊觎，分裂诸夏，率土之民，朕无获焉，即我高祖之命将坠于地。朕用夙兴假寐，震悼于厥心，曰'惟祖惟父，股肱先正③，其孰能恤朕躬？'乃诱天衷，诞育丞相，保乂我皇家，弘济于艰难，朕实赖之。今将授君典礼，其敬听朕命。

昔者董卓初兴国难，群后释位以谋王室④；君则摄进，首启戎行，此君之忠于本朝也。后及黄巾反易天常，侵我三州，延及平民；君又翦之以宁东夏，此又君之功也。韩暹、杨奉专用威命；君则致讨，克黜其难，遂迁许都，造我京畿，设官兆祀，不失旧物，天地鬼神于是获乂，此又君之功也。袁术潜逆，肆于淮南，慑惮君灵，用丕显谋，蕲阳之役，桥蕤授首，棱威南迈，术以陨溃，此又君之功也。回戈东征，吕布就戮，乘辕将返，张杨殂毙，眭固伏罪，张绣稽服，此又君之功也。袁绍逆乱天常，谋危社稷，凭恃其众，称兵内侮。当此之时，王师寡弱，天下寒心，莫有固志；君执大节，精贯白日，奋其武怒，运其神策，致届官渡，大歼丑类⑤，俾我国家拯于危坠，此又君之功也。济师洪河，拓定四州，袁谭、高干，咸枭其首，海盗奔迸，黑山顺轨，此又君之功也。乌丸三种，崇乱二世，袁尚因之，逼据塞北；束马县车，一征而灭，此又君之功也。刘表背诞，不供贡职，王师首路，威风先逝，百城八郡，交臂屈膝，此又君之功也。马超、成宜，同恶相济，滨据河、潼，求逞所欲；殄之渭南，献馘万计，遂定边境，抚和戎狄，此又君之功也。鲜卑、丁零，重译而至，箪于、白屋，请吏率职，此又君之功也。君有定天下之功，重之以明德，班叙海内，宣美风俗，旁施勤教，恤慎刑狱，吏无苛政，民无怀慝；敦崇帝族，表继绝世，旧德前功，罔不咸秩；虽伊尹格于皇天，周公光于四海，方之蔑如也。

【注释】

①《续汉书》曰：虑字鸿豫，山阳高平人。少受业于郑玄，建安初为侍中。

虞溥《江表传》曰：献帝尝特见虑及少府孔融，问融曰："鸿豫何所优长？"融曰："可与适道，未可与权。"虑举笏曰："融昔宰北海，政散民流，其权安在也！"遂与融互相长短，以至不睦。公以书和解之。虑从光禄勋迁为大夫。

②《公羊传》曰：君若赘旒然。何休云："赘，犹缀也。旒（liú），旗旒也。以旒譬者，言为下所执持东西也。"

③《文侯之命》曰：亦惟先正。郑玄云："先正，先臣，谓公卿大夫也。"

④《左氏传》曰：诸侯释位以间王政。服虔曰："言诸侯释其私政而佐王室。"

⑤《诗》曰：致天之届，于牧之野。郑玄云："届，极也。"

《鸿范》曰："鲧则殛死。"

【原文】

朕闻先王并建明德，胙之以土，分之以民，崇其宠章，备其礼物，所以藩卫王室，左右厥世也。其在周成，管、蔡不静，惩难念功，乃使邵康公赐齐太公履，东至于海，西至于河，南至于穆陵，北至于无棣，五侯九伯，实得征之，世祚太师，以表东海；爰及襄王，亦有楚人不供王职，又命晋文登为侯伯，锡以二辂、虎贲、鈇钺、秬（jù）鬯（chàng）、弓矢，大启南阳，世作盟主；故周室之不坏，繄（yī）二国是赖。今君称丕显德，明保朕躬，奉答天命，导扬弘烈，绥爰九域，莫不率俾①，功高于伊、周，而赏卑于齐、晋，朕甚恧焉。朕以眇眇之身，托于兆民之上，永思厥艰，若涉渊冰，非君攸济，朕无任焉。

【注释】

①《盘庚》曰：绥爰有众。郑玄曰："爰，于也，安隐于其众也。"

《君奭》曰：海隅出日，罔不率俾。率，循也。俾，使也。四海之隅，日出所照，无不循度而可使也。

【原文】

今以冀州之河东、河内、魏郡、赵国、中山、常山、钜鹿、安平、甘陵、平原凡十郡，封君为魏公。锡君玄土，苴以白茅，爰契尔龟，用建冢社。昔在周室，毕公、毛公，入为卿佐，周、邵师保，出为二伯。外内之任，君实宜之，其以丞相领冀州牧如故。又加君九锡，其敬听朕命。以君经纬礼律，为民轨仪，使安职业，无或迁志，是用锡君大辂、戎辂各一，玄牡二驷。君劝分务本，穑人昏作①，粟帛滞积，大业惟兴，是用锡君衮冕之服，赤舃（xì）副焉。君敦尚谦让，俾民兴行，少长有礼，上下咸和，是用锡君轩县之乐，六佾之舞。君翼宣风化，爰发四方，远人革面，华夏充实，是用锡君朱户以居。君研其明哲，思帝所难，官才任贤，群善必举，是用锡君纳陛以登。君秉国之钧，正色处中，纤毫之恶，靡不抑退，是用锡君虎贲之士三百人。君纠虔天刑，章厥有罪②，犯关干纪，莫不诛殛，是用锡君鈇钺各一。君龙骧虎视，旁眺八维，掩讨逆节，折冲四海，是用锡君彤弓一，彤矢百，玈（lú）弓十，玈矢千。君以温恭为基，孝友为德，明允笃诚，感于朕思，是用锡君秬鬯一卣，珪瓒副焉。魏国置丞相已下群卿百寮，皆如汉初诸侯王之制。往钦哉，敬服朕命！简恤尔众，时亮庶功，用终尔显德，对扬我高祖之休命。"③

【注释】

①《盘庚》曰：堕农自安，不昏作劳。郑玄云："昏，勉也。"

②"纠虔天刑"语出《国语》，韦昭注曰："纠，察也。虔，敬也。刑，法也。"

③后汉尚书左丞潘勖（xù）之辞也，勖字符茂，陈留中牟人。

《魏书》载公令曰："夫受九锡，广开土宇，周公其人也。汉之异姓八王者，与高祖俱起布衣，创定王业，其功至大，吾何可比之？"前后三让。于是中军师（王）陵树亭侯荀攸、前军师东武亭侯钟繇、左军师凉茂、右军师毛玠、平虏将军华乡侯刘勋、建武将军清苑亭侯刘若、伏波将军高安侯夏侯惇、扬武将军都亭侯王忠、奋威将军乐乡侯刘展、建忠将军昌乡亭侯鲜于辅、奋武将军安国亭侯程昱、太中大夫都乡侯贾诩、军师祭酒千秋亭侯董昭、都亭侯薛洪、南乡亭侯董蒙、关内侯王粲、傅巽、祭酒王选、袁涣、王朗、张承、任藩、杜袭、中护军国明亭侯曹洪、中领军万岁亭侯韩浩、行骁骑将军安平亭侯曹仁、领护军将军王图、长史万潜、谢奂、袁霸等劝进曰："自古三代，胙臣以土，受命中兴，封秩辅佐，皆所以褒功赏德，为国藩卫也。往者天下崩乱，群凶豪起，颠越跋扈之险，不可忍言。明公奋身出命以徇其难，诛二袁篡盗之逆，灭黄巾贼乱之类，殄夷首逆，芟拨荒秽，沐浴霜露二十余年，书契以来，未有若此功者。昔周公承文、武之迹，受已成之业，高枕墨笔，拱揖群后，商奄之勤，不过二年，吕望因三分有二之形，据八百诸侯之势，暂把旄钺，一时指麾，然皆大启土宇，跨州兼国。周公八子，并为侯伯，白牡骍刚，郊祀天地，典策备物，拟则王室，荣章宠盛如此之弘也。逮至汉兴，佐命之臣，张耳、吴芮，其功至薄，亦连城开地，南面称孤。此皆明君达主行之于上，贤臣圣宰受之于下，三代令典，汉帝明制。今比劳则周、吕逸，计功则张、吴微，论制则齐、鲁重，言地则长沙多；然则魏国之封，九锡之荣，况于旧赏，犹怀玉而被褐也。且列侯诸将，幸攀龙骥，得窃微劳，佩紫怀黄，盖以百数，亦将因此传之万世，而明公独辞赏于上，将使其下怀不自安，上违圣朝欢心，下失冠带至望，忘辅弼之大业，信匹夫之细行，攸等所大惧也。”

于是公敕外为章，但受魏郡。攸等复曰：“伏见魏国初封，圣朝发虑，稽谋群寮，然后策命，而明公久违上指，不即大礼，今既虔奉诏命，副顺众望，又欲辞多当少，让九受一，是犹汉朝之赏不行，而攸等之请未许也。昔齐、鲁之封，奄有东海，疆域井赋，四百万家，基隆业广，易以立功，故能成翼戴之勋，立一匡之绩。今魏国虽有十郡之名，犹减于曲阜，计其户数，不能参半，以藩卫王室，立垣树屏，犹未足也。且圣上览亡秦无辅之祸，惩曩日震荡之艰，托建忠贤，废坠是为，愿明公恭承帝命，无或拒违。”公乃受命。

《魏略》载公上书谢曰：臣蒙先帝厚恩，致位郎署，受性疲怠，意望毕足，非敢希望高位，庶几显达。会董卓作乱，义当死难，故敢奋身出命，摧锋率众，遂值千载之运，奉役目下。当二袁炎沸侵侮之际，陛下与臣寒心同忧，顾瞻京师，进受猛敌，常恐君臣俱陷虎口，诚不自意能全首领。赖祖宗灵佑，丑类夷灭，得使微臣窃名其间。陛下加恩，授以上相，封爵宠禄，丰大弘厚，生平之愿，实不望也。口与心计，幸且待罪，保持列侯，遗付子孙，自托圣世，永无忧责。不意陛下乃发盛意，开国备锡，以贶愚臣，地比齐、鲁，礼同藩王，非臣无功所宜膺据。归情上闻，不蒙听许，严诏切至，诚使臣心俯仰逼迫。伏自惟省，列在大臣，命制王室，身非己有，岂敢自私，遂其愚意，亦将黜退，令就初服。今奉疆土，备数藩翰，非敢远期，虑有后世；至于父子，相誓终身，灰躯尽命，报塞厚恩。天威在颜，悚惧受诏。

【原文】

秋七月，始建魏社稷宗庙。天子聘公三女为贵人，少者待年于国[1]。九月，作金虎台，凿渠引漳水入白沟以通河。冬十月，分魏郡为东西部，置都尉。十一月，初置尚书、侍中、六卿[2]。

【注释】

[1]《献帝起居注》曰：使使持节行太常大司农安阳亭侯王邑，赍璧、帛、玄纁（xūn）、绢五万匹之邺纳聘，介者五人，皆以议郎行大夫事，副介一人。

[2]《魏氏春秋》曰：以荀攸为尚书令，凉茂为仆射，毛玠、崔琰、常林、徐奕、何夔为尚书，王粲、杜袭、卫觊、和洽为侍中。

【原文】

马超在汉阳，复因羌、胡为害，氐王千万叛应超，屯兴国。使夏侯渊讨之。

十九年春正月，始耕籍田。南安赵衢、汉阳尹奉等讨超，枭其妻子，超奔汉中。韩遂徙金城，入氐王千万部，率羌、胡万余骑与夏侯渊战，击，大破之，遂走西平。渊与诸将攻兴国，屠之，省安东、永阳郡。

安定太守毋丘兴将之官，公戒之曰："羌、胡欲与中国通，自当遣人来，慎勿遣人往。善人难得，必将教羌、胡妄有所请求，因欲以自利；不从便为失异俗意，从之则无益事。"兴至，遣校尉范陵至羌中，陵果教羌，使自请为属国都尉。公曰："吾预知当尔，非圣也，但更事多耳[1]。"

【注释】

[1]《献帝起居注》曰：使行太常事大司农安阳亭侯王邑与宗正刘艾，皆持节，介者五人，赍束帛驷马，及给事黄门侍郎、掖庭丞、中常侍二人，迎二贵人于魏国。二月癸亥，又于魏公宗庙授二贵人印绶。甲子，诣魏公宫

延秋门，迎贵人升车。魏遣郎中令、少府、博士、御府乘黄厩令、丞相掾属侍送贵人。癸酉，二贵人至洧仓中，遣侍中丹将冗从虎贲前后骆驿往迎之。乙亥，二贵人入宫，御史大夫、中二千石将大夫、议郎会殿中，魏国二卿及侍中、中郎二人，与汉公卿并升殿宴。

【原文】

三月，天子使魏公位在诸侯王上，改授金玺、赤绂、远游冠①。

【注释】

①《献帝起居注》曰：使左中郎将杨宣、亭侯裴茂持节、印授之。

【原文】

秋七月，公征孙权①。

【注释】

①《九州春秋》曰：参军傅干谏曰："治天下之大具有二，文与武也；用武则先威，用文则先德，威德足以相济，而后王道备矣。往者天下大乱，上下失序，明公用武攘之，十平其九。今未承王命者，吴与蜀也，吴有长江之险，蜀有崇山之阻，难以威服，易以德怀。愚以为可且按甲寝兵，息军养士，分土定封，论功行赏，若此则内外之心固，有功者劝，而天下知制矣。然后渐兴学校，以导其善性而长其义节。公神武震于四海，若修文以济之，则普天之下，无思不服矣。今举十万之众，顿之长江之滨，若贼负固深藏，则士马不能逞其能，奇变无所用其权，则大威有屈而敌心未能服矣。唯明公思虞舜舞干戚之义，全威养德，以道制胜。"公不从，军遂无功。干字彦材，北地人，终于丞相仓曹属。有子曰玄。

【原文】

初，陇西宋建自称河首平汉王，聚众枹罕，改元，置百官，三十余年。遣夏侯渊自兴国讨之。冬十月，屠枹罕，斩建，凉州平。

公自合肥还。

十一月，汉皇后伏氏坐昔与父故屯骑校尉完书，云帝以董承被诛，怨恨公，辞甚丑恶，发闻，后废黜死，兄弟皆伏法①。

【注释】

①《曹瞒传》曰：公遣华歆勒兵入宫收后。后闭户匿壁中；歆坏户发壁，牵后出。帝时与御史大夫郗虑坐，后被发徒跣过，执帝手曰："不能复相活邪？"帝曰："我亦不自知命在何时也。"帝谓虑曰："郗公，天下宁有是邪！"遂将后杀之，完及宗族死者数百人。

【原文】

十二月，公至孟津。天子命公置旄头，宫殿设钟虡（jù）。乙未，令曰："夫有行之士，未必能进取，进取之士，未必能有行也。陈平岂笃行，苏秦岂守信邪？而陈平定汉业，苏秦济弱燕。由此言之，士有偏短，庸可废乎！有司明思此义，则士无遗滞，官无废业矣。"又曰："夫刑，百姓之命也，而军中典狱者或非其人，而任以三军死生之事，吾甚惧之。其选明达法理者，使持典刑。"于是置理曹掾属。

二十年春正月，天子立公中女为皇后。省云中、定襄、五原、朔方郡，郡置一县领其民，合以为新兴郡。

三月，公西征张鲁，至陈仓，将自武都入氐，氐人塞道，先遣张郃、朱灵等攻破之。夏四月，公自陈仓以出散关，至河池。氐王窦茂众万余人，恃险不服，五月，公攻屠之。西平、金城诸将麹演、蒋石等共斩送韩遂首①。秋七月，公至阳平。张鲁使弟卫与将杨昂等据阳平关，横山筑城十余里。攻之不能拔，乃引军还。贼见大军退，其守备解散。公乃密遣解慓、高祚等乘险夜袭，大破之，斩其将杨任，进攻卫，卫等夜遁，鲁溃奔巴中。公军入南郑，尽得鲁府库珍宝②。巴、汉皆降。复汉宁郡为汉中；分汉中之安阳、西城为西城郡，置太守；分锡、上庸郡，置都尉。

【注释】

①《典略》曰：遂字文约。始与同郡边章俱著名西州，章为督军从事，遂奉计诣京师，何进宿闻其名，特与相见，遂说进使诛诸阉人，进不从，乃求归。会凉州宋扬、北宫玉等反，举章、遂为主，章寻病卒，遂为扬等所劫，不得已，遂阻兵为乱，积三十二年，至是乃死，年七十余矣。

刘艾《灵帝纪》曰：章，一名允。

②《魏书》曰：军自武都山行千里，升降险阻，军人劳苦，公于是大飨，莫不忘其劳。

【原文】

八月，孙权围合肥，张辽、李典击破之。

九月，巴七姓夷王朴胡、賨（cóng）邑侯杜濩举巴夷、賨民来附①，于是分巴郡，以胡为巴东太守，濩为巴西太守，皆封列侯。天子命公承制封拜诸侯守相②。

【注释】

①孙盛曰：朴音浮。濩音户。

②孔衍《汉魏春秋》曰：天子以公典任于外，临事之赏，或宜速疾，乃命公得承制封拜诸侯守相，诏曰："夫军之大事，在兹赏罚，劝善惩恶，宜不旋时，故《司马法》曰'赏不逾日'者，欲民速睹为善之利也。昔在中兴，邓禹入关，承制拜军祭酒李文为河东太守，来歙又承制拜高峻为通路将军，察其本传，皆非先请，明临事刻印也，斯则出世祖神明，权达损益，盖所用速示威怀而著鸿勋也。其《春秋》之义，大夫出疆，有专命之事，苟所以利社稷安国家而已。况君秉任二伯，师尹九有，实征夷夏，军行藩甸之外，失得在于斯须之间，停赏俟诏以滞世务，固非朕之所图也。自今已后临事所甄，当加宠号者，其便刻印章假授，咸使忠义得相奖励，勿有疑焉。"

【原文】

冬十月，始置名号侯至五大夫，与旧列侯、关内侯凡六等，以赏军功①。

【注释】

①《魏书》曰：置名号侯爵十八级，关中侯爵十七级，皆金印紫绶，又置关内外侯十六级，铜印龟纽墨绶，五大夫十五级，铜印环纽，亦墨绶，皆不食租，与旧列侯关内侯凡六等。

臣松之以为今之虚封，盖自此始。

【原文】

十一月，鲁自巴中将其余众降。封鲁及五子皆为列侯。刘备袭刘璋，取益州，遂据巴中；遣张郃击之。

十二月，公自南郑还，留夏侯渊屯汉中①。

【注释】

①是行也，侍中王粲作五言诗以美其事曰："从军有苦乐，但问所从谁。所从神且武，安得久劳师？相公征关右，赫怒振天威，一举灭獯虏，再举服羌夷，西收边地贼，忽若俯拾遗。陈赏越山岳，酒肉逾川坻，军中多饶饫，人马皆溢肥，徒行兼乘还，空出有余资。拓土三千里，往反速如飞，歌舞入邺城，所愿获无违。"

【原文】

二十一年春二月，公还邺①。三月壬寅，公亲耕籍田②。夏五月，天子进公爵为魏王③。代郡乌丸行单于普富卢与其侯王来朝。天子命王女为公主，食汤沐邑。秋七月，匈奴南单于呼厨泉将其名王来朝，待以客礼，遂留魏，使右贤王去卑监其国。八月，以大理钟繇为相国④。

【注释】

①《魏书》曰：辛未，有司以太牢告至，策勋于庙，甲午始春祠，令曰："议者以为祠庙上殿当解履，吾受锡命，带剑不解履上殿，今有事于庙而解履，是尊先公而替王命，敬父祖而简君主，故吾不敢解履上殿也。又临祭就洗，以手拟水而不盥，夫盥以洁为敬，未闻拟而不盥之礼，且'祭神如神在'，故吾亲受水而盥也。又降神礼讫，下阶就幕而立，须奏乐毕竟，似若不衎烈祖，迟祭不速讫也，故吾坐俟乐阕送神乃起也。受胙纳袖，以授侍中，此为敬恭不终实也，古者亲执祭事，故吾亲纳于袖，终抱而归也。仲尼曰'虽违众，吾从下'，诚哉斯言也。"

②《魏书》曰：有司奏："四时讲武于农隙。汉承秦制，三时不讲，唯十月都试车马，幸长水南门，会五营士为八陈进退，名曰乘之。今金革未偃，士民素习，自今已后，可无四时讲武，但以立秋择吉日大朝车骑，号曰治兵，上合礼名，下承汉制。"奏可。

③《献帝传》载诏曰："自古帝王，虽号称相变，爵等不同，至乎褒崇元勋，建立功德，光启氏姓，延于子孙，庶姓之与亲，岂有殊焉。昔我圣祖受命，创业肇基，造我区夏，鉴古今之制，通爵等之差，尽封山川以立藩屏，使异姓亲戚，并列土地，据国而王，所以保乂天命，安固万嗣，历世承平，臣主无事，世祖中兴而时有难易，是以旷年数百，无异姓诸侯王之位。朕以不德，继序弘业，遭率土分崩，群凶纵毒，自西徂东，辛苦卑约。当此之际，唯恐溺入于难，以羞先帝之盛德。赖皇天之灵，俾君秉义奋身，震迅神武，捍朕于艰难，获保宗庙，华夏遗民，含气之伦，莫不蒙焉。君勤过稷、禹，忠侔伊、周，而掩之以谦让，守之以弥恭，是以往者初开魏国，锡君土宇，惧君之违命，虑君之固辞，故且怀志屈意，封君为上公，欲以钦顺高义，须俟勋绩。韩遂、宋建，南结巴、蜀，群逆合从，图危社稷，君复命将，龙骧虎奋，枭其元首，屠其窟栖，暨至西征，阳平之役，亲擐甲胄，深入险阻，芟（shān）夷蝥（máo）贼，殄其凶丑，荡定西陲，悬旌万里，声教远振，宁我区夏。盖唐、虞之盛，三后树功，文、武之兴，旦、奭作辅，二祖成业，英豪佐命，夫以圣哲之君，事为己任，犹锡土班瑞以报功臣，岂有如朕寡德，仗君以济，而赏典不丰，将何以答神祇慰万方哉？今进君爵为魏王，使使持节行御史大夫、宗正刘艾奉策玺玄土之社，苴以白茅，金虎符第一至第五，竹使符第一至第十。君其正王位，以丞相领冀州牧如故。其上魏公玺绶符册，敬服朕命，简恤尔众，克绥庶绩，以扬我祖宗之休命。"

魏王上书三辞，诏三报不许。又手诏曰："大圣以功德为高美，以忠和为典训，故创业垂名，使百世可希，行道制义，使力行可效，是以勋烈无穷，休光茂著。稷、契载元首之聪明，周、邵因文、武之智用，虽经营庶官，仰叹俯思，其对岂有若君者哉？朕惟古人之功，美之如彼，思君忠勤之绩，茂之如此，是以每将镂符析瑞，陈礼命册，寤寐慨然，自忘守文之不德焉。今君重违朕命，固辞恳切，非所以称朕心而训后世也。其抑志搏节，勿复固辞。"

《四体书势序》曰：梁鹄以公为北部尉。

《曹瞒传》曰：为尚书右丞司马建公所举。及公为王，召建公到邺，与欢饮，谓建公曰："孤今日可复作尉否？"建公曰："昔举大王时，适可作尉耳。"王大笑。建公名防，司马宣王之父。

臣松之案司马彪《序传》，建公不为右丞，疑此不然，而王隐《晋书》云：赵王篡位，欲尊祖为帝，博士马平议称京兆府君昔举魏武帝为北部尉，贼不犯界，如此则为有征。

④《魏书》曰：始置奉常宗正官。

【原文】

冬十月，治兵①，遂征孙权，十一月至谯。

【注释】

①《魏书》曰：王亲执金鼓以令进退。

【原文】

二十二年春正月，王军居巢，二月，进军屯江西郝谿。权在濡须口筑城拒守，遂逼攻之，权退走。三月，王引军还，留夏侯惇、曹仁、张辽等屯居巢。

夏四月，天子命王设天子旌旗，出入称警跸（bì）。五月，作泮宫。六月，以军师华歆为御史大夫①。冬十月，天子命王冕十有二旒，乘金根车，驾六马，设五时副车，以五官中郎将丕为魏太子。

【注释】

①《魏书》曰：初置卫尉官。秋八月，令曰："昔伊挚、傅说出于贱人，管仲，桓公贼也，皆用之以兴。萧何、曹参，县吏也，韩信、陈平负污辱之名，有见笑之耻，卒能成就王业，声著千载。吴起贪将，杀妻自信，散金求官，母死不归，然在魏，秦人不敢东向，在楚则三晋不敢南谋。今天下得无有至德之人放在民间，及果勇不顾，临敌力战；若文俗之吏，高才异质，或堪为将守；负污辱之名，见笑之行，或不仁不孝而有治国用兵之术：其各举所知，勿有所遗。"

【原文】

刘备遣张飞、马超、吴兰等屯下辩，遣曹洪拒之。

二十三年春正月，汉太医令吉本与少府耿纪、司直韦晃等反，攻许，烧丞相长史王必营①，必与颍川典农中郎将严匡讨斩之②。

【注释】

①《魏武故事》载令曰：领长史王必，是吾披荆棘时吏也。忠能勤事，心如铁石，国之良吏也。蹉跌久未辟之，舍骐骥而弗乘，焉遑遑而更求哉？故教辟之，已署所宜，便以领长史统事如故。

②《三辅决录注》曰：时有京兆金祎字德祎，自以世为汉臣，自日磾讨莽何罗，忠诚显著，名节累叶。睹汉祚将移，谓可季兴，乃喟然发愤，遂与耿纪、韦晃、吉本、本子邈、邈弟穆等结谋。纪字季行，少有美名，为丞相掾，王甚敬异之，迁侍中，守少府。邈字文然，穆字思然，以祎慷慨有日磾之风，又与王必善，因以间之，若杀必，欲挟天子以攻魏，南援刘备。时关羽强盛，而王在邺，留必典兵督许中事。文然等率杂人及家僮千余人夜烧门攻必，祎遣人为内应，射必中肩。必不知攻者为谁，以素与祎善，走投祎，夜唤德祎，祎家不知是必，谓为文然等，错应曰："王长史已死乎？卿曹事立矣！"必乃更他路奔。一曰：必欲投祎，其帐下督谓必曰："今日事竟知谁门而投入乎？"扶必奔南城。会天明，必犹在，文然等众散，故败。后十余日，必竟以创死。

《献帝春秋》曰：收纪、晃等，将斩之，纪呼魏王名曰："恨吾不自生意，竟为群儿所误耳！"晃顿首搏颊，以至于死。

《山阳公载记》曰：王闻王必死，盛怒，召汉百官诣邺，令救火者左，不救火者右，众人以为救火者必无罪，皆附左；王以为"不救火者非助乱，救火乃实贼也"。皆杀之。

【原文】

曹洪破吴兰，斩其将任夔等。三月，张飞、马超走汉中，阴平氐强端斩吴兰，传其首。

夏四月，代郡、上谷乌丸无臣氐等叛，遣鄢陵侯彰讨破之①。

【注释】

①《魏书》载王令曰：去冬天降疫疠，民有凋伤，军兴于外，垦田损少，吾甚忧之。其令吏民男女：女年七十已上无夫子，若年十二已下无父母兄弟，及目无所见，手不能作，足不能行，而无妻子父兄产业者，禀食终身。幼者

至十二止。贫穷不能自赡者，随口给贷。老耄须待养者，年九十已上，复不事，家一人。

【原文】

六月，令曰："古之葬者，必居瘠薄之地。其规西门豹祠西原上为寿陵，因高为基，不封不树。《周礼》冢人掌公墓之地，凡诸侯居左右以前，卿大夫居后，汉制亦谓之陪陵。其公卿大臣列将有功者，宜陪寿陵，其广为兆域，使足相容。"

秋七月，治兵，遂西征刘备，九月，至长安。

冬十月，宛守将侯音等反，执南阳太守，劫略吏民，保宛。初，曹仁讨关羽，屯樊城，是月使仁围宛。

二十四年春正月，仁屠宛，斩音①。

【注释】

①《曹瞒传》曰：是时南阳间苦繇役，音于是执太守东里衮，与吏民共反，与关羽连和。南阳功曹宗子卿往说音曰："足下顺民心，举大事，远近莫不望风；然执郡将，逆而无益，何不遣之。吾与子共戮力，比曹公军来，关羽兵亦至矣。"音从之，即释遣太守。子卿因夜逾城亡出，遂与太守收余民围音，会曹仁军至，共灭之。

【原文】

夏侯渊与刘备战于阳平，为备所杀。三月，王自长安出斜谷，军遮要以临汉中，遂至阳平。备因险拒守①。

【注释】

①《九州春秋》曰：时王欲还，出令曰"鸡肋"，官属不知所谓。主簿杨修便自严装，人惊问修："何以知之？"修曰："夫鸡肋，弃之如可惜，食之无所得，以比汉中，知王欲还也。"

【原文】

夏五月，引军还长安。

秋七月，以夫人卞氏为王后。遣于禁助曹仁击关羽。八月，汉水溢，灌禁军，军没，羽获禁，遂围仁。使徐晃救之。

九月，相国钟繇坐西曹掾魏讽反免①。

【注释】

①《世语》曰：讽字子京，沛人，有惑众才，倾动邺都，钟繇由是辟焉。大军未反，讽潜结徒党，又与长乐卫尉陈祎谋袭邺。未及期，祎惧，告之太子，诛讽，坐死者数十人。

王昶《家诫》曰"济阴魏讽"，而此云沛人，未详。

【原文】

冬十月，军还洛阳①。孙权遣使上书，以讨关羽自效。王自洛阳南征羽，未至，晃攻羽，破之，羽走，仁围解。王军摩陂②。

【注释】

①《曹瞒传》曰：王更修治北部尉廨，令过于旧。

②《魏略》曰：孙权上书称臣，称说天命。王以权书示外曰："是儿欲踞吾著炉火上邪！"侍中陈群、尚书桓阶奏曰："汉自安帝已来，政去公室，国统数绝，至于今者，唯有名号，尺土一民，皆非汉有，期运久已尽，历数久已终，非适今日也。是以桓、灵之间，诸明图纬者，皆言'汉行气尽，黄家当兴'。殿下应期，十分天下而有其九，以服事汉，群生注望，遐迩怨叹，是故孙权在远称臣，此天人之应，异气齐声。臣愚以为

虞、夏不以谦辞，殷、周不吝诛放，畏天知命，无所与让也。"

《魏氏春秋》曰：夏侯惇谓王曰："天下咸知汉祚已尽，异代方起。自古已来，能除民害为百姓所归者，即民主也。今殿下即戎三十余年，功德著于黎庶，为天下所依归，应天顺民，复何疑哉！"王曰："'施于有政，是亦为政。'若天命在吾，吾为周文王矣。"

《曹瞒传》及《世语》并云：桓阶劝王正位，夏侯惇以为宜先灭蜀，蜀亡则吴服，二方既定，然后遵舜、禹之轨，王从之。及至王薨，惇追恨前言，发病卒。

孙盛《评》曰：夏侯惇耻为汉官，求受魏印，桓阶方惇，有义直之节；考其传记，《世语》为妄矣。

【原文】

二十五年春正月，至洛阳。权击斩羽，传其首。

庚子，王崩于洛阳，年六十六①。遗令曰："天下尚未安定，未得遵古也。葬毕，皆除服。其将兵屯戍者，皆不得离屯部。有司各率乃职。敛以时服，无藏金玉珍宝。"谥曰武王。二月丁卯，葬高陵②。

【注释】

①《世语》曰：太祖自汉中至洛阳，起建始殿，伐濯龙祠而树血出。

《曹瞒传》曰：王使工苏越徙美梨，掘之，根伤尽出血。越白状，王躬自视而恶之，以为不祥，还遂寝疾。

②《魏书》曰：太祖自统御海内，芟夷群丑，其行军用师，大较依孙、吴之法，而因事设奇，谲敌制胜，变化如神。自作《兵书》十万余言，诸将征伐，皆以新书从事；临事又手为节度，从令者克捷，违教者负败；与虏对陈，意思安闲，如不欲战，然及至决机乘胜，气势盈溢，故每战必克，军无幸胜。知人善察，难眩以伪，拔于禁、乐进于行陈之间，取张辽、徐晃于亡虏之内，皆佐命立功，列为名将；其余拔出细微，登为牧守者，不可胜数。是以创造大业，文武并施，御军三十余年，手不舍书，昼则讲武策，夜则思经传，登高必赋，及造新诗，被之管弦，皆成乐章。才力绝人，手射飞鸟，躬禽猛兽，尝于南皮一日射雉获六十三头。及造作宫室，缮制器械，无不为

之法则，皆尽其意。雅性节俭，不好华丽，后宫衣不锦绣，侍御履不二采，帷帐屏风，坏则补纳，茵蓐（rù）取温，无有缘饰。攻城拔邑，得美丽之物，则悉以赐有功，勋劳宜赏，不吝千金，无功望施，分毫不与，四方献御，与群下共之。常以送终之制，袭称之数，繁而无益，俗又过之，故预自制终亡衣服，四箧而已。

《傅子》曰：太祖愍嫁取之奢僭，公女适人，皆以皂（zào）帐，从婢不过十人。

张华《博物志》曰：汉世，安平崔瑗、瑗子寔、弘农张芝、芝弟昶并善草书，而太祖亚之。桓谭、蔡邕善音乐，冯翊山子道、王九真、郭凯等善围棋，太祖皆与埒能。又好养性法，亦解方药，招引方术之士，庐江左慈、谯郡华佗、甘陵甘始、阳城郤俭无不毕至。又习啖野葛至一尺，亦得少多饮鸩酒。

《傅子》曰：汉末王公，多委王服，以幅巾为雅，是以袁绍、崔〔钧〕（豹）徒，虽为将帅，皆著缣巾。魏太祖以天下凶荒，资财乏匮，拟古皮弁，裁缣帛以为帢，合于简易随时之义，以色别其贵贱，于今施行，可谓军容，非国容也。

《曹瞒传》曰：太祖为人佻易无威重，好音乐，倡优在侧，常以日达夕，被服轻绡，身自佩小鞶（pán）囊，以盛手巾细物，时或冠帢（qià）帽以见宾客；每与人谈论，戏弄言诵，尽无所隐，及欢悦大笑，至以头没杯案中，肴膳皆沾污巾帻，其轻易如此。然持法峻刻，诸将有计画胜出己者，随以法诛之，及故人旧怨，亦皆无余，其所刑杀，辄对之垂涕嗟痛之，终无所活。初，袁忠为沛相，尝欲以法治太祖，沛国桓邵亦轻之，及在兖州，陈留边让言议颇侵太祖，太祖杀让，族其家，忠、邵俱避难交州，太祖遣使就太守士燮尽族之，桓邵得出首，拜谢于庭中，太祖谓曰："跪可解死邪！"遂杀之。常出军，行经麦中，令："士卒无败麦，犯者死。"骑士皆下马，付麦以相持，于是太祖马腾入麦中，敕主簿议罪，主簿对以《春秋》之义，罚不加于尊，太祖曰："制法而自犯之，何以帅下？然孤为军帅，不可自杀，请自刑。"因援剑割发以置地。又有幸姬常从昼寝，枕之卧，告之曰："须臾觉我。"姬见太祖卧安，未即寤，及自觉，棒杀之。常讨贼，廪谷不足，私谓主者曰："如何？"主者曰："可以小斛以足之。"太祖曰："善。"后军中言太祖欺众，太祖谓主者曰："特当借君死以厌众，不然事不解。"乃斩之，取首题徇曰："行小斛，盗官谷，斩之军门。"其酷虐变诈，皆此类也。

　　评曰：汉末，天下大乱，雄豪并起，而袁绍虎视四州，强盛莫敌。太祖运筹演谋，鞭挞宇内，揽申、商之法术，该韩、白之奇策，官方授材，各因其器，矫情任算，不念旧恶，终能总御皇机，克成洪业者，惟其明略最优也；抑可谓非常之人，超世之杰矣。